越思政大课堂

总 主 编 | 崔凤军　汪俊昌
副总主编 | 张 宏　黄 坚　梁 瑜　宋浩成　杜坤林

"越讲越红"

大学生理论宣讲

陈 红　彭 江　刘灵娟　肖海岳◎编著

ZHEJIANG UNIVERSITY PRESS
浙江大学出版社
·杭州·

图书在版编目(CIP)数据

越思政大课堂:"越讲越红"大学生理论宣讲 / 陈红等编著. -- 杭州:浙江大学出版社,2024.9.
ISBN 978-7-308-25330-7

Ⅰ. G641

中国国家版本馆 CIP 数据核字第 2024898Q1Z 号

"越讲越红"大学生理论宣讲

陈　红等　编著

责任编辑	范洪法　樊晓燕
责任校对	王　波
封面设计	雷建军
出版发行	浙江大学出版社
	(杭州市天目山路 148 号　邮政编码 310007)
	(网址:http://www.zjupress.com)
排　　版	杭州好友排版工作室
印　　刷	杭州宏雅印刷有限公司
开　　本	710mm×1000mm　1/16
印　　张	16.25
字　　数	266 千
版 印 次	2024 年 9 月第 1 版　2024 年 9 月第 1 次印刷
书　　号	ISBN 978-7-308-25330-7
定　　价	65.00 元

前　言

　　育人之本，在于立德铸魂。青年大学生开展理论宣讲是新时代党的创新理论有效传播的生动实践，是开展日常思想政治工作的重要载体，也是接地气、聚人气、养正气的开放思政课堂，更是坚持不懈用习近平新时代中国特色社会主义思想铸魂育人的有效抓手。

　　绍兴文理学院"越讲越红"大学生理论宣讲团，是一支充满理想朝气、闪耀青春活力的大学生宣讲队伍，走过了近20年的成长发展历程。一直以来，该理论宣讲团始终依靠大学生理论社团的力量，其成员从邓小平理论研究会、中国特色社会主义理论体系研究会、习近平新时代中国特色社会主义思想研习会中选拔而成；始终坚持党建带团建、师生"传帮带"，与"越讲越响"教授博士宣讲团一起，通过开设党课和团课宣讲、时政宣讲、道德模范宣讲、思政拓展课程等形式，深入大中小学、社区、村镇、企业等开展分众化、对象化、互动化宣讲。近五年来，已开展宣讲1000余场次，受众10万余人次，省市级以上媒体宣传报道100余次，其中，大中小学生"手拉手学党史""青春激活'非遗'"等专题宣讲影响广泛；并在潮新闻、越牛新闻、绍兴社科网等开辟"田野思政""绍兴文化青年说""时政讲堂""越讲越红""共同富裕我来讲"等专栏，其中，浙江新闻客户端（现为"潮新闻客户端"）2021年的"红色栏目"播出"访谈百位党员，宣讲一颗红心"9个作品，阅读量突破332.4万。

　　为深入贯彻落实习近平总书记关于青年工作的重要思想，特别是学深悟透习近平总书记关于青年思想政治工作的重要指示精神，深刻把握青年理论宣讲工作的重大意义，切实增强做好青年理论宣讲工作的思想自觉和行动自觉，绍兴文理学院党委始终高度重视青年大学生理论宣讲工作，充分发挥马克思主义学院在理论学习、宣传贯彻中的示范引领和辐射带动作用，致力于用青年话语解读近平新时代中国特色社会主义思想，用专业知识广泛传播马克思主义科学理论，形成"'青马行动'创实、理论宣讲创效、实践服务创新、成长引领创优"的助推学生成长成才的长效机制，积累了较为丰富的理论宣传成果，获得了绍兴市高教德育成果一等奖。为此，我们编著了《"越讲越红"大学生理论宣讲》这一本教学辅助用书，旨在以"大学生理论宣讲"课程化建设为目标，坚持"学以致用、讲学互动、以讲促学、讲研双提"原则，从大学生理论宣讲"为何讲""谁来讲""给谁讲""讲什么""怎么讲""讲得怎么样""讲了些什么"的逻辑思路来布局章节，通过研究基层理论宣讲的普遍性、规律性问题，总结大学生理论宣讲员的必备素养和宣讲的方法技巧，提高大学生理论宣讲员的能力水平，帮助广大大学生理论宣讲员迅速成为训练有素的宣讲主力军，锻造大学生理论宣讲的骨干队伍，真正夯实基层理论武装工作基础。

理论是行动的先导，思想是前进的旗帜。把透彻的思想讲透彻，把鲜活的理论讲鲜活，让习近平新时代中国特色社会主义思想这一"活的行动理论"为广大青年学生所掌握，并转化为改造世界的强大物质力量，努力让党的创新理论更好地发挥强信心、聚民心、暖人心、筑同心的作用，是做好新形势下高校思想政治工作崇高而艰巨的使命任务，这也是"越讲越红"大学生理论宣讲团的价值与意义所在。

把握时代前进的脉搏，踩准社会进步的鼓点。期待本书对广泛激发新时代青年学生关注理论、学习理论、宣传理论的兴趣有所裨益，并通过理论宣讲达到春风化雨、润物无声的教育效果，真正使党的创新理论在青年中落地生根、发芽结果，凝聚起以中国式现代化全面推进中华民族伟大复兴的磅礴力量，大学生理论宣讲也必将因此而焕发出强大的生命力。

目　录

第一章

为何讲：大学生理论宣讲的理论阐释

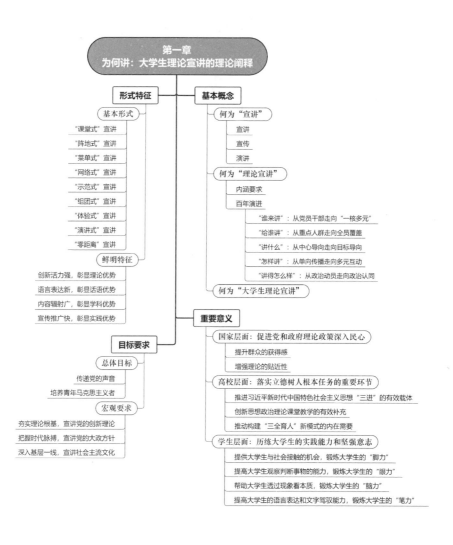

第一章
为何讲：大学生理论宣讲的理论阐释

形式特征

基本形式
- "课堂式"宣讲
- "阵地式"宣讲
- "菜单式"宣讲
- "网络式"宣讲
- "示范式"宣讲
- "组团式"宣讲
- "体验式"宣讲
- "演讲式"宣讲
- "零距离"宣讲

鲜明特征
- 创新活力强，彰显理论优势
- 语言表达新，彰显话语优势
- 内容辐射广，彰显学科优势
- 宣传推广快，彰显实践优势

基本概念

何为"宣讲"
- 宣讲
- 宣传
- 演讲

何为"理论宣讲"
- 内涵要求
- 百年演进
  - "谁来讲"：从党员干部走向"一核多元"
  - "给谁讲"：从重点人群走向全员覆盖
  - "讲什么"：从中心导向走向目标导向
  - "怎样讲"：从单向传播走向多元互动
  - "讲得怎么样"：从政治动员走向政治认同

何为"大学生理论宣讲"

目标要求

总体目标
- 传递党的声音
- 培养青年马克思主义者

宏观要求
- 夯实理论根基，宣讲党的创新理论
- 把握时代脉搏，宣讲党的大政方针
- 深入基层一线，宣讲社会主流文化

重要意义

国家层面：促进党和政府理论政策深入民心
- 提升群众的获得感
- 增强理论的贴近性

高校层面：落实立德树人根本任务的重要环节
- 推进习近平新时代中国特色社会主义思想"三进"的有效载体
- 创新思想政治理论课堂教学的有效补充
- 推动构建"三全育人"新模式的内在需要

学生层面：历练大学生的实践能力和坚强意志
- 提供大学生与社会接触的机会，锻炼大学生的"脚力"
- 提高大学生观察判断事物的能力，锻炼大学生的"眼力"
- 帮助大学生透过现象看本质，锻炼大学生的"脑力"
- 提高大学生的语言表达和文字驾驭能力，锻炼大学生的"笔力"

第一节　大学生理论宣讲的基本概念

在实践中,大学生理论宣讲因为没有一个确切的概念和界定,常常面临很多误解。因此,研究大学生理论宣讲首要解决的问题就是阐明几个关键概念的内涵——何为"宣讲"、何为"理论宣讲"、何为"大学生理论宣讲",以准确界定本书的研究范围。

一、何为"宣讲"

理解宣讲,首先需要厘清"宣传""演讲""宣讲"这三个既相互联系又有区别的概念。

1. 宣讲

我们首先对这一基础概念进行辨析。早在两千多年前的中国,孔子周游列国传播儒家思想,就是中国最早的"宣讲"。查阅古汉语词典发现,"宣"在古汉语中有"宣布、宣谕、显示、发扬、放开"等含义,"讲"则有"讲和、研究、讲求、讲解、讲习"等含义。到了现代,随着词义的不断演进,"宣讲"即是"诵读讲解,对众宣传讲述"之意。如《汉语大词典》将"宣讲"一词解释为"对众宣传讲述",它通过口头语言讲述来进行理论宣传,具有人际传播、组织传播和大众传播的特点。概括来讲,"宣讲"是主体依靠口头语言,对相关主张进行传播的实践活动,具有组织性、思想性、目的性、互动性等特点,具有强烈的组织色彩和意识形态属性。

2. 宣传

《辞海》(第七版)对"宣传"的解释是:"个人或团体借助于各种媒介表达自己的观念或主张,以影响受众的态度和思想的社会活动。由宣传者、宣传内容、宣传渠道、宣传对象诸因素构成,具有目的性、社会性、阶级性、依附性等特点。"在西方,"宣传"原本的含意是"散播哲学的论点或见解",但现在通常被放置于政治环境中使用,尤其指政治团体或政府机构在传播政治主张时的运作。同样的手法用于企业或产品上时,则通常被称为公关或广告。由此可见,在语意范围上,"宣传"的使用要更广泛,因为其不仅表达口头宣讲之意,还涵盖文字图像、乡约习俗、纲常观念的思辨感悟和价值引导,与"宣讲"构成母与子、大和小的关系。

3. 演讲

《辞海》(第七版)对"演讲"的解释是:"亦称'演说''讲演',在公众场所,针对某个具体问题,鲜明、完整地发表自己的见解和主张,阐明事理或抒发情感,进行宣传鼓动的沟通方式。基本目的是传递信息说服他人和树立形象。"从实践来看,宣讲与演讲的一个重要区别就在于,宣讲所传递的内容必须具有公认的权威性,而演讲所传递的内容则没有这方面的明确要求,可以是具有权威性的,也可以是演讲者的一家之言,甚至是个人的情绪宣泄。大学生经常会参加主题有稿演讲、即兴演讲、竞选演讲等活动。

【概念辨析】

概念	特点	主要联系与区别
宣讲	组织性、思想性、目的性、互动性等	概念范畴:宣传→演讲→宣讲 1. 宣传包含宣讲。宣讲是主体依靠口头语言,对相关主张进行传播的实践活动,具有强烈的组织色彩和意识形态属性。
宣传	目的性、社会性、阶级性、依附性等	2. 演讲包含宣讲。宣讲所传递的内容必须具有公认的权威性。
演讲	针对性、鼓动性、适应性等	3. 宣传包含演讲。演讲主要依靠口头语言。

二、何为"理论宣讲"

（一）理论宣讲的内涵要求

马克思有言："理论只要说服人，就能掌握群众，而理论只要彻底，就能说服人。"①以马克思主义理论为指导思想的中国共产党，始终忠实践行这一至理名言，高度重视理论宣讲，把它作为党密切联系群众、动员和教育群众的重要阵地。中国共产党自创立之初便高举反帝反封建大旗，通过传播新思想开启民智、动员民众，提高党组织的战斗力与凝聚力。理论宣讲在中国共产党领导中国革命、建设、改革的伟大事业中都发挥了重要作用。1941年，中共中央宣传部印发《关于党的宣传鼓动工作提纲》，系统论述了我国宣传鼓动工作的任务、范围、特点和主客体。党的十八大以来，理论宣讲工作再次被党中央强调，成为传达党和政府"好声音"的重要渠道，是党的理论武装工作的重要组成部分。

理论宣讲，从文字本身来理解，特指理论方面的宣讲。狭义上的理论，在此主要包括党的理论、方针、政策和重要会议精神、时事热点等，即将马克思主义理论与中国实际相结合、与中华优秀传统文化相结合，对客观实践进行的科学概括和正确讲解，以达到坚定理想信念、统一群众思想、凝聚社会力量、澄清是非曲直、解惑社会现象、理顺社会情绪等目的。

理论宣讲区别于其他各种形式的宣讲，如职业宣讲、科普宣讲、创业宣讲、招聘宣讲等，是完全不同的。理论宣讲的定语是"理论"，而不是别的内容。因此，即使理论宣讲的开头、结尾以及过程之中使用了再多的案例、数据、人物、政策等，最终也要回到说理这个核心问题上。强调这个概念区分不是因为它们难以辨析，而是因为当前一些理论宣讲就政策说政策、就故事讲故事、就人物聊人物，反而不把宣讲重点放到说理上面，不敢也不善点题、升华。究其原因，一方面，理论毕竟不如故事动听，不比数据鲜活，不好讲、不好听，一些宣讲员在吃透理论、研究政策方面还不够深入细致，没有说服自己，何谈说服群众；另一方面，则是宣讲员主观上忽视理论分析、轻视价值引导，认为宣讲落到理论上是"狗尾续貂"，破坏了一团和气的氛围，把宣讲

① 马克思恩格斯选集(第一卷).北京:人民出版社 2012 年版,第 9-10 页。

会当作茶话会、团拜会等,达不到宣讲的效果。

习近平总书记十分重视党的理论宣讲工作,曾批示:宣讲既要做到了然于胸、运用自如,又要做到联系实际、深入浅出、入脑入心[①];强调"切实把鲜活的思想讲鲜活,把彻底的理论讲彻底,有力推动党的创新理论深入人心"[②];要求"坚持以党内教育引导和带动全社会的学习,让党的创新理论'飞入寻常百姓家'"[③]。我们要牢记习近平总书记嘱托,把新时代党的创新理论研究好、阐释好、宣传好,不断健全用党的创新理论武装全党、教育人民、指导实践工作体系,让党的创新理论更加深入人心。

综上所述,可以将"理论宣讲"定义为一种政治活动,即在党委政府的统一领导下,各个层级的宣讲员、宣讲团通过丰富多彩的宣讲活动方式,向广大党员干部和人民群众传播党的创新理论和党的路线、方针、政策等,讲好理论故事,阐释好中国道路、中国价值、中国精神,最终实现用思想的真理力量和实践伟力重塑社会风尚、凝聚社会共识,引领人民为实现共同目标而奋斗的宣传教育活动。

(二)理论宣讲的百年演进

理论创新每前进一步,理论武装就跟进一步。高度重视理论宣讲工作是中国共产党推动事业发展的一条成功经验,具有百年的光荣传统和独特的政治优势。在中国共产党的发展历史中,理论宣讲工作主体不断丰富,宣讲客体不断拓展,宣讲内容不断充实,宣讲方式不断创新,宣讲实效不断提升。

1."谁来讲":从党员干部走向"一核多元"

中国共产党成立早期的理论宣讲主体主要是党员领导干部,因为他们对马克思主义理论、党的各项方针政策比较熟悉。新中国成立后,在党员领导干部"一核"的基础上,宣讲主体日益多元,且理论素养、专业素质不断提高,逐渐形成日趋稳定的结构形式。进入 21 世纪后,为适应理论宣讲大众

---

① 习近平:十八大精神宣讲要入脑入心,人民网,http://theory.people.com.cn/n/2012/1123/c49150-19671791.html,2012 年 11 月 23 日。

② 习近平:在中央党校建校 90 周年庆祝大会暨 2023 年春季学期开学典礼上的讲话,《求是》,2023 年 7 月。

③ 习近平:在学习贯彻习近平新时代中国特色社会主义思想主题教育工作会议上的讲话,《求是》,2023 年 9 月。

化、互动化等要求，除了中央宣讲团外，省、市、县、乡镇（街道）、村各个层级都相应设立了不同类型和主题的宣讲团、讲师团、宣讲员等，宣讲主体多元化的特征更趋明显。归结起来，主要是通过建好"三支队伍"来解决"谁来讲"的问题：一是坚持高站位谋划、高标准组团、高质量宣讲，以上率下，领导干部带头讲；二是坚持"来自百姓，凝聚群众"，深入挖掘身怀"绝技"的基层能人，全面铺开，"草根名嘴"鲜活讲；三是整合高校、党校、研究院所和政研机关等资源力量，上接天线，理论名家深入讲。

2."给谁讲"：从重点人群走向全员覆盖

新民主主义革命时期，党的任务是推翻旧政权，由于信息保密和信息分层的存在，理论宣讲的对象被严格控制。新中国成立后，在执政党思维影响下，理论宣讲不仅服务于政党自身的政治需要，还要服务于广大人民群众。据此，多层次、广覆盖的社会宣讲逐渐铺开。当前，各级宣讲团关注重点人群，开展分众化宣讲，中央宣讲团到省（市），省（市）宣讲团到地市、省属高校，地市宣讲团到区县和地方高校。基层宣讲主要瞄准大众宣讲，打通了理论宣讲的"最后一公里"，实现了群众在哪里，宣讲的触角就到哪里，使党的声音走进千家万户。

3."讲什么"：从中心导向走向目标导向

分类分众，对接群众需求解决"讲什么"的问题。中国共产党的理论宣讲尽管在不同历史阶段，针对不同宣讲客体，都会设定不同的宣讲内容，但始终围绕党的创新理论、政策方针、形势任务三大中心展开。高举旗帜讲"热点"，"群众点菜"讲"疑点"，深入一线讲"亮点"。随着时代的发展和实践的深化，宣讲内容逐渐呈现出目标导向，表现为根据不同行业、不同地方、不同对象的需求，在党的大政方针指引下进行靶向宣讲，如依法治国、科技创新、乡村振兴、共同富裕等宣讲活动最为广泛而多样；根据某一重要主题开展宣讲，如保持共产党员先进性教育、深入学习实践科学发展观、"不忘初心、牢记使命"主题教育、党史学习教育、习近平新时代中国特色社会主义思想主题教育等宣讲活动最为聚焦而深入；具有时代特色或领域特色的宣讲，如抗疫精神、航天精神和时代楷模、全国劳模先进事迹等宣讲活动最为生动而感人。

4."怎样讲"：从单向传播走向多元互动

中国共产党针对不同的宣讲内容、对象、环境，与时俱进地创新发展宣讲方式方法,推进宣讲艺术化和宣讲载体多样化。党在初创时期的宣讲对象大多为文化程度不高的农民,主要通过定期宣讲、巡回宣讲、临时宣讲等多种方式,将理论的高度和实践的温度相结合,开展面对面的口头宣讲。中央苏区时期,党创新发展了集会宣讲、问答宣讲、画报宣讲等。宣讲员还通过讲故事、演舞台剧等宣讲表现形态和表达方式,使群众听得进,听了信。新中国成立后,党通过报告会、座谈会、走访等宣讲形式,营造平等、尊重的宣讲氛围。改革开放以来,科学技术的迅猛发展丰富了宣讲的传播形式,多媒体技术、互联网等现代化手段被运用到宣讲工作中。近年来,新媒体宣讲重构了传统宣讲模式的时空观,利用数字技术,融合文字、声音、影像、图片等元素,搭建了线上线下相融合、掌上纸上屏上全方位的理论宣讲阵地平台,增强了宣讲互动性、生动性和实效性,使宣讲更具亲和力和感染力。

5."讲得怎么样":从政治动员走向政治认同

中国共产党在建党之初开展理论宣讲的主要目的是加强政治动员,从而使人民群众认知、认可、认同共产党的领导。毛泽东同志在 1938 年就指出:"政治上动员军民的问题,实在太重要了。我们之所以不惜反反复复地说到这一点,实在是没有这一点就没有胜利。没有许多别的必要的东西固然也没有胜利,然而这是胜利的最基本的条件。"①新中国成立后,理论宣讲的定位从"宣传鼓动"转变为"宣传舆论",理论宣讲牢牢把握对理论和政策的解释权,通过颇具仪式感的宣讲流程,全党上下实现在思想上"与党中央保持高度一致",在行动中保持"步调一致",在全社会实现消弭分歧、凝聚共识,增强人民群众对党的信任和未来发展的信心,从而更加积极主动地支持党和国家的各项事业。

百年来,中国共产党的理论宣讲在继承中发展,在实践中创新,把党的科学理论转化为群众认识世界和改造世界的强大思想武器。在全面建设社会主义现代化国家的新征程中,理论宣讲要继续精准诠释与传播党的科学理论,增进广大群众特别是党员干部对习近平新时代中国特色社会主义思想的政治认同、思想认同、情感认同和实践认同,为中华民族伟大复兴凝聚精神力量。

---

① 毛泽东选集(第二卷),北京:人民出版社,1991 年版,第 513 页。

三、何为"大学生理论宣讲"

大学生理论宣讲自身没有现成的、可供直接引用的概念,需要从外部探索积累。首先,对我国青年学生理论宣讲发展历程进行梳理。我国青年学生进行理论宣讲的实践活动由来已久。俄国的十月革命开始后,无产阶级政党带领青年学生坚定不移地将先进的科学与理论灌输、传播到无产阶级和人民群众中去。当时,李大钊针对我国国内党争激烈、兵戎相见、危机四伏的严峻形势,在《狱中自述》一文中明确指出:"钊感于国势之危机,急思深研政理,求得挽救民族,振奋国群之良策。"①他在北京大学召集了一批学生精英,组成"北京大学马克思学说研究会",开始进行早期的学生理论宣讲,鼓励青年投身于理论宣讲活动中,积极向人民群众传播马克思主义等各类新思潮,推动了人民群众思想的觉醒与解放。因此,可将俄国十月革命视为中国学生理论宣讲的研究起点。

从俄国十月革命至新中国成立,大多数学生理论宣讲活动是在留欧学生中进行的。五四运动之后,李大钊作为马克思主义理论传播的核心人物,培养了大批青年宣讲者后备力量,号召北京、上海、天津等地的学生成立马克思主义青年团和马克思学说研究会,翻译马克思主义经典著作,通过读书研究、报告演讲、公开辩论等形式,将马克思主义先进思想传播到了人民群众中。

新中国成立至改革开放,高校大学生走出校园,走向社会,深入农村、工厂、部队,运用红歌、舞蹈、快板、演讲等接地气的形式向人民群众宣传党的最新思想与理论政策,将在学校所学的马克思主义基本理论及党和国家的大政方针传播了出去,同时做到了理论联系实际,提高了自身运用理论指导实践的能力。

改革开放至今,高校大学生的独立自主性越来越强,往往根据共同的兴趣爱好,自觉自发地运用网络、新媒体等技术在校内外开展理论宣讲活动。在此阶段,大学生党团组织建设得越来越完善,也成了大学生理论宣讲的重要依靠力量。

由此可见,只有在中国共产党的指导下,大学生树立主动宣讲意识,将

---

① 李大钊全集(第五卷),北京:人民出版社 2006 年版,第 226 页。

理论宣讲紧贴经济、社会、高校前沿形势,才能使理论宣讲符合社会发展需要,才能在无涯学海中、在理论与实践相结合中提高自身综合素质。否则,一旦理论宣讲与社会需求脱节,宣讲实践活动将难以融入社会,不被群众认可,很难找寻具有现实意义与历史意义的宣讲维度。

综上所述,通过厘清"宣讲""宣传""演讲""理论宣讲"等概念,以及层层剖析青年学生理论宣讲的发展历程,我们可以得出如下定义:大学生理论宣讲是指以在校大学生为主体,以基层师生群众为宣讲对象,借助社团、学院、社区、乡镇和互联网络等平台,开展有目的、有计划、有组织的宣传党和国家大政方针、创新理论和实践成果,同时历练自身综合素质的实践活动,是基层理论宣讲的一种特殊形式。

【经典案例】

"80""90"和"00"后为何能为省领导"宣讲"

2024年2月5日上午,一场特殊的宣讲在浙江省委大院开讲了,5名"80""90"和"00"后宣讲员走进了一省决策的"最高枢纽",围绕科学理论在浙江的探索与实践,用青年的方式向省领导们作了一次宣讲展示。

省委书记易炼红说,大家用生动的语言、鲜活的案例和感人的故事侃侃而谈、娓娓道来,声情并茂、深入浅出,听了以后让人豁然开朗、引发共鸣,从中可以感受到大家有站位、有情怀、有钻研、有本领、有作为,值得点赞。

在浙江,青年和理论产生了什么样的聚合效应?"80""90"和"00"后宣讲员为何这么有"排面"呢?

一

回顾中国共产党的百年党史不难发现,用科学理论武装青年始终是党的传统和优势所在。青年人一旦掌握认识世界和改造世界的思想武器,就能迸发出惊人的变革力量。

比如20世纪20年代的农民运动讲习所,正是毛泽东、周恩来、彭湃、恽代英、萧楚女等一批当时的青年,用鲜活的阶级斗争理

2024 年 2 月 5 日上午,"80""90"和"00"后宣讲员展示汇报会在杭州召开
图源:潮新闻客户端。

论和丰富的武装斗争经验,引领进步青年将革命火种撒向全国。

让有信仰的人讲信仰,真理的甘甜才能沁入人心、春风化雨。让有信仰的青年讲信仰,真理的回响便拥有了更持久的传播力与创造力。

但不可否认的是,在物质生活日益繁荣、精神文化趋于多元的当下,要实现青年与理论的"双向奔赴",难度不小。新时代的广大青年思想活跃、兴趣广泛,却也承受着更大的精神压力与成长焦虑。像高校思政课遇冷、佛系"躺平"等青年现象所反映的,既有核心价值观与多元社会思潮的碰撞,有主流媒体传播与算法"信息茧房"的较量,也有理想主义集体价值与功利主义个人至上的交锋。

要赢得这一系列社会、文化、思想领域的青年争夺战,决不能依靠束之高阁、拒人于千里之外的僵硬教条,更不能依靠一成不变的经验与脱离青年实际的说教。基于深刻洞察青年的"用户思维",浙江选择了用青年理论宣讲辟出了一条新路:用年轻人去赢得年轻人。

一方面,在浙江成长起来的新青年们,享受着"千万工程""绿水青山就是金山银山""腾笼换鸟、凤凰涅槃"等蝶变带来的成果,更能感受到真理的魅力和实践的伟力;另一方面,多年来,浙江用青年话语、青年创造,解决青年困惑,帮助青年成长,不断激发青年亲近理论的源动力,探索出更多青年与理论之间的"感应通道"。

青年宣讲员们摒弃了照本宣科"高大上"的术语堆叠,来一场发自内心、直击灵魂的对话,从此不再是台上热火朝天、台下低头一片;抛却舞台华丽的灯光音响,回归初心,小人物也能讲出大道理,小故事也能有强共振,浙江年轻人的理论"种草"见到了成效。

二

用党的科学理论武装青年,关系党和国家事业后继有人。习近平总书记多次就青年学习、传播党的创新理论发表重要讲话,对浙江"80""90"后青年的新时代理论宣讲作出了重要批示。浙江将青年理论武装作为一项"置顶"的青年工作,经历不懈探索,"80""90"和"00"后青年宣讲在之江大地蔚然成风。

青年宣讲对于浙江来说,已经是一项全省的事业。从基层一线到机关大院,从大专院校到科研院所,从国有企业到民营企业,从行业协会到志愿服务团队,凡是有青年的地方,就有青年宣讲团的身影。新时代文明实践中心、文化礼堂、城市休闲广场、企业公共空间、新媒体平台,哪里有群众,哪里就是青年宣讲的前沿阵地。

青年朋友只要有一颗愿与理论"触电"的心,就不会缺少展示的舞台。近年来,从"我最喜爱的习近平总书记的一句话"到"共同富裕·青年说",从"我在之江学新语"到"'八八战略'在身边",浙江用一场场精心准备的主题宣讲活动,为青年打通科学理论向生动实践转化的桥梁通道。这次的 5 位宣讲员,全都经历了"创造营"的修炼。他们能够"成团公演",是千百次宣讲实践的水到渠成。

除了把"浙江青年爱学习"的品牌越擦越亮,从源头上增强理论与青年的"亲和度",让更多"有信仰的人讲信仰",浙江还把青年们像种子一样撒到樟树下、车间里、社区中,撒到老百姓中间,用一场场"特种兵"式的蹲点式宣讲,蹲出基层视野,蹲出实践观点,蹲出与老百姓的深厚情感。比如2023年，浙江就组织全省各地的宣讲员围绕营商环境为何"优"无止境、美丽乡村何以点"绿"成"金"、公共服务如何"供给"美好生活等话题，到企业、社区、乡村开展蹲点宣讲。

有人形容，现在的浙江，时时都是宣讲良机，处处都是宣讲舞台，人人都是宣讲对象。宣讲与青年的"化学反应"，正激起青年学习理论、认同理论又再用理论影响更多青年的正向循环。

"'00'后 talker"宣讲团

图源：潮新闻客户端。

三

世界上最难的有两件事情，一件事情是把人家口袋里的钱掏出来，另一件事情是把自己的思想装进别人的脑袋。

如今，让理论从"云端"来到"身边"、抵达"心田"，使青年学习和理论宣讲成为一种生活方式，这些看来是美好愿景的事物正在浙江变为实景大戏。浙江青年理论宣讲何以"好戏不断"？在笔者看来，从中可以获得三点启示。

第一，抓住青年就抓住了未来，这尤其需发挥好理论的力量。

青年是推动社会进步最活跃的力量,一个有远见的民族和政党,总是会把关注的目光投向青年。对于当代青年来说,要成为民族复兴赛道上最可靠的"接棒者",关键要看有没有坚定的信仰,能不能对中国的未来充满信心。这两年,浙江一直把青年作为开展理论武装工作的重要对象,比如已连续三年开展"'00'后talker"遴选、集训,围绕共同富裕、中国式现代化等理论问题作理论研学、蹲点宣讲,解答了年轻人心目中很多"怎么看""怎么办"的问题。

第二,青年影响青年、青年带动青年是最好的理论传播方式。任何一种理论都是从实践土壤里生长出来的,它可以回应和解答现实社会中各种各样的问题。理论并非总是高高在上的,如果能够巧妙地对其进行年轻化、通俗化处理,学理论、讲理论也会在青年当中形成一股潮流,展现出强大的吸引力和影响力,让人有共鸣、能共情。比如寓教于乐,用开放麦、擂台赛的形式作宣讲。比如用快闪形式奔赴街头巷尾,用新鲜的热点故事铺垫,把观点想法传递出去。宣讲的到达率、走心率提高了,理论之树也被源源不断地注入了青春力量。

第三,将青年和理论"缠绕"在一起,还需要发挥好组织的力量、制度的力量。当代青年思想活跃、视野广阔,具有强烈的主体意识、参与意识、表达意识,受到社会潮流和不同观念的影响,很多青年的思想状态、价值取向、行为方式呈现出越来越个性化、多元化的特征。青年理论宣讲是一项解决青年思想问题的系统性工作,不能光靠某个单位、某个部门,需要把社会的力量、制度的力量发挥出来。比如浙江5000多支宣讲团,10万多名宣讲员构成了"浙字号"宣讲矩阵,比如衢州、台州与市场监管部门联合制定浙江新时代基层理论宣讲标准化体系,避免宣讲组织建设"走形式""一阵风"等。

青年"名嘴"走进省委大院宣讲是一次全新的探索,听听青年的声音和想法,或许也能为社会治理提供一些启发和思考。毕竟看到青年的青春活力自信,也就看到了一个地方未来的模样。

——摘自"浙江宣传"微信公众号,2024-02-06

第二节　大学生理论宣讲的形式特征

作为应用性很强的理论宣讲活动,具体有哪些基本形式和特征呢?这是每个大学生理论宣讲员应该了解和掌握的。只有了解和掌握理论宣讲的形式特征,才能准确全面地把握大学生理论宣讲的全貌及其内在联系。

一、宣讲的基本形式

宣讲可以按不同的标准进行分类,如按性质不同,分为常态宣讲与竞赛宣讲;按载体不同,分为现场面对面宣讲与线上网络宣讲;按时效不同,分为录课展播(两微一端、专题网站、新闻推送等)与现场直播。下面根据宣讲的组织方式来作一个简要分类。

1. "课堂式"宣讲

"课堂式"宣讲是以传统课堂教学为主要方式,按照固定的宣讲目标和宣讲内容,通过说教式的宣讲,达到理论传播的目的。一人在台上讲、一群人在台下听,这是宣讲最传统、最常用的方法。如校内党的十九届六中全会和二十大精神、党史学习教育、习近平新时代中国特色社会主义思想主题教育等专题宣讲活动一般采取此形式,其具有对象覆盖面广、组织效率高、时间经费等相对成本低等优点,能更好地实现资源的优化配置,也是学校最能适应的方式。此类宣讲形式更具有固定性,但要避免"大水漫灌""单向输出"。

2. "阵地式"宣讲

"阵地式"宣讲是理论宣讲的基本模式之一,就是依托各类课堂与讲坛、宣传教育基地、党群服务中心、文化广场礼堂、宣传长廊等平台,广泛宣传党的创新理论;利用报纸、广播、电视、影像等传播媒介,努力占领精神高地,使宣讲形式更具有普及性。一系列爱国主义教育场馆、大中小学思政课一体化研学基地、未来乡村和未来社区的文化礼堂等应有大学生宣讲团的常驻身影,期待能常态化开讲。

3. "菜单式"宣讲

"菜单式"宣讲是针对不同群体,本着"群众所需"的原则,列出宣讲"菜单",由群众根据宣讲"菜单"确定宣讲主题,宣讲员再进行宣讲内容和方法等的对象化、个性化"备课"。这一方式坚持以一线基层为根本,以党员群众为中心,根据形势政策和基层需求,滚动增添新课题,通过"菜单"式点题选讲,变"以我为主导"为"以群众为主导",充分考虑到群众的实际需要,使宣讲形式更具有针对性。如党史学习教育、习近平新时代中国特色社会主义思想主题教育的理论学习宣讲,就很适合运用这一方式。

4."网络式"宣讲

"网络式"宣讲是充分利用互联网传播速度快、覆盖面大、方便互动的优势,建立网络宣讲平台,特点是宣讲内容丰富、宣讲方式灵活、宣讲群体广泛、宣讲速度快捷。可以运用官方平台开设专栏,如潮新闻的"田野思政""绍兴文化青年说"、绍兴文理学院"风则青春"的"文理青年说"等,相关品牌影响力越来越大;也可以植入到线上课程,借国家高等教育智慧教育平台、中国大学 MOOC、智慧树、超星尔雅等网络平台的相关课程开展专题宣讲,如教育部组织在全国高校思想政治理论课教师网络集体备课平台打造的"周末理论大讲堂"取得了巨大影响,"网上党校"实行远程网络课堂教学被广泛运用;也可以发挥抖音、微博、微信视频号等云传播平台的作用,推出"微宣讲"。网络宣讲传递和集聚正能量,扩大理论宣讲辐射面,使宣讲形式更具有及时性和普遍性。

5."示范式"宣讲

"示范式"宣讲是发挥先进典型的示范引领作用,通过现身说法,教育和感化周围师生和群众的一种宣讲模式。通过优秀党团员、国家奖学金获得者、十佳大学生、创新创业标兵等模范人物的示范说教,充分发挥作用,达到"身边人讲身边事,身边事教育身边人"的目的,让党的创新理论走进师生,青年的奋斗精神引领时代,使宣讲形式更具有示范性。如绍兴文理学院已开展 20 届的卓越奖学金候选人现场风采展示,就是极为生动的"示范式"宣讲;再如"越讲越红"大学生宣讲团开展的"绍兴市道德模范事迹巡讲""绍兴市身边好人事迹巡讲"等影响广泛。宣讲团成员潘士儿曾以"外婆坑村的追梦人"为题,宣讲全国劳模、新昌县镜岭镇外婆坑村党支部书记林金仁带领村民以茶致富的奋斗故事,获得"学习强国"学习平台推送。

6."组团式"宣讲

"组团式"宣讲是指抽调思想素质高、理论功底深、宣讲基础好的大学生组成专题宣讲团，按照事先制定的宣讲目标和宣讲内容，由多位宣讲员进行宣讲。充分发挥组织力量和党团员的细胞功能，层层培育宣讲员，让人人成为宣传员、宣言书、播种机。大学生宣讲的团体优势明显，须充分发挥。大学生理论宣讲也经常采用此模式。结合专题理论学习和寒暑假社会实践、亚运会志愿服务等，赴基层蹲点调研，了解基层理论需求，确定宣讲题目，并根据宣讲对象的工作岗位、所处环境、理论功底、接受能力等的不同开展对象化、分众化宣讲，使宣讲活动更具有计划性和针对性。

8. "体验式"宣讲

"体验式"宣讲是根据特定的目标导向，按照理论要求，结合自身实际，在与宣讲主题、内容、方式相应的环境中进行理论宣讲。从解决听众对理论的实际需求入手，组织宣讲员开展身临其境、形式多样的"体验式"宣讲活动，引导大家主动融入其中，切身感知党的理论创新成果，使宣讲活动更具有现实性。如在行业龙头企业讲创新发展，在未来乡村讲乡村振兴，在山区海岛讲共同富裕等；把历史革命遗址和名人故居、文化遗产打造成"主题教室"，把红色故事、历史文化作为"活页教材"，"沉浸式"开启一场红色之旅、文化盛宴，接受一次全面深刻的思想淬炼和精神洗礼。

9. "演讲式"宣讲

"演讲式"宣讲是结合党的理论知识，开展主题演讲比赛，组织师生现场观摩，经过选手的精彩演讲，让广大师生受到感化，从而达到增强理论素养、提高党性修养的目的。通过"演讲"式宣讲，在传达事实的基础上，发挥演讲声情并茂、更吸引听众的特点，激发听众热情，使其身临其境受到感染和教育，增强实践奋斗的积极性和主动性，使宣讲活动更具有激励性。

10. "零距离"宣讲

"零距离"宣讲是聚焦情感交流，采取"面对面""心贴心""实打实"的方法，针对一定的宣讲目的，采取对话感知、行动帮扶等形式，通过情感交流，增强亲切感，从而达到宣讲目的。大学生可以充分利用寒暑假社会实践和志愿服务，在支教、支农、支医等实践中感悟真谛，在感受国情、社情民意中提升认识，以"板凳课堂""庭院课堂""田间课堂"等形式，开展面对面、互动式、接地气的宣讲，把理论政策融入群众生活。做百姓的宣讲员，以真人、真事、真心话讲述亲历、亲闻、亲为的真实故事，以知识、能力、技术服务基层群众,在场景、常态、常为中实现主流文化价值的共建共享,实现双向教育提升。

二、宣讲的鲜明特征

大学生理论宣讲成员主要是由在校学生干部、党员、思政社团骨干等群体组成,他们更加"独具一格",在价值观念、思维方式、创新能力等方面具有更为鲜明的特征,主要呈现出创新活力强、语言表达新、内容辐射广等新特征,构成了新时代大学生理论宣讲的三大优势。

1. 创新活力强,彰显理论优势

当代大学生作为时代新人的主体,极富活力和创造力,尽管他们在理论学习、宣讲、研究方面不如专家学者把握深刻、表达精确、理解深入,但是他们创新活力强、思维转变快、宣传方式广,能够将创新的方式、载体和手段充分运用到对理论的吸收和理解中,更好地推动党的创新理论时代化、大众化,彰显大学生理论宣讲的理论优势。

2. 语言表达新,彰显话语优势

当代大学生是与网络接触较为密切的人群之一,也是新时代"微"媒介创新和使用的主体人群,大学生的话语表达形成的舆论舆情对社会和谐进步、校园文化建设及大学生自身健康成长有重要影响。由于从小受网络文化影响,新时代大学生的话语表达趋于网络化,更容易吸收、理解和传播最新网络用词及网络语言,将党的创新理论成果转化为年轻人喜欢的、熟悉的、容易接受的话语,表现出当代大学生的话语特点、话语能力和话语体系,彰显大学生理论宣讲的话语优势。

3. 内容辐射广,彰显学科优势

当代大学生理论宣讲的主题和内容涉及政治、经济、人文、军事、医学、农业等各个领域,不同学科专业、不同知识背景的学生基于自己所擅长的专业领域和方向进行理论宣讲内容的开发,有利于打破"为了讲理论而讲理论"的思维定式,有利于将理论宣讲的政治底色和价值指向融入学理性和知识性,形成"我的学科有故事"等宣讲金名片,引导青年大学生从学科专业的历史和发展中挖掘事实背后的逻辑和蕴含其中的思政元素,推动理论宣讲与学科思政紧密结合,提升育人实效,彰显大学生理论宣讲的学科优势。

4．宣传推广快，彰显实践优势

做到理论与实践融会贯通，是新时代大学生学习好、宣传好党的理论创新成果的重要体现。大学生理论宣讲从校内走向校外、从线下走到线上、从书本走向广袤大地，将理论学习转化为生动实践，既面向校内入党积极分子、发展对象及党员等学生群体，也走入田间地头、社区街道、企业车间等地，在实践中升华对理论的理解，有利于更好更快地宣传推广理论的内涵和价值，彰显大学生理论宣讲的实践优势。

第三节　大学生理论宣讲的目标要求

大学生理论宣讲主要讲什么，要达到什么样的目标要求等？回答好这些问题，是大学生保持理论宣讲热情、全心投入和专注的内在动力源，也是他们不断克服困难、努力提升、加快成长的领航导向标。

一、宣讲的总体目标

（一）传递党的声音

当前，我国社会的主要矛盾已经转变为"人民日益增长的美好生活需要和不平衡不充分的发展之间的矛盾"，后疫情时代的经济复苏、社会发展更是面临复杂形势和严峻挑战。诸多新的社会问题的出现，成为制约社会和谐稳定的潜在因素，部分社会成员由于发展受阻、利益受损，存在着道德冷漠、行为失范等问题，暴露出社会发展进程中的深层次矛盾，客观上呼唤着理论宣讲的介入。大学生理论宣讲作为一种以改造受教育者身心为目的的实践活动，其最终目标就是要传达好党的声音，实现人民群众对宣讲内容的理解与接受，促进宣讲主客体之间的心理体验与共情，使宣讲受众在情感一致的基础上达成相互理解与信任，并自觉整合与内化宣讲内容。一旦实现思想上的一致，继而实现认识与行动上的统一，宣讲受众便可自觉用党的理论知识武装头脑，抵制落后腐朽思想的侵蚀，成为传播与践行党和国家大政方针政策的中坚力量。

（二）培养青年马克思主义者

在大学生成长发展的重要阶段,培养青年马克思主义者主要是实现马克思主义理论与思想政治教育专业学生"个人的全面发展"。大学生理论宣讲的开展有助于用科学的理论武装学生、用光明的未来激励学生、用历史的眼光启示学生、用伟大的目标感召学生,从而不断增强马克思主义理论与思想政治教育专业学生对中国道路、中国理论、中国制度、中国文化的认同感,唤醒增强马克思主义理论类专业学生在新时期、新常态下的主体意识,促进其全面发展,在青年中培养造就一大批用马克思主义中国化、时代化最新成果武装的青年马克思主义者。从更广泛的意义上来讲,大学生理论宣讲是实施"青年马克思主义者培养工程"的重要抓手,通过理论宣讲增强大学生骨干、团干部、青年知识分子政治信念的坚定性、政治立场的原则性、政治鉴别的敏锐性、政治忠诚的可靠性,成长为中国特色社会主义现代化建设的主力军和先锋队。

二、宣讲的宏观要求

（一）夯实理论根基,宣讲党的创新理论

把马克思主义基本原理同中国具体实际、同中华优秀传统文化相结合,是我们党在探索中国特色社会主义道路中得出的规律性认识,是我们党取得成功的最大法宝。习近平新时代中国特色社会主义思想的内容,包含了历史方位、鲜明主题、奋斗目标、发展方式、总体布局、战略布局、发展动力、发展保障、安全保障、外部环境、政治保证、治国理政和世界观、方法论、价值观等方方面面,具有严密而又开放的内在逻辑,是一个博大精深的科学体系,是我们党当之无愧的创新理论,具有当代任何政治理论都难以企及的高度,也是新时代大学生理论宣讲内容的重中之重。深刻领悟习近平新时代中国特色社会主义思想包含的一系列新范畴、新理念、新思维、新方法,不但有助于大学生在理论宣讲活动中增强贯彻落实这一重要思想的自觉性和能动性,也有助于在政治上保证宣讲取得高水平的理想效果,做出大学生应有的贡献。

（二）把握时代脉搏,宣讲党的大政方针

所谓"大政方针",是指党和国家出台的重大政策与措施,是引导社会主义事业前进的方向和指针，是一个国家具有全局性与引导性的重要理论。正确解读大政方针政策对于启发民智、增长见识、提高素质至关重要。当前是实现中华民族伟大复兴中国梦的关键时期，大学生理论宣讲在提高文化软实力、促进社会和谐稳定、提高国际影响力等方面发挥着不可替代的作用。今后一个时期，大学生理论宣讲要把握时代脉搏，紧扣时代风向，坚持正确的政治方向，结合自身专业特点，围绕党和国家中心任务和工作大局，分析我国发展成就与改革进程，聚焦国际形势变化和热点问题，以独立的学术意识和创新思维学好理论、研究理论、宣传理论，向人民群众宣讲"中国梦"、"'两个一百年'奋斗目标"、"五位一体"总体布局、"四个全面"战略布局、"新发展理念"等党和国家的大政方针政策，通过鲜活的时事让人民群众关注世情、国情、党情、民情。

（三）深入基层一线，宣讲社会主流文化

当前我国正处于实现中华民族伟大复兴的关键时期，也处于从发展中大国迈向社会主义现代化强国的关键阶段，由大向强、将强未强之际往往是国家安全的高风险期。从外部看，随着中国的发展壮大，我们受到的猜忌、攻击、打压和破坏不断增多，来自国际的政治、经济、军事等安全威胁不可避免，同时气候变化、粮食安全、能源安全等全球性问题日趋尖锐复杂；从内部看，发达国家在几百年中产生的一些问题在中国几十年内集中出现，而且相互叠加、彼此交织，其潜藏的风险之高、解决难度之大不言而喻。大学生理论宣讲理应顺应时代发展要求，从群众中来，到群众中去，深入田间地头、百姓家中，扎根一线基层、改革发展前沿地带，将宣讲足迹遍布我国大江南北，了解民生国情，倾听群众心声，讲好中国故事。自觉承担社会主流文化建设这一灵魂工程，努力培育践行社会主义核心价值观，建设社会主义文化强国，担负起新时代新的文化使命。

第四节　大学生理论宣讲的重要意义

新时代的大学生终将成为社会各行各业的建设者，高等教育不仅要教授学生专业知识，更要培养大学生的责任意识、担当精神，帮助他们提高理论素养和实践能力。理论宣讲让大学生在实践中深刻认识马克思主义为什么行、中国共产党为什么能、中国特色社会主义为什么好。开展大学生理论宣讲,是推动习近平新时代中国特色社会主义思想"三进"的需要,是落实高校立德树人根本任务的需要,也是历练大学生实践能力和坚强意志的需要。

一、国家层面:促进党和政府理论政策深入民心

大学生理论宣讲的开展,促进了党和国家理论政策内化于心、外化于行,成为影响人、塑造人、教化人,坚定人民群众理想信念,武装人民群众思想头脑,巩固党和国家理论政策的关键力量。

(一)提升群众的获得感

与群众息息相关的宣讲内容体现了人民群众对美好生活的向往,提升了群众的获得感。获得感是人民群众对于党和政府大政方针的出台与实施、对于党和政府工作满意程度评估的标尺。大学生理论宣讲的开展,充分展示了改革开放以来特别是新时代的各项成就,促使大学生深入到人民群众的利益、需求、权利、情感层面,倾听群众声音,感受群众需求,把与群众息息相关的大政方针讲明白、讲清楚。例如:绍兴文理学院"越讲越红"大学生理论宣讲团成立18年来,紧扣国家重大政策、重大方略、重大理论出台时机和国内外时政形势热点,通过理论解读、通俗说理、鲜活案例、权威数据、自身感悟等形式,深入高校书院、中小学、社区、农村、企业等开展分众化、对象化、互动化宣讲。宣讲内容大到国家治理、社会改革、方针政策,小到柴米油盐、衣食住行、民生事务,饱含沉甸甸的民意分量,有助于提高广大人民群众对于党和政府工作的认同感和满意度。

(二)增强理论的贴近性

丰富新颖的宣讲手段让理论宣讲变得生动,增强了理论政策与群众之间的贴近性。大学生在开展理论宣讲活动中,更容易从青年的视角、体验和话语体系出发,用具象化、时代感的形式让理论宣讲变得更加直观具体、生动形象,易于被听众理解和接受。例如:绍兴文理学院"越讲越红"大学生理论宣讲团充分发挥新媒体宣讲的及时互动优势,利用图文结合、以图释文的形式提高理论宣讲的活力与张力,栩栩如生的九宫格图片、短视频以其特有的直观性、形象性、审美性等特征使得理论宣讲变得生动活泼,使得党和政府的最新前沿动态在师生群众中得以快速传播,感染着师生群众拥护党、相

信党、跟党走,促进党和政府理论政策深入人心。

二、高校层面:落实立德树人根本任务的重要环节

(一)推动习近平新时代中国特色社会主义思想"三进"的有效载体

深入学习贯彻习近平新时代中国特色社会主义思想,推进习近平新时代中国特色社会主义思想进教材、进课堂、进头脑,让大学生群体领会其科学内涵、精神实质和实践要求是高校立德树人的首要任务,也是新时代加强和改进高校思想政治工作的题中应有之义,更是聚民心、育新人、兴文化、展形象的职责使命。大学生理论宣讲推动习近平新时代中国特色社会主义思想在高校的"三进",主要表现在两个方面:一方面,推进习近平新时代中国特色社会主义思想"生动进校园",使校园活动与思想政治教育紧密结合,实现学生日常活动和思想政治教育课堂的同向同行,形成育人的协同效应;另一方面,推进习近平新时代中国特色社会主义思想"扎实进头脑"。大学生通过理论宣讲参与到理论学习和宣传过程中,有助于在学懂、弄通的基础上指导做实习近平新时代中国特色社会主义思想,实现知行合一,有助于深切了解世情、国情、党情、民情,进一步把个人的青春理想与民族的伟大梦想相结合。深入推进大学生理论宣讲的发展建设,是高校学习好、宣传好、贯彻好习近平新时代中国特色社会主义思想的重要手段。

(二)创新思想政治理论课堂教学的有效补充

传统的教学方式是以教师课堂讲授为主、学生自主学习为辅的教学模式。随着教育信息技术的发展,传统的教学模式已经不能满足时代需求,各高校越来越重视学以致用,强化对大学生专业和社会实践能力的培养。高校课堂教学模式也不断改进,在思想政治理论课上,教师会留下一些时间让学生走上讲台,围绕所学知识展开演讲、述评等。如在绍兴文理学院的思政课堂上,大学生理论宣讲就是一种较为典型的学生自主学习方式,即教师拟定主题后,由学生自己搜集材料、调查研究,将所学理论知识与身边人、身边事相结合,撰写宣讲稿,在课堂中用多媒体投影进行微宣讲,教师则负责指导和点评。这种学习方式,既调动了学生的学习自主性、课堂参与性,也使得学生对所学知识有更为深刻的理解。从高校思想政治教育的整体效果看,大学生理论宣讲是对思想政治理论课堂教学的有效补充,它能够将课堂

专业理论教育与学生内在自我教育有机结合,从而拓展延伸学生理论学习时空,进一步巩固课堂教育教学效果。同时,大学生理论宣讲又是重要的实践平台,能够进一步检验学生的学习效果,提升课堂教学的针对性和有效性。

（三）推动构建"三全育人"新模式的内在需要

"三全育人"是指全员育人、全过程育人和全方位育人。全员育人除了教师和学校工作人员之外,大学生自身也是参与教育的主体;全过程育人不仅指每一个学段都要做好育人工作,更重要的是在大学生的课余实践中做好辅助工作,引导他们正确认识自己、认识社会、认识世界;全方位育人是指在育人理念层面上要从"供给侧"向"需求侧"转变,了解学生的所思所想,发挥他们的聪明才智,激活教育过程,让整个教育过程更加具有针对性。在育人体系上,将知识与能力并重、智育与德育并行,着力在坚定理想信念、厚植爱国情怀、提升品德修为、增长知识能力、培养拼搏精神、增强综合素质上下功夫。注重在思想政治教育中运用新媒体技术,提高各种方式和渠道的协同性。大学生理论宣讲推动构建"三全育人"模式的核心是"为了学生",生动体现"三全育人"的实现路径时要"相信学生""依靠学生"。在一定的环境里和引导下,学生有自我教育的能力,也有一定的批判思维,在教育过程中大学生并不是一个被动者,他们有自己的情感感知能力和辨析思维能力。要鼓励学生主动交流、积极沟通,依靠数量可观的学生群体,扩大马克思主义的声音,共同建设整个育人环境,努力形成"宣讲育人"新格局、新模式,为高校培养堪当民族复兴大任的时代新人注入强力,为高校落实立德树人根本任务提供新思路、新路径。

三、学生层面:历练大学生的实践能力和坚强意志

大学生理论宣讲活动的开展,给了他们相聚一堂、合作交流的锻炼机会,有利于引导大学生增强中国特色社会主义道路自信、理论自信、制度自信、文化自信,厚植爱国情怀,把爱国情、强国志、报国行自觉融入坚持和发展中国特色社会主义事业、建设社会主义现代化强国、实现中华民族伟大复兴的奋斗之中。

（一）提供大学生与社会接触的机会,锻炼大学生的"脚力"

理论宣讲只有做到脚下有泥,脑中才会有料。青年大学生特别是马克

思主义理论与思想政治教育专业的大学生应积极主动前往基层一线开展宣讲，尽可能多地接触人民群众，了解群众需求，挖掘群众诉求，与群众打成一片。各种突发情况的处理，培养了大学生战胜困难的勇气、面对挑战的信心，磨砺其意志，强健其体魄，练就过硬本领。例如：绍兴文理学院"越讲越红"大学生理论宣讲团深入绍兴市越城区水沟营社区，开展党的十九大、二十大精神宣讲，与人民群众"零距离"交流。宣讲团成员表示："平时很少有机会可以到社区中与居民们交流，理论宣讲给了我们融入社区居民生活的机会，广大青年应该多去基层，去实践，去奋斗，去传承祖辈爱党爱国的热情与信念"。

（二）提高大学生观察判断事物的能力，锻炼大学生的"眼力"

理论宣讲可以帮助学生观国家大局、世界大势和察社情民意，提高学生们的洞察力、判断力、发现力、辨别力等。当前，我国正处于经济社会转型的关键时期，在意识形态领域出现了各类言论与思潮，理论宣讲活动的开展让学生在宣扬主旋律、传播真善美、发现正能量的同时练就快速辨识和鉴别错误思潮的能力，政治敏锐性和辨别力不断提高。例如：绍兴文理学院"越讲越红"大学生理论宣讲团成员在访谈中提到："在前往基层开展理论宣讲后，我对微博、微信等新媒体平台中出现的错误思潮和炒作事件有了更强的辨别能力，可以看出某些极端言论背后的别有用心，也更加坚定了自己的社会主义理想信念"。

（三）帮助大学生透过现象看本质，锻炼大学生的"脑力"

理论宣讲过程中会遇到各种各样的困难与挑战，需要大学生深刻思考，把握问题的本质，多出金点子、妙主意，这可以帮助大学生们形成愿思考、多思考、能思考、善思考的良好习惯，提高思考与分析问题的能力水平。例如：绍兴文理学院"越讲越红"大学生宣讲团成员谈道："宣讲走出去的第一步就是，你讲出口的东西，你自己必须懂得透彻。只有这样你才能有能力、有底气让人听懂和记住。因为，如果要让别人信服，自己首先要信服。这不仅是一个自我提升的过程，更是一个深思熟虑、反复思考的过程。"

（四）提高大学生的语言表达和文字驾驭能力，锻炼大学生的"笔力"

理论宣讲的实质是阐释真理、宣传政策，这其中离不开口和笔，一次次的讲前培训、稿件撰写、课件制作、模拟练习等，不仅能提高学生的组织协调能力、团队协作能力,也能提高语言表达能力和文字驾驭能力。例如:绍兴文理学院"越讲越红"大学生理论宣讲团开展"师生四同"集体备课,通过师生"同学、同研、同行、同讲",学生们的宣讲水平得到了明显提升。

【典型案例】

以"六气"深入推进"六讲六做"大宣讲

当前,"六讲六做"大宣讲活动正在全省各地广泛开展。笔者认为,在活动中要秉持浩然正气、烟火人气、桑梓地气、书卷香气、复兴喜气、勇毅生气这"六气",以此来更好地推动党的十九届六中全会精神落地生根、开花结果。

"浩然正气"凸显宣讲的政治指向。我们的宣讲,就是要有强烈的政治责任感和使命感。旗帜鲜明讲政治是中国共产党作为马克思主义政党的根本要求。我们要以更高的政治站位和政治自觉,坚持唯物史观和正确党史观,全面系统宣讲党的十九届六中全会精神的丰富内涵与核心要义,涵养风清气正的政治生态。

"烟火人气"凸显宣讲的人民指向。我们的宣讲,无论是内容还是形式,都要紧扣民心这个最大的政治。人民就是江山,江山就是人民。人民群众,既是宣讲对象,又是宣讲内容得以蝶变的根本力量。宣讲,既要晓之以理,又要动之以情;既要展望未来的诗和远方,又要关注当下的柴米油盐。只有把群众路线走进心、走到位,才是赢得民心民意的宣讲,才是汇集民智民力的宣讲。

"桑梓地气"凸显宣讲的实践指向。我们的宣讲,就是要让党的十九届六中全会精神在浙江大地、在稽山鉴水落地生根、开花结果,就是要讲好党史、新中国史、改革开放史、社会主义发展史中的浙江故事、绍兴故事,讲好党和国家赋予浙江、赋予绍兴的重大历史使命,从而助力绍兴率先走出争创社会主义现代化先行省的市域发展之路,为全省争创社会主义现代化先行省做出更大贡献。

"书卷香气"凸显宣讲的专业指向。我们的宣讲,就是要以专业性来阐述公共性,以特殊性来具象一般性。因此,宣讲绝不能千篇一律、鹦鹉学舌，而是要以微言大义为统领，于每位宣讲者专业性的核心竞争力处见功夫。只有从专业"针尖处"凸显公共"大格局"，才能让党的十九届六中全会精神这只"春燕"润物细无声地"飞"入寻常百姓家。

"复兴喜气"凸显宣讲的未来指向。我们的宣讲，就是要以"中国人民幸福、中华民族复兴"的美好前景来激励人民群众、激发"四个自信"。当下，面对日益复杂的国内外环境，面对新时代的新使命、新矛盾、新目标，对未来充满信心比以往任何时候都显得更加重要。越是在更接近、更有信心和能力实现中华民族伟大复兴目标的时候，越要用美好前景激励斗志，引导人民在党的领导下推进新的伟大征程。

"勇毅生气"凸显宣讲的奋斗指向。我们的宣讲，就是要从党的百年奋斗重大成就和历史经验中洞察历史规律、掌握历史主动、汲取前行力量。空谈误国，实干兴邦。追叙过往、畅想未来，都要以激发当下的奋斗为旨归，推动人民群众把思想和行动统一到我国、我省、我市的重大决策部署上来。百年奋斗取得的成绩，需要用持续的奋斗去保持；未来的美景，需要用勇毅的奋斗去争取。

宣讲本质上就是一种"功成不必在我，功成必定有我"的活动。我们要知责于心、担责于身，认真宣讲，砥砺前行。以"六气"助力"六讲六做"大宣讲，一定可以"手把山中紫罗笔，思量点画龙蛇出"。（作者："'越讲越红'大学生宣讲团"导师——班瑞钧）

——摘自《绍兴日报》，2021-12-30

第二章

谁来讲：大学生理论宣讲主体的客观认识

第二章
谁来讲：大学生理论宣讲主体的客观认识

宣讲员的主体特性
- 性格类型与偏好
- 兴趣爱好与指向
- 能力水平与迁移

宣讲员的风格类型
- 慷慨激昂
- 凝重庄严
- 朴实无华
- 委婉秀美
- 幽默风趣

宣讲员的必备素养

- 政治素质是根本
  - 始终站稳政治立场
  - 自觉加强理论武装
  - 推荐政治理论书目

- 理论修养是基础
  - 提高宣讲水平的三大要求
    - 学会选用资料
    - 学习借鉴先进
    - 注重调查研究
  - 重点把握宣讲的三大场景
    - "身边场景"
    - "线上场景"
    - "特色场景"
  - 打磨提炼宣讲的专属模板
    - 自媒体式 / 报告式
    - 办报式 / 座谈式
    - 说唱式 / 互动式
    - 菜单式 / 组合式
    - 情景模拟式 / 案例式

- 文化修养是灵魂
  - 宣讲内容上
    - 重要意义
    - 主要内容
    - 运用方法
  - 宣讲方式上
    - 以"人"为中心
    - 以"讲"为抓手
    - 以"效"为落点

- 心理素质是保障
  - 运用积极的心理暗示
  - 唤醒潜意识力量

宣讲的主体，即宣讲员，是宣讲活动的中心，是宣讲的内容和形式的生发者、体现者，是对宣讲活动的成败起决定作用的因素。有了对自我较客观深入的认识了解，在前期确定宣讲选题、撰写宣讲稿、制作教学课件等基础上，对宣讲对象、环境等要素作综合把握，才能开展一场有针对性的、高效度的宣讲。

第一节　宣讲员的主体特性

你是一名怎样的宣讲员？这是发现并形成自己的宣讲风格首先要回答的问题。在对自己的理论基础素养、专业知识储备和宣讲基本能力有较清晰的认知了解后，关键是要确定自己的性格类型、兴趣爱好和长板短处，选择规划自己的宣讲类型，逐渐形成自己的风格特色。我们可以用专业的心理测试、职业生涯规划中的自我探索认知方法等，进一步认识了解自己，合理规划自己，积极锻炼自己。发挥优势，扬长避短，效果更佳。下面简要介绍几种方法。

一、性格类型与偏好

你自己或别人通常会用什么词形容你？你加入的宣讲小组其他成员与你相似吗？是"活泼"还是"沉静"、"外向"还是"内向"？这些词常常与一个人的性格有关，是个体的独特性及行为的特征性模式。我们每个人在成长经历中，可能受到生理、遗传、家庭教养、文化、学习经验等因素的交互作用，形成自己的独特个性，在不同的情境中表现出特定的气质，从而决定我们天生具有的优势和擅长处，当然也有劣势和短板。

通常通过 MBTI 了解自己的性格，四维八级十六种性格类型展现了通常具有的特征。偏好是性格类型理论中的核心概念，它可以被理解为"最自然、轻松地去做"。我们可以通过综合运用测评、观察和假手他人、橱窗游走等方法，知道自己的 MBTI 性格类型，寻找到自己的"利手"，并找到与之更匹配的宣讲环境，形成自己的宣讲风格。如王玉瑶同学是 ISTJ 型，通常具有的特征表现为：有创意的头脑、有很大的冲劲去实践理想和达到目标；能够很快地掌握事情发展的规律，从而想出长远的发展方向；一旦做出承诺，便会有计划有条理地开展工作，直到完成为止；有怀疑精神，独立自主；无论为自己或为他人，有高水准的工作表现。她的宣讲选题实践性强于理论性，宣讲风格多倾向于"慷慨激昂"型，宣讲组织行动力强，能顶住压力往前冲，重大宣讲比赛和重要宣讲场次更能充分体现她的"爆发力"。

二、兴趣爱好与指向

什么事情能让你专心致志、乐此不疲？这就是你的兴趣之所向。人们的满足感、幸福感往往来源于从事自己喜爱的事情，整个人忘情地投入其中，享受从事这项活动过程本身带来的快乐。兴趣与投入是人生幸福感的来源。个人的兴趣往往是多方面的，很少集中在某一单一类型，通过职业兴趣类型测试，找到自己的"霍兰德代码"，明确自己的兴趣类型和强弱程度，从而理性审视自己为什么做理论宣讲，如何在理论宣讲中获得满意度和成就感。

当然，有很多同学是出于现实需要的考虑，如有的党团学主要学生干部、"青马工程"班学员、思想政治教育师范专业学生等，本身对于理论宣讲并不"感冒"，但又必须去做，就要考虑通过主观努力意志加持和不断尝试行动实践，去培养自己对于宣讲的兴趣，获得成就体验，进而进一步提升兴趣。如在第五届"卡尔·马克思杯"浙江省大学生理论知识竞赛中，经过初赛、复赛选拔后，种子选手四人均为"答题型"选手，而省赛决赛必须有一位同学参加"时政理论宣讲"环节比赛。这时需要做的就是克服对自我的定式思维，突破"壁垒"，勇于尝试。最后主动站出来勇敢尝试的"临时"培养选手张佳莹同学，获得了全场第二高分，就是一个成功的案例。我们有理由充分相信，在她迈出了自己认为的"洼地"，登上高处看到别样风景、收获成功的喜悦后，兴趣爱好也就进一步培养起来了。

三、能力水平与迁移

你具有与宣讲相关的哪些能力？这是每一位学生在宣讲前要面对的问题，不管它有没有被直截了当地表达出来。政策理论水平、书面和口头语言表达能力、组织控场能力等，是成功宣讲的关键要素，也是大学生最需要锻炼和证明的。当你拥有的相关能力与理论宣讲相匹配时，最容易发挥自己的潜能，并且获得更好的满足感和成就体验。相反，当感觉自己力所不及时，就会感到焦虑，甚至产生挫败感。我们可以借用 SWOT 分析法，将与开展理论宣讲密切相关的各种主要内部优势、劣势和外部的机会、威胁等，通过客观分析评价列举出来，然后系统综合分析各种因素相互匹配度，从而明确自己进一步的努力方向。

能力按照其获得的方式（先天具有和后天培养），可以分为"能力倾向"和"技能"两大类。"能力倾向"是上天赋予每个人的特殊才能，如音乐、运动能力等，它是与生俱来的，不过也有可能因未被开发而荒废。因此，这是一种潜能，需要机会去发展，遗传、环境和文化都可以影响到天赋的发挥；"技能"则是经过后天学习和练习培养而形成的能力，如阅读能力、人际交往能力等，可以分成知识技能、自我管理技能和可迁移技能三种类型，而与宣讲最具相关性的表达能力，就是一种可习得的迁移技能。在现实生活中，个人的能力水平往往是能力倾向和技能两方面的结果，既有先天的个人遗传素质的原因，也离不开后天勤奋刻苦的技能练习。正如中国古话所言，"勤能补拙"，先天的不足可以通过后天的努力得到弥补。每个人都有无限学习、成长的能力，但许多人成年后开始故步自封，会说"我这方面的能力不行"。如果我们像儿童期那样勇于、勤于学习，并且不怕失败和挫折，那么宣讲技能是可以通过练习而获得的，就像《卖油翁》中所言："无他，唯手熟耳。"

第二节　宣讲员的风格类型

你最喜欢怎样的宣讲？你想学习模仿谁的宣讲？当大学生们开展的包含多样内容、面向各类群体的大众化理论宣讲与个体气质类型、表达习惯、综合素养等特质碰撞融合，展现不同的审美观和表达力，或明朗，或含蓄，或严肃，或活泼，或豪放，或柔婉……只要他们将立场价值观点和情感态度巧妙地融入其中,让语言负载理论之力量、思想之精髓,那么这样的宣讲必然是成功的宣讲。具体的宣讲活动实践呈现出的基本风格类型,大致可分为以下几种。

一、慷慨激昂的风格

宣讲员用炽热浓烈的感情和铿锵有力的语言,去吸引听众,打动听众。这类宣讲如大河奔流、气势磅礴,宣讲者慷慨陈词、滔滔不绝,多用于感情比较激烈,或喜悦或愤怒。这类宣讲鼓动性、号召性强,像战斗的号角,又如刺向敌人的匕首,极具战斗力。如参加 2021 年绍兴市大学生寝室文化节宣讲比赛时,绍兴文理学院宣讲队以"舞台剧情境呈现＋激情宣讲"的方式,讲述诸暨籍女烈士宣华芳的英勇事迹,痛斥日本帝国主义对中国犯下的滔天罪行。

二、凝重庄严的风格

由宣讲员从表达宣讲的内容出发,恰当运用蕴含丰富、意义深刻的词语和修辞方式,形成凝重、庄严的效果。如回顾总结近代中国遭受列强侵略践踏的屈辱历史、纪念改革开放四十周年、反思十年"文革"、讲述"伟大的历史转折"、宣扬英雄模范先进人物讲述"生平事迹"等纪念型、反思型的题材内容均适用于此类风格。如在第三届"卡尔·马克思杯"浙江省大学生理论知识竞赛中,绍兴文理学院代表队抽到的主题为"继续弘扬光荣传统、赓续红色血脉,永远把伟大建党精神继承下去、发扬光大",孙畅同学以"承百年荣光,续时代精神"为题,进行了一场凝重庄严的理论宣讲。

三、朴实无华的风格

朴实的语言特点是质朴无华,平白如水,清新自然,不加雕饰,语义纯净、真诚、厚重,形象亲切,生动感人,多用于在平和的生活环境,与听众交流思想感情,娓娓道来,不露痕迹,似潺潺的小河流水慢慢地流淌进听众的心田,达到"润物细无声"的功效。如金靓宇同学参加 2022 年绍兴市微党课宣讲大赛时,在棠棣村的兰棚里、礼堂前,以"'浙'里花叶情,乡村'绿富美'"为题,把在浙江共同谱写乡村振兴美丽画卷的故事娓娓道来。

四、委婉秀美的风格

与朴实无华相对应的风格或绮丽秀美,或曲折委婉。绮丽秀美风格用词优美华丽,多用形容词语和比拟、比喻等修辞方式,以及排比句和双声叠韵的词语,力求达成绮丽秀美、情感浓郁的效果。曲折委婉风格用词纤秀清丽,语风曲折生姿、变幻多样,短句简而言,长句舒而缓,偶句匀称凝重,奇句绮丽洒脱,这些句式错落而谐调地有机结合,构成了语言的柔婉美。这种风格常用于介绍历史、文化等。比如2021年开始在浙江新闻客户端(现为"潮新闻客户端")推出的"绍兴文化青年说"系列专题,讲述首批中国历史文化名城绍兴的老城墙、"立交桥"、鸟图腾、酒文化等,宣讲者将厚重的越文化的希望、理想和感情有滋有味地逐层托出,雅致的韵味扑面而来,使听众在透迤绮丽的情绪意蕴中,领略越地的家国情怀和胆剑精神。

五、幽默风趣的风格

宣讲员在宣讲时运用丰富多变的语言和抑扬顿挫的语调、生动的面部表情和肢体语言、言之有趣又发人深思的思想内涵,有一定的戏剧性。如宣讲与受众对象密切相关的生活化的题材内容时,可用此风格。宣讲者在宣讲时常用对话问答,加点游戏互动,也可揶揄解嘲;尽量多用动作表情来生动展现宣讲的内容,适时穿插一些幽默故事、笑话、小品和格言、警句、对联、诗词等,稍微加点"演"的成分。这是听众最乐于接受的风格,轻松而愉快。

世上没有两片相同的树叶,每一个宣讲员都是独具特色、与众不同的。我们宣讲时,可以慷慨激昂,也可以娓娓而谈;可以庄重沉稳,也可以幽默风趣。这要根据自己的风格来定,只要与自身特点相和谐,就是一种美。无论是"气势磅礴"还是"低吟浅唱",只要能打动听众,就是成功的宣讲。当然,一个人宣讲风格的形成因素是多方面的,可以学习借鉴别人的风格,但又不能盲目照搬、邯郸学步,而要用自己独特的魅力去打动听众。

【经典案例】

从不善言辞到成为著名演说家

——古雅典雄辩家德摩斯梯尼

在雄辩术高度发达的雅典,无论是在法庭上、广场中,还是公民大会上,经常有经验丰富的演说家的论辩,听众的要求很高,演说者的每一个不恰当的用词,每一个难看的手势和动作,都会引来讥讽和嘲笑。而德摩斯梯尼天生口吃,嗓音微弱,还有耸肩的坏习惯。在常人看来,他似乎没有一点当演说家的天赋。因为在当时的雅典,一名出色的演说家必须声音洪亮,发音清晰,姿势优美,富有辩才。为了成为卓越的政治演说家,德摩斯梯尼做了超过常人几倍的努力,进行了异常刻苦的学习和训练。他最初的政治演说是很不成功的,由于发音不清,论证无力,多次被轰下讲坛。为此,他刻苦读书学习。据说,他抄写了《伯罗奔尼撒战争史》8遍;他虚心向著名的演员请教发音的方法;为了改进发音,他把小石子含在嘴里朗读,迎着大风和波涛讲话;为了去掉气短的毛病,他一边在陡峭的山路上攀登,一边不停地吟诗;他在家里装了一面大镜子,每天起早贪黑地对着镜子练习演说;为了改掉说话耸肩的坏习惯,他在头顶上悬挂一柄剑,或悬挂一把铁杖;他把自己剃成阴阳头,以便能安心躲起来练习演说……德摩斯梯尼不仅训练自己的发音,而且努力提高政治、文学修养。他研究古希腊的诗歌、神话,背诵优秀的悲剧和喜剧,探讨著名历史学家的文体和风格。柏拉图是当时公认的独具风格的演讲大师,他的每次演讲,德摩斯梯尼都前去聆听,并用心琢磨大师的演讲技巧……经过十多年的磨炼,德摩斯梯尼终于成为一位出色的演说家,他的著名的政治演说为他建立了不朽的声誉,他的演说词结集出版,成为古代雄辩术的典范,打动了千千万万读者的心。

(来源:根据百度百科"德摩斯梯民(古雅典历史人物)"整理。)

第三节 宣讲员的必备素养

大学生理论宣讲员是特殊的"师者",肩负了更有特质的使命和责任。成为一名合格的教师不容易,成为一名优秀的理论宣讲员更不容易。具体而言,大学生理论宣讲员必须具备较高的政治素质、理论修养、文化修养、心理素质,这些基本素质都是支撑和成就一名优秀宣讲员的关键所在。

一、政治素质是根本

（一）始终站稳政治立场

理论宣讲具有鲜明的政治立场,一般是在党的重要理论论述、重要政治主张、重要会议精神、重大决策部署形成后,为了推动对这些内容的学习领会、贯彻落实而组织一批政治素质过硬、理论根底深、讲解能力强的人员开展宣讲活动。大学生理论宣讲员"姓党",决定了大学生理论宣讲员的宣讲必须是做好党的政策理论宣讲和凝心聚魂。因此,对于大学生理论宣讲员来说,首先要做到自觉坚持姓党,吃准吃透党的政治立场、政治主张,时刻牢记自己的声音代表的是各级党委、政府的声音,切忌在原则问题和大是大非面前立场摇摆,对涉及党的理论和路线方针政策等重大政治问题上口无遮拦、毫无顾忌,甚至公开发表反对意见,否则必定出大问题、贻害无穷。那么,应如何提高大学生的政治素质呢? 应当说,这绝非一日之功,需要站在讲政治、讲大局的高度,长期修炼、长期学悟、长期涵养。

（二）自觉加强理论武装

简单来说,大学生理论宣讲员首先需要博览政治理论专著,把握治国理政、经世致用方面的基本原理和规律,特别是精读马克思主义基本原理,了解马克思主义中国化、时代化的理论根基和内在逻辑;其次,要系统研读中国共产党党史、新中国史、改革开放史、社会主义发展史等党的历史及其他理论专著,了解党和国家的历史由来和未来发展走向;再次,要系统通读、精读习近平新时代中国特色社会主义思想理论专著,与系列重要讲话、文章配合研读,了解当前党和国家的发展理念、决策依据、战略成因、贯彻实施等,要紧跟时事动态,学习领会重要会议和重要讲话精神,掌握主旨、要义和创新处,把握宣讲的准确引语用词和基调尺度。

同时,大学生理论宣讲员在涵养政治素质时需要特别注意和匡正两个认识误区:一是认为政治是理论性的、概念性的,临时抱佛脚学一学、搜一搜就行,殊不知长期的政治修炼会内化为一种严肃性、严谨性,其必然会在宣讲活动中体现出一种品质,这种品质才是宣讲可信、可学的重要支撑;二是认为政治思想学多了会流于空谈,殊不知政治思想作为哲学思想的一种,起着统率作用,抓住根本才能明晰主干和枝叶,而且只有以政治思想为支撑,时事热点才能找准解读点、启悟点、激发点。

(三)阅读政治理论书籍

习近平总书记在中央党校(国家行政学院)中青年干部培训班开班式上发表重要讲话时强调,"学习理论最有效的办法是读原著、学原文、悟原理,强读强记,常学常新,往深里走、往实里走、往心里走"①。大学生理论宣讲员要舍得花工夫去读原著、学原文、悟原理,学懂、弄通马克思主义和马克思主义中国化的经典著作,不断从中汲取科学智慧和理论力量,提高马克思主义理论素养。

当然,大学生理论宣讲员不可能都成为理论研究专家,可以根据个人兴趣、宣讲主题,有针对性地选择政治理论书籍,涵养政治素质。本节整理推荐一些重点政治理论书目(书目清单附后),供大学生理论宣讲员进一步掌握"看家本领",提高政治领悟力、政治判断力、政治执行力。

附:政治理论书目清单

1. 马克思主义经典著作

马克思和恩格斯留给后人大量文献典籍,涉及众多学科门类所形成的知识海洋,不仅在马克思所处的时代,即使在今天,也当之无愧地称得上是博大精深。考虑到读者的差异化特征,给大学生理论宣讲员主要推荐:马克思创作的《青年在选择职业时的考虑》《关于费尔巴哈的提纲》《资本论》,马克思与恩格斯合作撰写的《德意志意识形态》《共产党宣言》,恩格斯创作的《社会主义从空想到科学的发展》等。

---

① 习近平在中央党校(国家行政学院)中青年干部培训班开班式上发表重要讲话,求是网,http://www.xinhuanet.com/politics/leaders/2019-03/01/c_1124182661.htm,2019-03-01.

2. 马克思主义中国化经典著作

十月革命一声炮响，给中国带来了马克思主义。百余年来，以中国共产党为代表的中国马克思主义者，创造性地坚持和发展了马克思主义，为中国革命、建设、改革和发展提供了强大思想武器。

（1）毛泽东思想

毛泽东思想是马克思主义中国化的第一大理论成果。毛泽东是毛泽东思想的主要创立者，其一生著述非常丰富。在此主要推荐：《毛泽东选集（1—4卷）》（第二版）、《毛泽东文集（1—8卷）》、《毛泽东军事文集（1—6卷）》《建国以来毛泽东文稿（1—13册）》等。

（2）邓小平理论

邓小平是邓小平理论的主要创立者，其最重要著作主要编入《邓小平文选》（1—3卷）。

（3）"三个代表"重要思想

主要推荐《江泽民文选》（1—3卷）。

（4）科学发展观

主要推荐《胡锦涛文选》（1—3卷）。

3. 习近平新时代中国特色社会主义思想重点图书

习近平新时代中国特色社会主义思想是马克思主义中国化的最新理论成果，习近平是这一思想的主要创立者，围绕习近平系列重要论述和讲话的编辑，习近平新时代中国特色社会主义思想的研究和学习，党和国家有关部门编辑、编写、出版了上百部图书。这里根据目前图书的出版情况和主要特点进行以下分类推荐。

（1）习近平重要论述摘编、著作单行本、专题文集、著作集，以及收入习近平重要讲话的综合性文献集

主要推荐：《习近平谈治国理政》第一、第二、第三、第四卷（共收录了习近平在2012年11月15日至2022年5月10日期间的重要讲话、谈话、演讲、答问、致辞、批示、指示、贺信、贺电等379篇），《习近平关于"不忘初心、牢记使命"重要论述选编》《习近平关于青少年和共青团工作论述摘编》《习近平关于实现中华民族伟大复兴的中国梦论述摘编》《习近平关于党风廉政建设和反腐败斗争论述摘编》《习近平关于科技创新论述摘编》《习近平关于社会主义生态文明建设论述摘编》等。

（2）习近平新时代中国特色社会主义思想的学习读本及学习参考型著作

主要推荐:《习近平总书记系列重要讲话读本(2016年版)》《习近平重要讲话单行本(2020年合订本)》《习近平新时代中国特色社会主义思想三十讲》《习近平新时代中国特色社会主义思想学习纲要(2023年版)》等。

(3)一批有分量的研究专著

主要推荐:中共中央文献研究室2014年编辑的《习近平关于全面深化改革论述摘编》,教育部2019年、2020年编写的《深入学习习近平关于教育的重要论述》和《习近平总书记教育重要论述讲义》,中共中央宣传部干部局2020年编著的《新时代宣传思想工作》,中共中央宣传部、中央全面依法治国委员会办公室2021年编写的《习近平法治思想学习纲要》,中共中央宣传部、生态环境部2022年编写的《习近平生态文明思想学习纲要》等。

(4)习近平语言风格解读类著作、记述习近平本人学习和工作经历的专著

主要推荐:《平易近人习近平的语言力量》《习近平用典》《习近平讲故事》《习近平的七年知青岁月》《梁家河》《习近平在浙江》《习近平与大学生朋友们》等。

(5)党的十八大之前出版的关于习近平在浙江的著作

主要推荐:《干在实处走在前列——推进浙江新发展的思考与实践》和《之江新语》。

二、理论修养是基础

无论现有学识、学养深厚与否,理论宣讲员都需要把理论修养作为重要支撑。靠查找资料、临时搜集也可以成稿,但很难将宣讲稿打磨成有见地、有深度的精品力作,宣讲中也很难讲准、讲深,讲透、讲活就更难了。只有理论深刻,才能让人回味无穷、记忆犹新,才能激起共鸣,主动接受、自觉内化,影响并改变听众的思想行为。

不过,一个理论深厚的老师未必能成为一个优秀的理论宣讲员,但一个优秀的理论宣讲员必须具备一定的理论功底。钱伟长先生在20世纪80年代就提出:"你不上课,就不是老师;你不搞科研就不是好老师。教学是必要的要求,而不是充分的要求,充分的要求是科研。"优秀的大学生理论宣讲员或许不是理论研究的高手,但一定是理论学习的高手,也不会没有丝毫研究功底。而一点理论研究能力也没有的人,估计理论宣讲也好不到哪里去。

优秀的大学生理论宣讲员不能只是"复述型"宣讲员，不能机械式照本宣科，而应在规定的宣讲内容基础上有自己的思想研究和新意创见。

也就是说，大学生理论宣讲员关注或解读任何一个热点，都应尽可能进入理论思考、理论参照。比如关注新质生产力，可上升到哲学、社会学、管理学等理论层面，精心研读相关理论研究成果，在更大视野和深度上找准立论基础，否则就容易一叶障目、头痛医头，传播了片面的、狭隘的甚至错误的思想。

因此，要想成为一名优秀的大学生理论宣讲员，必须重视理论研究的作用，并且通过这种方式，帮助自己转变、树立一种观念："一场好的理论宣讲课、一个优秀的理论宣讲员，仅仅拥有出色的宣讲技能是不够的"。没有高水平的理论研究，就不可能有高水平的理论宣讲。

（一）提高宣讲水平的三大要求

1. 学会选用资料

在宣讲中，除了要提及党和国家长远发展的大事，还要讲百姓"柴米油盐、急难愁盼"的小事，既讲"激荡心灵、可歌可泣"的英雄壮举，也讲体现"小温暖、小确幸"的身边凡人善举，使宣讲在面对面中做到心贴心、实打实。具体而言，在选用资料时，可以先问自己，你最关心什么，提出课题或假设，然后去研究设计，去广泛阅读，尤其是要认真学习党的理论政策，并整理相关资料，从大政策中找到小切口。比如，可以把讲理论和讲故事结合起来。理论背后有故事，故事背后有理论，要用理论背后的生动故事，讲清楚故事背后的科学理论，通过讲故事把科学理论讲活泼、讲明白、讲透彻，实现科学性与大众性、理论性与通俗性、学术语言与群众语言的融会贯通，群众才能听得进、记得住、传得开。

2. 学习借鉴先进

当前新时代青年理论宣讲工作已迈出坚实的一步，但还有更大的实践空间需要去拓展，我们应多学习、多借鉴周边地区、兄弟省份的好经验、好做法。同时还应做好同一地区不同宣讲团队的比较。理论宣讲有"正规军"，有"游击队""民兵"，宣讲员有公务员、教师、企业家、创业者、村干部等，各行各业的宣讲侧重点不同、宣讲的方式有差异。应通过研究不同岗位、不同身份的宣讲员的宣讲，学习借鉴、优势互补、合作提升。宣讲工作的创新就这样在不断的研究中得以实现。

3. 注重调查研究

大学生理论宣讲的开展因为其主体特性,以及宣讲对象环境、载体方式等的限制,大多走"短平快"的路子,以开展微宣讲为主,最长一般也不会超过一节课的时间。这就要求聚焦这个"微"字,从不同群体的各自特点出发,以小切口反映大政策,以小故事讲好大发展。在宣讲前,宣讲员可以通过问卷调查、网络留言、信箱留言等方式开展调查研究,及时掌握受众群体想要了解什么,受众群体更喜欢何种宣讲方式,把理性思维与感性思维结合起来,做既有深度又有温度、既有意义又有意思、既有力量又有味道的宣讲。在宣讲结束后,宣讲员要及时接收群众的反馈信息。宣讲员讲得好不好,有没有效果,都需要有群众的声音来反馈。只有通过一次次的反馈,改进工作中的不足,使整个宣讲工作形成一个闭环,才能不断进步。

【案例】:《从 1963 到 2023:致敬新中国六十载"枫"景路——大学生寻访"枫桥经验"与基层社会治理现代化变迁的调研报告》

马克思主义学院致敬"枫桥经验"实践团的枫桥之旅

20 世纪 60 年代浙江创造了"枫桥经验"。跨越 60 年后,"枫桥经验"经历了从社会管制到社会管理再到社会治理的两次历史性飞跃,成为一道具有中国特色的基层社会治理经验的靓丽风景线。党的二十大报告强调要"在社会基层坚持和发展新时代'枫桥经验',完善正确处理新形势下人民内部矛盾机制",为坚持和发展新时代"枫桥经验"指明了方向。如何让"枫桥经验"这一基层治理的"金字招牌"越擦越亮并且经久不衰、历久弥新?致敬"枫桥经验"实践团走进枫桥镇社会治理中心、新时代枫桥经验研究院、诸暨市消防救援大队和枫桥镇消防救援站等,开启了寻访"枫桥经验"与基层社会治理现代化变迁之旅。

2023 年 5 月 19 日下午,绍兴文理学院马克思主义学院致敬"枫桥经验"实践团来到了诸暨市枫桥镇。枫桥镇社会治理中心、

积极探索实践"枫桥式"消防救援队站建设

诸暨市消防救援大队成为同学们开展"'挑战杯'中国大学生创业计划大赛"实地调研考察的第一站。在枫桥镇社会治理中心调研时，当地的工作人员从建设背景、变革组织、数字赋能和工作成效四个方面向实践团介绍了枫桥镇基层治理的情况，让实践团对枫桥经验有了更深刻的认识。随后，致敬"枫桥经验"实践团成员与诸暨市消防救援大队防火监督干部、枫桥镇党委委员周澍就综合治理网格与消防宣传等问题开展了一系列交流讨论，实践团成员在原有方向上有了新的思路和见解。

接着，实践团到杜黄新村进行了田野调查。之前杜黄新村的洼地比农田还多，因为效益低，种田的村民越来越少，大批农田被荒废。2012年，王海军书记决心改革。通过成立土地股份合作社，把村里1912亩农田的转包权集中起来，以整村流转的方式转包给种粮大户，实行土地集中流转改革，进而实现了集约化经营。种粮大户依靠规模种植和机械化操作，亩均成本明显降低，整体效益不断提升，带动土地转包价格提升，村民收入增加。数年间，杜黄新村的土地转包价格从800元/亩增加到1331元/亩。杜黄新

积极探索兴村共富格局的密码

村的农业发展之路,最核心的秘诀就是土地流转和土地承包。而杜黄新村的快速发展证明,这是一条实现农业转型,实现村民、村集体与种粮大户三者共赢,进而实现共同富裕的可行路径。未来社区、未来乡村建设顺利推进,城乡居民社会保障体系日益完善,农村土地制度改革大大激活了农户财产权利,绿色生产生活方式深入人心,初步构建了环境美丽、数字生活、生活富裕、社会文明的发展新图景,创建了良好的推动共同富裕的基础。

在近60年的发展历程中,"枫桥经验"的内涵不断丰富,时代价值愈加彰显,为基层社会治理体系与治理能力现代化提供了强大的实践动力。新时代的"枫桥经验"内涵又包括哪些呢?致敬"枫桥经验"实践团采访了诸暨市枫桥镇政法委员蒋杭翔、诸暨市公安局交警大队枫桥中队副中队长詹浩良等四个不同领域的代表,仔细聆听他们心中对于新时代"枫桥经验"的看法。经过严谨总结,新时代的"枫桥经验"的内涵主要包括四个方面:一是党的领导;二是源头治理;三是人民至上;四是"三治融合"。

近60年来,"枫桥经验"作为社会治理经验,在不同历史时期

共话新时代"枫桥经验"核心内涵

所面临的社会形势、发展任务不同,所服务的对象、运用的治理方法手段不同,但在本质上都是服务与发展的需要、人民的需要,始终将服务与发展作为"枫桥经验"传承与创新的根本目标。本次调研寻访"枫桥经验"与基层社会治理现代化变迁的实践路径,一方面,厘清了新时代"枫桥经验"助推基层社会治理现代化发展的理论逻辑,总结了实践探索成就;另一方面,探索新时代"枫桥经验"助推基层社会治理现代化发展可复制的、可推广的经验启示与创新路径,为浙江高质量发展建设提供"枫桥智慧"

——https://www.usx.edu.cn/info/1138/42703.htm

(二)重点把握宣讲的三大场景

何为宣讲场景?宣讲场景,简单理解,就是开展宣讲的地方。我们一直都要求,"群众在哪里,阵地就设在哪里,宣讲就讲到哪里"。但转换场景,并不是一个稿子换一个地方讲那么简单。不同的场景,环境不同、听众不同,现场组织方式、语言风格、内容重点都应有所不同,需要精心设计、不断优化。从当前工作实际来看,需要重点把握以下"三大场景"。

1. 把握"身边场景"

针对村民,既要有农村文化礼堂、乡村振兴讲堂等固定阵地,也要向农家院坝、村社广场等延伸;针对青年,要向高等院校、企业车间、商业楼宇等延伸。坚持系统思维,对何时讲、讲什么、怎么讲、现场怎么布置等进行系统谋划、精准设计,实现"一场景一方案"。比如,到农家院落去宣讲,冬日最好选择有太阳的暖和天气,上午10点或下午3点左右,正是家务做完、饭点还没到的空闲时候,可以带点瓜子、水果,再到农家搬几条板凳,大家围坐在院子里边吃边聊,而夏日就要赶往群众的晨练聚集地或晚上纳凉处。再比如,到写字楼里给青年宣讲,可以选择午饭后的午休时段,找个有桌椅的休息间,大家泡杯咖啡或是外卖叫杯奶茶,边喝边说。

2. 把握"线上场景"

网络是青年最熟悉的平台,应该成为青年理论宣讲的强大阵地。要向"网红主播"问计问策,把线上宣讲怎么开展才能有传播力、影响力弄清楚、搞明白。多学习模仿,勤交流互动,在抖音、微信视频号、小红书等热门平台上把账号开起来、视频传上去、宣传铺开来。

3. 把握"特色场景"

坚持"群众在哪里宣讲就到哪里",把理论宣讲搬到群众"生产生活现场"。在不同区域,把握标准优选场景,既要有"地方味",给人以耳目一新的感觉;又要有"泥土味",选择老百姓经常去、喜欢去的地方。要集中力量重点打造,有意识地把宣讲活动、宣讲资源向这些地方集聚,开展常态化宣讲,建成固定化阵地,让"好地方"与"好宣讲"相得益彰。

【案例】

绍兴文理学院:探索"非遗"传承与
人才培养有机结合新模式

中国教育报客户端讯(通讯员 沈勇 方如意)"曰若稽古,帝舜曰重华,协于帝……"近日,国家级非物质文化遗产绍兴舜王庙会传承地王坛镇传出琅琅书声，这是绍兴文理学院大学生冯煊茹正带领当地中小学生一起诵读《尚书·舜典》，"穿越时空"共同对话典籍里的舜王。据了解，这是该校"大手拉小手，与四千年前的舜王跨时空对话"沉浸式教学的一部分，该活动积极响应党的二十大报告强调的"推进大中小学思想政治教育一体化建设"，线上线下同步开展，旨在普及虞舜文化知识，传承弘扬虞舜精神，守护虞舜文化根脉。

虞舜文化作为中华优秀传统文化，其传承脉络源远流长，《尚书·舜典》、司马迁的《史记·五帝本纪》、王十朋的《会稽风俗赋》和毛泽东的《七律·送瘟神》等均有记载。结合以上经典，大学生们创设了 4 个教学场景，带领中小学生"穿越时空"，通过经典诵读、情景演绎、诗歌传唱、集体宣誓等方式"跨时空"对话四位作者，还创造性地运用皮影戏和社戏等教学形式，大中小学生共同研学，"大手拉小手"一起品味虞舜孝德精神、体悟虞舜爱民精神、感悟历代对虞舜精神的颂扬。

"虞舜文化与当代社会核心价值一脉相承，已成为当代社会核心价值的源头活水和精神依托。传承虞舜文化、弘扬虞舜精神对于发展社会主义先进文化，培育和践行社会主义核心价值观，有着十分重要的意义。当前，越来越多的年轻人对'非遗'传承保护表现出浓厚兴趣。如何让传统'非遗'与当代青年擦出耀眼'火花'，用青春激活'非遗'，是'非遗'传承保护的一个新课题。"绍兴市虞舜文化研究会会长俞婉君说。

"'跨时空'对话，'大手拉小手'，大中小学生共同解读虞舜传说和感悟虞舜精神的思政一体化沉浸式教学，不仅是创新教学方式，更是创新教育传承方式，值得其他教育传承基地学习推广，探索出了民间文学类非遗项目的有效激活方式。"绍兴市"非遗"保护中心传承保护部主任肖梁说。

"大学生在参与'非遗'传承保护的过程中也提高了自身综合素质和专业能力。将'非遗'传承保护有机融入教育教学，实现两者双赢，是高校人才培养的一种新探索。"绍兴文理学院马克思主义学院党委书记陈红说。

（摘自：中国教育报，2023-05-23）

【链接】https://www.usx.edu.cn/info/1549/42338.htm.

（三）打磨提炼宣讲的专属模板

宣讲的表达方式有很多种，但不一定要求你的普通话多好、理论功底多深厚，只要你善于将理论通俗化，立足于自己的工作，真心真情，就一定能当好"红色根脉"的宣传员、传承人、守护者。

宣讲模板需要独具特色，不能直接抄袭，要在深刻研究宣讲模板之后对宣讲模块进行提炼，取长补短，去粗存精，最后形成自己的样板模式。最好的办法就是利用各地的调研报告、政府文件对宣讲模板进行精炼、打磨，提炼出专属的样本化模板。为此，这里拟出以下几种模板，仅供参考。

1. 报告式

报告式是指宣讲员通过作报告的形式，对某一理论作全面、系统、深刻、准确的宣讲和解读，一般包括理论辅导、专题讲座等。报告式宣讲适合于宣讲内容重要、听众人数较多的情况。如宣传讲解习近平新时代中国特色社会主义思想时，要求对其进行全面阐述，这种情况采用报告式宣讲效果就比较好。

2. 座谈式

座谈式又称研讨式，是指宣讲员通过与宣讲对象座谈、研讨的形式，宣传讲解某一理论。座谈式宣讲拉近了宣讲员与宣讲对象之间的心理距离，拉近了理论与实际的距离，容易使理论走进群众，走进百姓心里。座谈式宣讲适合于听众人数较少的情况。

3. 互动式

互动式是指宣讲员通过与宣讲对象之间双向思想交流与相互观点碰撞的形式，对某一理论作深入浅出、深刻透彻的宣传讲解。互动式宣讲适合于宣讲对象理论修养较好、理论热情较高的情形。

4. 组合式

组合式是指两个或两个以上宣讲员共同对一个理论问题进行宣传讲解的宣讲形式。组合式宣讲虽然是多人同讲一个主题，但各个宣讲员所讲的侧重点不同，这就要求宣讲员事先有明确分工。这样的宣讲，形式新颖，现场气氛活跃,而且通过多角度分析和阐释问题,能够帮助宣讲对象更好地理解宣讲内容,提高其分析和理解问题的能力。

5. 案例式

案例式是指宣讲员以剖析案例的形式,让宣讲对象通过分析和思考,以及小组讨论和争辩等形式,提高对所讲理论的认识与掌握,特别是提高运用理论处理和解决实际问题的能力。案例式宣讲具有启发性,能使听者听有所思、思有所悟、悟有所得。

6. 情景模拟式

情景模拟式是指宣讲员通过对事件、事物的发生与发展的环境、过程的模拟或虚拟再现的形式,让宣讲对象在所设情景中去发现问题、解决问题,从而理解宣讲内容,提高认知能力。

7. 菜单式

菜单式是指宣讲员针对基层群众在生产生活中遇到的问题以及思想困惑,结合党委、政府中心工作和自身工作实际,精心拟定宣讲主题,以菜单形式向社会公布,由群众"按需点菜",提升宣讲的针对性。

8. 说唱式

说唱式充分发挥有文艺特长的宣讲员的积极作用,精心创排具有地方特色、群众喜闻乐见的说唱节目,以深入基层的说唱形式艺术化地宣讲党的理论政策,宣讲党委、政府的中心工作,让群众在潜移默化中接受教育,得到熏陶。

9. 办报式

办报式充分发挥有办报特长的宣讲员的作用,紧紧围绕党中央重大决策部署和地方政府中心工作,通过办手抄报、黑板报、墙报、楼道板报等方式,图文并茂地宣传党的理论创新成果,阐释全面深化改革、加快转型发展的决策部署,把涉及群众切身利益的征收拆违、绿化美化、文明创建、社会保障、教育卫生等重点工作和民生政策写明白、说透彻。

10. 自媒体式

自媒体式如借助抖音、快手短视频等"流量"手段,化"大讲堂"为"微课堂",化"黑板报"为"朋友圈",推出体验式、参与式的宣讲直播,打造"流量"

导师和"网红"课程,将宣讲阵地由"一时一地"拓展为"随时随地"。自媒体宣讲适合于宣讲对象善于使用互联网、熟练运用各种软件等的情形。

三、文化修养是灵魂

从本质上讲,理论宣讲是文化积淀的厚积薄发。理论宣讲的魅力一定是来源于文化,文化影响着人们的思维方式、审美情趣、价值取向、伦理原则、道德观念。宣讲员的文化修养既体现在知识学习上,也体现在文化涵养上,与宣讲能力、宣讲水平直接相关的是"文、史、哲"等国学修养。文学有助于提升宣讲员的创作能力、表达美感;历史有助于宣讲员旁征博引、以古鉴今;哲学有助于宣讲员精于概括、富有洞见;其他如美学、逻辑学、传播学、社会学、心理学等各类学科都会让宣讲员知所以然,而后发力精准、切中要害。文化涵养在更深层次为宣讲员赋能,彰显宣讲员可敬、可亲、可爱的人格魅力。

在大学生理论宣讲中,通过文化感染力来增强宣讲的说服力、亲和力和针对性、有效性,让听众听得懂、能领会、可落实,对大学生理论宣讲员的文化修养提出了较高的要求。大学生理论宣讲中的文化感染力,可以在宣讲内容和宣讲方式两个方面来展开。

(一)在宣讲内容上,可以运用历史和文学知识来呈现,尤其是运用好中华优秀传统文化

1. 重要意义

党的二十大报告指出,只有把马克思主义基本原理同中国具体实际相结合、同中华优秀传统文化相结合,坚持运用辩证唯物主义和历史唯物主义,才能正确回答时代和实践提出的重大问题,才能始终保持马克思主义的蓬勃生机和旺盛活力。习近平总书记指出:"优秀传统文化是一个国家、一个民族传承和发展的根本,如果丢掉了,就割断了精神命脉。"[①]"中华优秀传统文化是中华文明的智慧结晶和精华所在,是中华民族的根和魂,是我们

---

① 习近平在纪念孔子诞辰 2565 周年国际学术研讨会暨国际儒学联合会第五届会员大会开幕会上的讲话,新华网,2024-09-24,http://www. xinhuanet. com//politics/2014-09/24/c_1112612018. htm? from=groupmessage&isappinstalled=0

在世界文化激荡中站稳脚跟的根基。"①

党的十八大以来,习近平总书记将推动中华优秀传统文化创造性转化和创新性发展摆在突出位置,推动中华优秀传统文化传承发展、焕发新生。"不忘历史才能开辟未来,善于继承才能善于创新。只有坚持从历史走向未来,从延续民族文化血脉中开拓前进,我们才能做好今天的事业"②。2014年9月,习近平总书记在纪念孔子诞辰2565周年国际学术研讨会上的讲话,向世界发出了传承和创新优秀传统文化的"中国声音",引起了广泛共鸣。2022年10月28日下午,习近平总书记考察了位于河南省安阳市西北郊洹河南北两岸的殷墟遗址。他强调,中华优秀传统文化是我们党创新理论的"根",我们推进马克思主义中国化、时代化的根本途径是"两个结合"。我们要坚定文化自信,增强做中国人的自信心和自豪感。③

2. 主要内容

在党的二十大报告中,习近平总书记站在坚持和发展马克思主义必须同中华优秀传统文化相结合的高度,深刻指出:"中华优秀传统文化源远流长、博大精深,是中华文明的智慧结晶,其中蕴含的天下为公、民为邦本、为政以德、革故鼎新、任人唯贤、天人合一、自强不息、厚德载物、讲信修睦、亲仁善邻等,是中国人民在长期生产生活中积累的宇宙观、天下观、社会观、道德观的重要体现,同科学社会主义价值观主张具有高度契合性。"④

2023年9月20日至21日,习近平在浙江考察时强调,"浙江要在建设中华民族现代文明上积极探索。要更好担负起新时代新的文化使命,赓续历史文脉,加强文化遗产保护,推动优秀传统文化创造性转化、创新性发展。坚守中华文化立场,积极发展反映时代要求、具有时代特色的新文化,发展

---

① 习近平在中共中央政治局第三十九次集体学习时强调 把中国文明历史研究引向深入 推动增强历史自觉坚定文化自信,新华网,2022-05-28, http://www. news. cn/2022-05/28/c_1128692207. htm
② 习近平在纪念孔子诞辰2565周年国际学术研讨会暨国际儒学联合会第五届会员大会开幕会上的讲话,新华网,2024-09-24, http://www. xinhuanet. com//politics/2014-09/24/c_1112612018. htm? from=groupmessage&isappinstalled=0
③ 习近平在陕西延安和河南安阳考察时强调 全面推进乡村振兴 为实现农业农村现代化而不懈奋斗,新华网,2022-10-28,http://www. news. cn/2022-10/28/c_1129086274. htm
④ 习近平.高举中国特色社会主义伟大旗帜 为全面建设社会主义现代化国家而团结奋斗:在中国共产党第二十次全国代表大会上的报告,北京:人民出版社,2022年.

中华文明的现代形态"①。

　　上述这些,是我们在宣讲内容上运用历史和文学知识来呈现的依据。今天,我们进行新时代理论宣讲,"振叶以寻根,观澜而索源",到中华优秀传统文化的丰厚底蕴中发掘思想、启迪智慧,既增加新时代理论宣讲的文化厚度,又能增强起艺术感染力。

　　【案例】

　　　　《绍兴文化青年说》是从高校在读大学生的视角,以绍兴"非遗"等优秀传统文化为切入口,以第一人称,品读、采访、考察、实践和讲述绍兴文化遗产的历史传说、口述记忆、作品艺术、传承方式,推出一批具有青年味、文化味、绍兴味的网络作品,推动绍兴优秀传统文化的传承与弘扬。

水乡八字桥　续古焕今情

https://tidenews. com. cn/video ＿ detail. html？ id
＝2448735

（转自：潮新闻客户端）

醇醇老酒香　醉爱绍兴家

https://tidenews. com. cn/video. html？ id＝2464580

（转自：潮新闻客户端）

稻田里的守望者——越地鸟文化

https://tidenews. com. cn/video. html？ id＝2471700

（转自：潮新闻客户端）

---

　　①　习近平在浙江考察时强调:始终干在实处走在前列勇立潮头 奋力谱写中国式现代. 化浙江新篇章,《浙江日报》00001 版,2023-09-26.

与四千年前的舜王跨时空对话

https://tidenews.com.cn/news.html? id＝2489696

（转自:潮新闻客户端）

一座古庙为什么被称作"建筑艺术博物馆"?

https://tidenews.com.cn/news.html? id＝2665317

（转自:潮新闻客户端）

领略绍兴茶都的故事

https://tidenews.com.cn/news.html? id＝2765986

（转自:潮新闻客户端）

水乡流动的生命

https://tidenews.com.cn/video.html? id＝2818929

（转自:潮新闻客户端）

3. 运用方法

至于怎么运用,第一步要选准理论要点,第二步要找对阐释这个理论要点的文化经典,第三步要阐释佐证。举个例子,在宣讲党的二十大报告第七部分"坚持全面依法治国,推进法治中国建设"时,可以引用战国时期荀子《荀子·君道》中"法者,治之端也"(制定法律,是治理国家的开始);又如,宣讲党的二十大报告第十四部分"促进世界和平与发展,推动构建人类命运共同体"时,可以引用《庄子·秋水》里的"海纳百川"和《尚书·君陈》里的"有容乃大";再如,宣讲"不忘初心、牢记使命"时,可以引用范仲淹的《岳阳楼记》中的名句。

【经典案例】

《习近平用典》(第一辑、第二辑)①②就是把政治、历史和文化结合运用的最佳范例。中央电视台制作的专题节目《平"语"近人——习近平喜欢的典故》已经播出三季。2024年2月17日,第三季以习近平总书记论述"人民至上"的精彩用典开篇,第一集的主题是"江山就是人民"。坚持人民至上,是贯穿习近平新时代中国特色社会主义思想的一条红线。党的二十大报告把"必须坚持人民至上"作为"六个必须坚持"的第一条。本集节目从习近平总书记引用的"大鹏一日同风起,扶摇直上九万里""宜将剩勇追穷寇,不可沽名学霸王""度之往事,验之来事,参之平素,可则决之"等经典名句和历史典故入手,生动阐明"江山就是人民,人民就是江山"的深刻内涵,充分彰显习近平总书记"我将无我,不负人民"的深厚情怀和使命担当,深入阐释习近平新时代中国特色社会主义思想的鲜明本色和根本立场。

(二)在宣讲方式上,可以运用文艺和文采来呈现

习近平总书记在多次重要讲话中善用经典、频出金句,不仅活化了全篇,更给听者极强的引导力、吸引力和感染力,展现了高超的宣讲策略和宣讲艺术。

1. 以"人"为中心的艺术化

有些宣讲带着任务、奔着规定程式走,重在宣传,没有完全站在受众的角度研判宣讲效果,这必然导致宣教味浓。以"人"为中心的艺术化,一是要心中有听者,充分考量受众的接受能力和接受特点。倘若面向党员干部,有些概念、政策、信息等已经获知,需在价值理念、方法论等深层次解读和结合运用指导实践上更突出;倘若面向工人,要以工人角色为中心,把素材背景放在生产生活中;以此类推,不同人群还原不同场景。二是围绕"人"突出艺术化。人们都是先接受具象,再理解抽象;先接受感性,再接受理性;先接受个体,再接受整体的。因此讲稿中要注意埋设标签性、符号性、象征性元素,

---

① 人民日报评论部.典故释义:杨立新.习近平用典(第一辑),人民日报出版社,2015年2月.
② 人民日报评论部.典故释义:杨立新.习近平用典(第二辑),人民日报出版社,2019年6月.

并随着讲述渐次拆解、敲实、擦亮。

2. 以"讲"为抓手的艺术化

宣讲活动显现出书面语言和有声语言,两者相互依存、相辅相成,也会偶有冲突碰撞和对立分离。宣讲员在构思、设计宣讲稿时,要优先考虑有声语言的特征。主题观点的提炼打磨、线索转承的铺设跳出、讲故事融画面的真切生动、情感带入引共鸣的自然激活,这些既关乎选材,也关乎架构,更关乎成效。有声语言作用于人耳,宣讲中虽不必像诗歌一样合辙押韵,但要多用动词、感叹词、拟声词,以增强声音效果;慎用少用长句、套句,尤其是不宜大量使用专业术语,有些专业概念要在第一时间简要形象地解读,有助于听者快速理解。引经据典尽量选用一听就懂的词句,便于听者接受。数字、数据不宜简单罗列,要以比喻、对比、反衬的修辞手段展开描摹,比如某品牌说销售了多少杯奶茶,比喻成可以绕地球几圈,就很形象。总体来说,宣讲深入浅出、化繁为简、通俗易懂,才能体现宣讲员的水平。

3. 以"效"为落点的艺术化

强调宣讲效果,就是说要用艺术化思维、艺术化手段贯穿宣讲的整体设计。首先,要把握切近感,个体关注世界多是从自我出发,距离自己越近,越有兴奋点、感知点、生发点。宣讲员有如在拉伸一个镜头,先切特写,再伸近景,再拉远景,再拉回近景,并在景与景之间建立关联。其次,要把握同理心,世间总有些道理是大家可以自然接受的。比如讲依法治国,一味地讲述理念、分析形势就显得生硬,倘若以开车乱行为例,阐释个体在公共空间内享受自由首先要尊重规则,否则就可能害人害己。再次,要把握共情点,展示先进典型不是仅仅突出其高大、非凡的一面,更要展示其平凡、真实的一面。比如作为先进典型,在面对诱惑和困难时也曾有过犹豫,最终还是突破狭隘战胜自己。要先还原小我,大我才有依托。抓住这三个方面,再在关键发力点上精心打磨,将其打磨成宣讲提效、增效的着力点,并在演练中有意强化渲染。

最后,需要特别指出的是,运用的文艺方式一定要短而精、雅俗共赏、为主题服务。文化通心的前提是语言铺路,文采在服务主题和内容的前提下倒可以贯穿始终。

"看书求理,须令自家胸中点头;与人谈理,须令人家胸中点头"。在理论宣讲中,让听众"点头"的方法很多,其中文化感染力是重要方法。

【案例】

《典籍里的中国》之《越绝书》

2023 年 2 月 4 日晚,在央视一套播出的《典籍里的中国》第二季第五部典籍《越绝书》里,导演组用现代科技手段和高超的拍摄技巧,以一种全新的穿越式切入,借明代学者杨慎的视角,为我们解读了千古奇书《越绝书》鲜为人知的故事。节目开场戏就以"清华简"为引子,由此带领观众在学者们的研讨、分析中走进这部"奇书""绝书"。"当代读书人"撒贝宁动容地说:"绝者,绝也,谓句(勾)践时也。《越绝书》记载了越国的历史,是最早的地方史志之一,明朝人称其为'地志祖'。清朝人说,一方之志始于'越绝',无四方,何以中国。"撒贝宁的这一导言既将节目引入高潮,也展现了他令人叹服的文采。绍兴籍学者张仲清结合《越绝书》本身的记述来看,"绝"应该有三层意思:一是"空前绝后",是指勾践建立了灭吴复国、称霸中原的旷世功业;二是"绝笔",是指子贡说齐安鲁等游说活动及其对越国霸业所起的重要作用,后人难以比肩,系史上"绝笔";三是"继其绝笔",《越绝书》中有"贤者所述,不可断绝"等话语,是指把这个重要时代及其重要人物的思想言行记载下来,非常必要,正因为有这样一种想法,才有了《越绝书》的诞生。当然,对"绝"的理解也不一定仅限于此。《典籍里的中国》之《越绝书》中,把"绝"演绎为"绝地反击",未尝不是一种"新解"。

四、心理素质是保障

宣讲活动是一对多的现场双向互动性活动,对宣讲员的心理素质提出了较高要求。20 世纪 80 年代,美国曾进行过一次有趣的实验,题目是"你最害怕的是什么?"在测试结果中,"死亡"竟然屈居第二,而"当众演讲"却赫然名列榜首。作为一名大学生理论宣讲员,不论是在教室车间、田间地头,还是在聚光灯下的比赛舞台；面对媒体镜头、身临盛大场面，抑或是网络直播，有害怕、焦虑、紧张、怯场等心理，都是非常正常的，因为你是与大部分人一样的普通人。而宣讲员的心理状态必定反映成精神状态，也必定会直接影响并作用于宣讲的全过程。因此，有无良好的心理素质，关乎宣讲活动的成败，也是宣讲活动的重要保障。那么，大学生理论宣讲员应如何练就过硬的心理素质呢？

（一）运用积极的心理暗示

在心理辅导实践中，我们常用"积极心理暗示"法，给自己和同伴打气，或者教他人学会自我鼓励加油。实际上，每个人每时每刻都在有意无意地进行"自我暗示"，就是指有意识地把某种确定和具体的观念输送给自己潜意识的过程。当然，我们需要积极主动而非被动消极的"自我暗示"。重要场次的宣讲展示、比赛前，指导教师和团队成员间进行相互鼓励、加强积极的心理建设非常重要。

【案例】

2024 年 1 月 7 日，第六届"卡尔·马克思杯"浙江省大学生理论知识竞赛决赛在浙江工商大学举行。经过共答题、抢答题、风险题的激烈角逐，绍兴文理学院代表队暂时并列第二，与第四、第五名分别只差 5 分和 10 分，而一等奖只取前四名。参加最后"时政宣讲"环节的陈语心同学道："怎么办，压力都给到我这儿了！"并发出了长长的叹息。面对为集体荣誉而战的极大压力和产生的消极心理暗示，指导教师和其他队员以积极暗示来稳住宣讲员的心态，以理性分析来消减压力，以临阵磨枪来增强自信，最终顶住了高压，"小宇宙"爆发了。她的时政宣讲展示超常发挥，一气呵成，自然流畅而又情感投入，成为最好的一次，绍兴文理学院代表队继第四届、第五届两连冠后，再一次荣获该赛事一等奖。

（二）唤醒潜意识的力量

一般而言，心理素质较差的人容易给自己不良暗示，如受外界因素影响时，会持续加重心理负担。如果你的内心也有负面的自我暗示，那么请立即制订一个纠正它的计划。你要坚信：自信从容的状态完全可以从强化训练中纠正过来。绝不要对自己说"我不行"。当你恐惧、气馁的时候,你应该对自己说,运用我潜意识的力量,我能够达成一切目标。潜意识很容易受到暗示的影响,它被暗示"控制着"。心理学家和精神专家指出,当意识转化为潜意识时,会在大脑皮层留下生理印记。当你放松心情,让心静下来的时候,你意识中的思想就会渗透到你的潜意识中去。这就如同自然界的渗透现象,被有孔的薄膜分开的液体可以通过渗透混合到一起。这些积极的思想一旦渗透到你的潜意识里,就会如同种子一般发芽结果,潜意识立刻开始实践这种观念,召唤无穷的生命潜力和智慧,运用你过去生命中学习到的全部知识和信息去实现目标。

【小故事】

自我暗示消除恐惧

（编选自《潜意识的力量》①）

珍妮特是一位非常年轻的天才歌唱家,她被唱片公司邀请出演一出歌剧。她非常看重这次机会,但是心中却一直惴惴不安。此前,她一共有三次在导演面前试唱失败的痛苦经历。每次失败都加重了她内心的恐惧,使得她在下一次试唱时背负更大的压力。珍妮特的嗓音棒极了,可是她每次都对自己说:"轮到我试唱时,我总是唱得一塌糊涂。我始终不能入戏,导演一点也不喜欢我。他们一定在想,这种破嗓子也好意思丢人现眼。我只好灰溜溜地独自回家。"

她的潜意识接收到这种消极的自我暗示,并把它当作命令去执行。潜意识调控她的身体,让她在演唱时不知不觉地就把这种观念变成了现实。她的恐惧化成糟糕的表演情绪,主观设想变成了现实。

这位年轻的歌唱家最后终于克服了消极自我暗示带来的影响,她的方法就是:用积极的自我暗示来对抗消极的自我暗示。她每天三次把自己关在一间安静的小屋里,小屋的中央有一把非常

---

① 约瑟夫·墨菲:潜意识的力量,中国城市出版社,2009年11月。

舒服的椅子。她坐在上面，放松身体，闭上眼睛，身体和心灵都在这一刻归于平静。因为生理上的低兴奋水平可以让心灵更易于接受自我暗示。她对自己说："我的歌声优美而动听，我的仪态优雅而自信，我的心智机智又冷静。"她说这番话的时候，语速非常慢，语气也十分柔和，这样一共说上5～10次。

在正式试唱前的一个星期时间里，她每天进行三次这样的自我暗示：两次是在白天，一次是在晚上入睡之前。不知不觉地，她就变得沉着而自信起来。在关键的试唱时，她在导演面前展现了婉转动听的歌喉，并最终赢得了歌剧中的这个角色。

那么，行动起来吧，唤醒你潜意识的力量，练就过硬的心理素质，只需五步。

1. 找出你的负面标签

一位父亲常拿自己的儿子和别人家的孩子比较，说他不如同班同学学习好，不如邻居家的孩子有礼貌，甚至常常骂他是"废物"。儿子被父亲贴上了"废物"标签，自己无力揭下，只能被标签所左右，最终患上抑郁症。

行动步骤——

（1）回忆

请你回忆一下：你小时候被贴过哪些标签，把它们写下来。这些标签是如何塑造你的生活的，把它们写下来。再看看，这些标签是帮助你做得更好，还是成了你生活成长的障碍。从小到大，你的家人、邻居、老师、同学、领导、同事，以及你自己的经历，都在不断地给你贴各种标签，这些标签就是播进你潜意识的种子。

（2）聆听

如果你不能确定哪些是标签，那么就尝试去聆听你的念头、想法，将头脑里的声音，特别是反复出现的字词、语句，记录下来，就可以找到你潜意识里的固定模式和消极信念。这里，推荐使用自我对话技巧。当你感到紧张、焦虑时，问自己：我在怕什么？头脑会自动回复：你办不到的；你肯定不行；你输定了；你会被大家嘲笑的；这根本没有意义……准备一个小本子或在你手机备忘录里，及时记录下来，要知道这些话，都是外界（家人、社会）给你输入的，你相信了，于是它们就进入了你的潜意识。所以，去看看你潜意识里都种了些什么种子。

2. 接纳此时此刻的自己

自我接纳,也是人的一种自我认知。自我接纳代表了一个人对自身的积极态度,即能欣然接受自己现实中的状况,不因自身优点而骄傲,也不因自身缺点而自卑。接纳自己,接纳此时此刻的自己,这是真正发生改变之前非常重要的一步。市面上有很多成功心理学,不断地给人打"鸡血":要积极、要自信、要转念,去除负面想法……这不能说是错的,但"改变"是需要"能量"的,不接纳自己的人,把很多能量用在否认和排斥上,带着大量对自己的不满、失望,甚至否认和拒绝,那么"改变"就是痛苦的、纠结的,即使有效,也是短暂的,不会长久。

所以,要想真正改变,前提必须是"接纳自己",接纳你此时的情绪,接纳你冒出的消极念头,接纳你的现状,接受、认可你目前所处的现实。

行动步骤——

(1)关注身体

在《身体知道答案》一书中,作者武志红提到:催眠大师斯蒂芬·吉利根博士讲到一个应急方法,就是无论遇到什么情景,保持与身体的联结,回到"中正点",把一部分注意力从情绪转移到身体的感觉上来。在宣讲前,如果感觉到了紧张,那就去看看这个紧张在身体哪个部位有反应:是不是双肩僵硬酸痛;如果感觉到了焦虑,去看看在哪里有身体反应:是不是在胃部一带,有一股沉甸甸而略带恶心的感觉,再仔细觉察身体其他部位还有哪里不舒服:胸口闷,不透气? 找到这个身体部位,把你的手放到这个部位,去体会这个感觉,对自己说:我接受这个情绪,我接受这个感觉,不管怎样,我爱我自己。反复做这个动作,直到平静下来。

(2)呼吸练习

呼吸练习可能是你在对抗压力的技能里,所能拥有的最为强大的压力管理工具之一。人在情绪波动时,呼吸急促不均,此时,练习深呼吸,深吸长呼,放慢呼吸节奏,可以让人尽快平静。呼吸练习相当简单,选一个舒适的姿势,不论是坐着、靠着或躺着都可以,将注意力集中在呼吸上,尽可能地深深地缓慢呼吸,还可以尝试"观看"自己的呼吸,而试着不去加以控制。当思绪涌来抢夺你对呼吸的注意力时,觉察这些思绪,然后有意识地放开那些思绪,并将注意力转回到你的呼吸上。练习深呼吸,可以让重复不停或执着地萦绕于心的念头停歇下来。本节末介绍几种帮助维持专注的呼吸技巧,比如腹式呼吸法、均匀呼吸法、交替呼吸法。(见附1 三种呼吸练习)

3. 设定全新的意图

每件事情都是两面的:你所希望的与所缺乏的。当你认为自己是在想着某件想要的事情时,实际上你也同时在想着愿望的反面。换句话说,就是我要健康,我不要生病;我希望成功,我不要失败;我希望被人尊重,我不想让人瞧不起。

那么,潜意识能接收到的是哪一面呢?学习给自己设定一个清晰的、全新的、明确的意图非常重要。全新的意图,就是你希望拥有的状态,你想成为什么样子。如何设定?需要重温一下潜意识的关键特点:潜意识不接受否定词。

行动步骤——

(1)找出你的内在信念

每个人的心中都有一个天使和一个魔鬼。当你积极地给自己打气时,总会有另一个消极的声音出来反对,说你不行,说你是白日做梦,使你左右为难。这时,你不需要压抑这个反对的声音,听见它,那或许是你深层的内在信念。准备一张A4纸,对折,一边写下你的正面信念,一边写下相对的负面信念。不需要一次性完成,可以不断添加,也许会有重复,重复的可能恰恰是你潜意识里的信念。这是一个了解自己的过程。

(2)写下你的梦想句

梦想句,就是你用准确的语句来描述自己希望达到的状态。注意不能用否定的词句,而且要实际、清晰,运用短句。写出来的句子,是能够表达出你最终想要的状态。比如:我是个出色的宣讲员;我的仪态优雅而自信;我非常受人欢迎;大家都很喜欢我。

4. 向潜意识输入新指令

同样,可以根据潜意识的特征,来采取实用有效的技巧。

行动步骤——

(1)使用形象化(视觉化)技巧

潜意识有双眼睛,喜欢看画面、影像。图像刺激对潜意识最有效。宣讲活动前,可以先想象着会堂里面座无虚席,听众们专注认真,安静地把这些情景设想成一幅幅画面,保持这些画面长达 10 分钟时间,仿佛能够听见掌声雷动。

(2)使用重复念诵技巧

在任何方便的时间里,特别是早晨醒来和晚上入睡前,身心放松的情况下,反复进行自我肯定、自我正向暗示。紧急情况下,还可以使用命令技巧,参照前文卡鲁索的经验,在你觉察到自己怯场时,立即用一种绝对正面的语言,带着严肃和不可侵犯的权威,同你的潜意识展开对话,潜意识是听命于意识的。(见附 2　潜意识使用小提醒)

5. 马上行动,开始 30 天实践计划

再好的方法,不实践等于零。良好心理素质的培养,不是一朝一夕一蹴而就的。以上方法,可以随时随地灵活使用。若要让你的人生实现跨越,那么从现在开始,给自己订一个 30 天实践计划。

新时代大学生理论宣讲员,这只是你一个特定的临时的社会角色,通过这个角色反映出来的一些心理状态,其实是原本就存在的,本节只是借"宣讲员心理素质"的话题来切入,为大家打开一扇窗,去探索潜意识的奥秘。相信在实践过程中,你会有意想不到的收获。你不仅将成为一名优秀的宣讲员,更将成为你自己的心灵(潜意识)的船长,真正成为自己命运的主人,你的人生将翻开崭新的一页。(见附 3　推荐书目)

附 1　三种呼吸练习

1. 腹式呼吸法

体位站立、端坐或平躺均可,保持脊柱挺直。想象小腹处是一个气球,吸气时气球鼓起,呼气时气球瘪下去。用鼻子深长而缓慢地吸,越慢越好,嘴巴要闭紧,肺部不动,全身要放松,肩膀不要抬。为了确保空气吸入腹中,可将手放在肚脐下方三指处(关元穴位置),应该会觉得手被推出一些,腹部慢慢鼓起。呼气时,最大限度地向内收缩腹部,胸部保持不动,把气体从嘴里呼出来。另外还要控制好呼吸的时间,吸气过程控制在 4～6 秒,呼气过程控制在 2～4 秒,体质好的人可以屏息 1～2 秒。

2. 均匀呼吸法

这是精神放松的好方法。确保呼吸的三个阶段——吸气、屏气、呼气都是相同长度的,如三个 7 秒或更长些。慢慢吸气,从 1 数到 7;屏气 7 秒;再慢慢呼气,从 1 数到 7。这是均匀呼吸的一轮,你也可以延长到 12 秒甚至 16 秒。把注意力集中在呼吸上,感觉呼吸像潮水一样流入和流出。吸气时,同时吸进平静安宁;呼气时,呼出紧张不安和消极的想法。这在临场紧张时使用,非常简单且有效,你会发现,几轮呼吸下来,你的心就镇定了。

3. 交替呼吸法

交替呼吸与均匀呼吸十分相像,区别是:交替呼吸是通过一个鼻孔吸气,另一个鼻孔呼气,依然保持吸气、屏气、呼气都是相同长度的。用右手大拇指按住右鼻孔,用左鼻孔吸气,数 7 秒;用无名指同时按住左鼻,屏息 7 秒;再放开大拇指,用右鼻孔呼气,数 7 秒。这一练习,有助于神经系统冷却,使你头脑冷静下来。

附 2　潜意识使用小提醒

(1)请注意你说的话,你的潜意识不会跟你争吵,它只会接受意识发出的命令。不要说"我不能,我不行""我要失败了,我要失业了,我付不起房租"等,它会把这些话都当真的。

(2)你要对你说的每一句话负责。学会换一种方式说:"虽然有难度,但我一定会出色完成,我已经感受到了顺利完工的喜悦。""我内在拥有无尽的潜意识的力量,我能行。"

(3)他人的暗示根本不能伤害你,唯一能伤害你的就是你自己的信念。对他人传递给你的消极、负面的暗示,你要能够拒绝,学会摆脱恐惧、无知和迷信。不要让别人帮你思考,只有你自己才能为自己做决定。

(4)你每天的生活就是你所想的。每天开心一些,对人友好一些,让自己可爱一些,整个世界也会以同样的方式对待你。这也是养成良好性格的最佳方式。

(5)请记住:你是你自己心灵(潜意识)的船长,你是自己命运的主人。你有选择的权利。在你有限的生命中,选择爱! 选择健康! 选择幸福!

附 3　推荐书目

(1)阿德勒.阿德勒人格哲学[M].罗玉林,译.北京:九州出版社,2004.

(2)阿德勒.自卑与超越[M].2 版.李青霞,译.长春:吉林出版集团,2015.

（3）海利.不寻常的治疗——弥尔顿·艾瑞克森读心术［M］.苏晓波,焦玉梅,译.北京:希望出版社,2011.

（4）卡尔.积极心理学［M］.丁丹等,译.北京:中国轻工业出版社,2013.

（5）墨菲.潜意识的力量［M］.吴忌寒,译.北京:光明日报出版社,2018.

（6）武志红.身体知道答案［M］.厦门:鹭江出版社,2013.

【典型案例】

浙江省委书记夸他们:
有站位有情怀有钻研有本领有作为

今天上午,一场别开生面的 80、90 和 00 后宣讲员展示汇报会在浙江省行政中心举行。5 名 80、90 和 00 后宣讲员轮番上阵,用青年人的话语体系、话语方式,为省委书记、省长等省领导们讲述了自己眼中的浙江故事。

这种形式的宣讲展示,不仅是浙江省首次,在全国范围内也十分罕见。春节前夕,省领导们专门抽出时间来听青年宣讲员们宣讲,毫无疑问体现了浙江上下对青年宣讲工作的高度重视。

宣讲展示中,会议室内掌声阵阵。省委书记易炼红对 5 位宣讲员的宣讲给予了充分肯定。他说,大家用生动语言、鲜活案例和感人故事侃侃而谈、娓娓道来,声情并茂、深入浅出,听了以后让人豁然开朗、引发共鸣,从中可以感受到大家有站位、有情怀、有钻研、有本领、有作为,值得点赞。

在活动现场,易炼红书记给出了具体的指导。他指出,要用好宝贵财富,在宣传宣讲中提站位、守根脉,放眼大历史,立足大场景,感悟大情怀,带着感情、带着信仰、带着责任讲好习近平新时代中国特色社会主义思想,讲透深入实施"八八战略"的生动实践,讲出坚定不移沿着习近平总书记指引的道路奋勇前进、奋力谱写中国式现代化浙江新篇章的信心底气;走好群众路线,在宣传宣讲中进万家、沁人心,讲得更有意义、更有意思,更接地气、更聚人气,更加具体、更加立体,让党的创新理论"飞入寻常百姓家";练好过硬功夫,在宣传宣讲中重实践、展担当,展示弄潮风采,放大主流音

量，强化求解思维，做到知行合一、唱做俱佳，努力把宣讲成果转化为推动高质量发展的意见建议；当好排头尖兵，在宣传宣讲中塑品牌、树形象，在理论宣讲赛场比拼、国际传播舞台展示、青年群体身边带动，讲好中国故事、浙江故事，形成"人人争当宣讲员"的生动局面和亮丽风景。

随着越来越多青年在理论宣传宣讲中发挥独特作用、展现青春担当，相信党的创新理论会在之江大地焕发出更加蓬勃的生命力。

——摘自《浙江日报》百家号，2024-02-05

第三章

给谁讲：大学生理论宣讲对象的精准把握

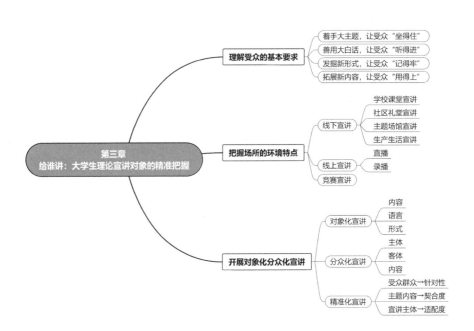

理解受众的基本要求
- 着手大主题，让受众"坐得住"
- 善用大白话，让受众"听得进"
- 发掘新形式，让受众"记得牢"
- 拓展新内容，让受众"用得上"

第三章
给谁讲：大学生理论宣讲对象的精准把握

把握场所的环境特点
- 线下宣讲
  - 学校课堂宣讲
  - 社区礼堂宣讲
  - 主题场馆宣讲
  - 生产生活宣讲
- 线上宣讲
  - 直播
  - 录播
- 竞赛宣讲

开展对象化分众化宣讲
- 对象化宣讲
  - 内容
  - 语言
  - 形式
- 分众化宣讲
  - 主体
  - 客体
  - 内容
- 精准化宣讲
  - 受众群众→针对性
  - 主题内容→契合度
  - 宣讲主体→适配度

听众是宣讲必不可少的有机组成部分，没有听众无所谓宣讲。而且，听众并非被动信息的接收者，而是宣讲活动的积极参与者，听众在整个宣讲活动中是相当活跃的积极因素。因此，讲给谁听？这是直接关系宣讲成败的关键问题，也决定着我们"讲什么""怎么讲"。跟讲党课的对象性不同的是，基层宣讲的对象涵盖面非常广泛，老师同学、党员干部、工人农民、社区群众等都可以是宣讲对象。宣讲员要做到心中有人。了解把握对象很重要，否则可能会出现"冷场"甚至直接"散场"的尴尬局面。

第一节 理解受众的基本要求

当前，大学生在开展理论宣讲过程中仍然存在一些问题。有的同学将理论宣讲当作摊派的"硬任务"，不关注自身和宣讲对象的实际情况；有的宣讲形式单一，照本宣科地读文件、念报告，一味进行理论灌输；有的宣讲内容"晦涩""高深"，与受众的学习、工作、生活实际严重脱节，入耳难入心等。这些问题的出现，反映出大学生在开展基层理论宣讲中仍存在一定的形式主义。大学生理论宣讲直接面对大中小学生和普通群众，要使宣讲员理解内化所讲内容的精髓要义，准确完整传达并被听众接受，必须少一些形式主义的"高深""冷傲"，多一些贴近基层的"土气""温度"。只有接上"天线"，才能把握主旋律和关键核心；更要接住"地气"，才有盎然生机，才能拥有持久的生命力，从而达到最佳的宣传效果。

一、着手大主题，让受众"坐得住"

党的理论不是无源之水、无本之木，只有将理论讲深讲透，确保宣讲内容具有规范性、科学性和一定的权威性，才能以说服力让听讲者"坐得住"。因此，提高自身理论素质，做好宣讲前的理论准备工作，是宣讲员的"基本功"。一方面，要深刻理解党的理论政策，在自己本专业知识学精学深的基础上，掌握多学科的知识，并在此基础上加强消化吸收和融合转化，通过通俗简单的道理把创新理论讲清楚、讲透彻；另一方面，还要将理论与省情、市情和受众群体的实际情况结合起来，既深入浅出，又紧贴群众需求，使他们在听的时候不"开小差"，才能记得住、记得牢。

二、善用大白话，让受众"听得进"

理论宣讲的最终目的，是通过讲解，使党的理论入耳入心。因此，用听众听得懂的故事和语言来宣讲，拉近与听众的距离，显得尤为重要。只有贴近听众，才能抓住听众、打动听众、感染听众。而大学生往往缺少社会阅历、不懂人情世故，这就要求宣讲员在练好理论基本功的同时，还要深入社会实践，做好调查研究，掌握社情民意。要根据村镇、社区、企业、学校等的不同情况，以"小切口"入手，选择受众喜爱的语言风格，以活泼生动的话语进行宣讲。同时，要避免长时间生硬尴尬的理论灌输，适时进行有趣味的互动交流，让严肃的理论宣讲变得轻松活泼。

三、发掘新形式，让受众"记得牢"

时下，人民群众日益增长的物质文化需求和腾讯会议、微信、微博、抖音等新媒体的迅速发展，对理论宣讲形式提出了新的要求，创新宣讲的方式和载体显得尤为重要。可以将理论融入老百姓最喜欢的小品、歌舞、相声等文艺形式之中，寓教于乐，以"身边事"来宣讲"大政策"，让群众在欢乐中接受教育，接受新思想、了解新形势。同时，要发挥青年大学生的信息素养优势，致力于将"互联网＋"打造为理论宣讲的新兴阵地，运用好网络客户端，通过播放微视频、组建微信群等方式，将理论宣讲由"一时一地"拓展为"随时随地"，便利宣讲员与受众、受众与受众间的交流沟通。这既能够满足自主化、差异化学习的需要，也能在随时随地的学习中将理论"记得牢"。

四、拓展新内容，让受众"用得上"

大学生宣讲内容太理论化、枯燥乏味、不接地气等现象比较突出，甚至一些宣讲内容在现实生活中根本用不上。针对这些难题，发挥高校学科交叉、专业多样优势，从"专题化"宣讲入手，列出政策法规、创新创业、安全健康、文化艺术教育、实用技术、产业发展等专题，宣讲内容注重贴近实际、贴近生活、贴近生产、贴近群众，不断满足老百姓物质文化和精神文化的需求；运用网络、新媒体、宣传栏等平台，建学习群，开设专栏，推送上传微宣讲和相关最新动态、政策与理论等内容，扩大信息覆盖面，提升知晓率；从"对象化"宣讲入手，宣讲内容做到因地制宜、因人而异、因时所需，将基层宣讲内容根植于群众土壤中，采取流动课堂、文艺课堂、荧屏课堂、田间课堂等渠道开展宣讲，力求宣讲队员"平民化"、教学地点"亲民化"、现场反馈"民意化"。

第二节　把握场所的环境特点

大学生理论宣讲把握好"在哪讲"与确定"讲什么"、选择"怎么讲"等紧密相关，也是提升宣讲水平需要着力破解的难题。这些年青年基层宣讲很"燃"，主要是青春的活力激发宣讲新动能，特别是形式载体更加注重创新，情境式、沉浸式、体验式并重，"文艺＋""网络＋""服务＋"齐举，很受大众特别是青年人欢迎。理论宣讲"青年说""燃点"的把握，需要宣讲内容、方式、语言和载体等与宣讲的场所环境贴切、应和，主打一个"人景合一""情境交融""双向呼应"，目标是以春风化雨之势浸润广大党员干部和人民群众。下面以常态化的线上、线下宣讲和竞赛性宣讲为例，对宣讲场所的环境特点作分析。

一、线下宣讲

进机关、社区、校园、企业、商圈、住宅……固定线下宣讲阵地和流动宣讲阵地多样结合运用，开展形式多样的党的创新理论宣传教育活动，受众覆盖面进一步拓展。

1. 学校课堂宣讲

大中小学的教室、报告厅、礼堂、党员之家、团校、红领巾角……这些是大学生理论宣讲员学习生活最熟悉的场景,他们比较能理解和把握这类场所的特征。虽然场地大小会有较大差距,但宣讲的硬环境主要以教学场景呈现,大多与"插秧式"教学相近;软环境主要以理论知识性传递为主,与对象的层次、人数和是否有学校领导、教师参加等紧密相关。讲好的关键还是在于充分的准备,以及临场的自如发挥。

【案例】

2022年11月25日,在绍兴市柯桥区西藏民族中学的大礼堂里,面对身着藏服的八年级两个班的学生,王玉瑶、金靓宇等宣讲员以《办人民教育,创精神共富》《"两山"理论引新篇 绿色发展"浙"样行》《厚植为民情怀,践行使命担当》为题,紧扣党的二十大报告内容做主题宣讲。讲"教育强国""生态文明""人民至上",大命题、小切口,在与西藏学生的同频共振中拉近距离,将"乐听"融入"乐讲",引发了学生们的强烈共鸣,并通过会场内的转播设备,宣讲也同步在学校其他13个班级播放。对此,12月9日的《浙江教育报》以《把党的好声音传播到雪域高原 绍兴"越讲越红"大学生宣讲团走进西藏民族中学》为题做了报道。

2. 社区礼堂宣讲

乡村和社区的新时代文明实践中心、文化礼堂、党群服务中心等是基层群众集体活动的主场所,也是开展理论宣讲的主阵地,各地、各单位都在打造特有的宣讲品牌。青年大学生紧密结合群众实际需要,集中送学让政策理论"接地气",引领聚力让文明建设"带露珠",实践服务让爱心传递"冒热气"。社区礼堂的硬环境特征是场面比较大,有一定的仪式感;软环境的特征就是群众需求端的期待值和大学生供给侧的实用值之间有比较大的张力,会对大学生理论宣讲员形成一定的心理压力,需要努力克服,并实现宣讲的"价值"。

【案例】

2022年6月17日,为准备第五届"建行裕农通杯"浙江省大学生乡村振兴创意大赛"坝头山陆游文化"专项赛,来自绍兴文理学院马克思主义学院、商学院和艺术学院的 7 位同学在指导老师的带领下,来到陆游祖居地越城区皋埠街道坝头山村,在村文化礼堂,充分结合运用好村内陆游家训馆、放翁石螺、风情宋街、古城墙遗址、思源亭、烈士陵园及纪念碑等历史文化景点,向村委领导和村民宣讲实施乡村振兴战略、实现"文化兴村"。"调研＋宣讲"取得非常好的效果。

3. 主题场馆宣讲

主题纪念馆、展览馆、博物馆和名人故居等场馆,是发挥实物收藏功能、科学研究功能、社会教育功能、传播文化功能的非营利的永久性机构,其本身内在具有政治宣传、社会科普、文化传承、党建警示等重要功能。宣讲是发挥"红色文化、传统文化"两类场馆示范引领、强基固本作用的重要载体,被广泛运用。主题场馆的硬环境特征就是主题鲜明、场面宏大,有很强的庄严感和仪式感;软环境特征是宣讲员和听众浸润其中,内心的情感会被自觉激发,同频共振、共情共鸣,有很强的渲染性和弥漫性,融入情境很快、很深。

【案例】

2022 年五四青年节前夕,为喜迎党的二十大、纪念共青团成立 100 周年,在第一任团中央书记——俞秀松的祖居、烈士陵园和纪念馆,在通过"习近平青年说"学习、百年团史知识竞赛、红领巾党史宣讲、"红色家书"朗诵、新团员入团宣誓、团歌共唱、革命老兵赠书等活动后,最后由绍兴文理学院"越讲越红"大学生宣讲团员王玉瑶以"做一个有利于国、有利于民的东南西北人"为题作深情讲述,使俞秀松烈士的伟岸形象伫立在同学们的心目中。在五四青年节当天,浙江卫视新闻联播第二条对此活动进行了报道。

4. 生产生活宣讲

"车间宣讲""卖场宣讲""集市宣讲""广场宣讲""台门宣讲""河埠头宣讲""小板凳宣讲""大树下宣讲""凉亭里宣讲"……共同点就是通过切合工人、居民的生产生活场景,运用贴近群众的语言,从"把大家喊过来"变为"将大家聚一起",让党的创新理论飞入寻常百姓家。这类宣讲的硬环境特征就是生产生活化,宣讲融入工作和生活;软环境特征就是宽松、自由、舒适,需要宣讲员通过调整内容、精选案例、转换语言、提供服务等,努力融入其中,成为"大家"的一分子。每年暑假,绍兴文理学院"越讲越红"大学生宣讲团成员通过集中与返乡相结合的方式,走进台门里弄、田间地头、车间码头等,开展"实践服务+宣讲"活动,取得了良好效果。

【案例】

为进一步预防和减少校园电信网络诈骗案件的发生,提高学校师生对电信网络诈骗的防范能力,2023年11月22日晚,在越城区公安局、宁波银行绍兴分行以及"古越新声 灵五七五"宣讲团的支持下,绍兴市首场反诈脱口秀宣讲活动在绍兴文理学院举办。

把校园"案子"变成反诈"段子",伴随着阵阵爽朗的笑声,来自绍兴本地的"古越新声 灵五七五"宣讲团在轻松愉悦的气氛下开讲。他们用妙趣横生的语言、翔实的案例剖析,巧妙的互动问答,掀起了现场学习反诈知识、普及反诈信息的高潮。来自塔山派出所的民警结合真实的案例,让学生了解身边常见的诈骗陷阱,生动再现了刷单诈骗、游戏账号充值诈骗、网购诈骗、冒充熟人诈骗等在学生群体中易发的诈骗类型,用"牢记八个凡是"等网络诈骗防范方法提醒广大学生在网上交友、购物时要提高防范意识,谨防上当受骗。民警叮嘱师生们及时下载注册"国家反诈中心"APP,进一步筑牢反诈"防火墙"。来自宁波银行绍兴分行的反诈志愿者,结合金融行业的常见诈骗手段进行反诈安全知识宣讲,提醒全体师生在日常生活中更要保护好个人隐私,不能随意泄露网络账户、银行卡等信息,避免给诈骗犯罪分子可乘之机。

通过反诈宣讲教育活动,进一步增强了广大师生对电信网络诈骗的认识和了解,提高了师生的反诈意识和防骗能力。下一步,绍兴文理学院将依托学校警务站,在属地公安的大力支持下,将持续推进防范打击电信网络诈骗犯罪工作,不断拓展反诈宣传的途径和方法,营造全民防诈的良好氛围,全力构建"无诈校园",切实守好师生的"钱袋子"。

二、线上宣讲

随着互联网移动端的普及，各行各业都在借助互联网衍生出更多变化。大学宣讲员可以充分利用新媒体宣传平台优势，创新宣讲方式和传播手段，打造线上宣讲阵地，开展特色鲜明、形式多样的"云"宣讲，打破宣讲的"围墙"，将宣讲拓展为随时随地的空中讲堂。如"智慧化"宣讲，利用微信群、QQ 群、电教远教、广播、LED 屏等全力抓好党的理论"在线学习"；"沉浸式"宣讲，用"微视频"讲好"大道理"。

1. 直播

因网络的开放性、即时性、便捷性、隐匿性等特点，线上宣讲呈现出其特点：无限制高效互动、更具参与感。空中宣讲可以不受地理位置、人数等限制，让多人参与其中，覆盖面积更广，更加具备社交化；同时，更具特色以及想象空间，可以运用个性化创作、可视化表达、互动化传播的方式，通过文字、图片、音频、视频、直播、互动、访谈、大赛等，不断吸引各类网民的关注和流量，提升网络理论宣讲的点击率、收视率和点赞率；并且，也减少了聚集赶场所需的时间空间。但如果宣讲的供给侧不够给力，就会出现听众鲜有问津、不断"开小差"甚至直接退出等情况。因此，直播宣讲要精心设计内容、方式、载体，课件制作特别要用心，采用的视频音画、动漫游戏等要有足够的吸引力，以保持听众的专注度，并确保网络等硬件设施的通畅。

【案例】

为隆重纪念中国共产主义青年团成立 100 周年，进一步推进绍兴市大中小学党团队一体化建设，2022 年 5 月 30 日，绍兴文理学院马克思主义学院思想政治教育 201 班团支部陪伴绍兴市塔山中心小学"蓝精灵"中队，在线上开展了"赓续红色血脉，担当光荣使命"主题队日活动，"越讲越红"大学生宣讲团员微课宣讲如何走好"入队、入团、入党，青年追求政治进步的'人生三部曲'"。6 月 1 日，潮新闻以《绍兴市大中小学党团队大手拉小手"云端"别样过六一》为题作了报道，阅读量超过 17.7 万次。

2. 录播

精心打磨、录制宣讲作品，可以通过互联网和融媒体赋能，扩大理论宣讲的影响力。宣讲视频可以在微格教室、报告厅等地方全程实况录制，也可以运用正向单机位、前后双机位等分段录制，编辑完善。根据宣讲作品的品质和时效，可以在不同能级的平台进行推送。例如，绍兴文理学院在"学习强国"平台，推出潘士儿的《外婆坑的追梦人》、王玉瑶的《一布当先 纺城绍兴的工业改革路》和"'枫桥经验'与中国式现代化"系列主题微课等；在潮新闻开辟"绍兴文化青年说"专栏，以大学生"越讲越红"的 IP 为媒介，制作了一批具有青年味、文化味、绍兴味的网络宣讲作品，已推出八讲，全网播放量超过 60 万；在建党百年纪念活动期间深入基层一线，以对话互动式宣讲为主，由浙江新闻客户端 2021 年的"红色栏目"播出"访谈百位党员，宣讲一颗红心"九集系列微宣讲，每集阅读量均超 35 万＋，影响很大。

三、竞赛宣讲

宣讲竞赛的组织方式日益多样，宣讲竞赛的环境也更为丰富，跳出了室内大报告厅、综合厅等限制，更多的上述现场宣讲场所被广泛运用。同时，线上直播、录播报送等宣讲比赛也越来越多。因此，宣讲选手需要在顶住较大的心理压力的同时，更好地比照评分标准，结合场所环境的特质，开展灵活多样的宣讲。

【案例一】

"卡尔·马克思杯"浙江省大学生理论知识竞赛的"时政宣讲"比赛

时事评论主要考察选手运用思政理论知识分析、判断时事问题的能力，要求能够灵活运用马克思主义理论和思政理论知识对时事问题进行深入浅出的分析或研判，提出合理的意见建议，分析透彻、逻辑清晰、有理有据。该环节按百分制评分，由评委根据选手宣讲的选题、内容、效果等进行打分。2020 年、2021 年、2022 年三年因为疫情影响都是线上直播比赛，其他的几届都在承办方浙江工商大学的大学生活动中心的舞台上。两者的环境特质相差较大，需要有侧重点的准备，特别是现场室内比赛，直接面对评委、领导、其他队员和众多观众，心理压力更大，需要努力调适。

【案例二】

浙江省"'八八战略'在身边"宣讲
大赛暨第十四届微型党课大赛

2023年是浙江省"八八战略"实施20周年。为贯彻落实省委十五届三次全会精神，进一步巩固"八八战略"学习宣讲成果，浙江省举办"'八八战略'在身边"宣讲大赛暨第十四届微型党课大赛。本次大赛由省委宣传部、省直机关工委、省教育厅、省国资委、浙江日报报业集团、浙江广电集团共同主办，各市委宣传部、宣传半月刊杂志社、浙江广电集团教科影视频道共同承办。大赛分为初赛、复赛、决赛三个阶段进行。

（1）初赛阶段以场景式宣讲为特色，有"村味"浓郁的农村文化堂、乡村美术馆，有现代时尚的城市书房、小剧场，还有展示馆、科创园、企业工厂等各类场景。7月21日，选手们将置身其景，把"八八战略"在身边的故事从台上"搬"回台下。

（2）复赛阶段采用现场赛的方式，挑战系数2.0。选手们5人一组，14个调研小组、70名宣讲员围绕14个主题，在全省14个具有代表性的基层点开展蹲点式调研。围绕相关课题，在指定时间内完成调研讲稿，深度剖析"八八战略"背后的思想伟力。白天调研，路上讨论，晚上写稿，短短3天时间，14个调研团队脑洞大开，微电影、情景剧、辩论会、圆桌会……交出了14个表现形式各异的宣讲作品，并于7月25日在台州同台竞讲。一堂堂视听觉的盛宴让现场观众惊叹："浙字号"宣讲员果然不一般。

（3）决赛阶段即兴宣讲，才是终极PK。晋级选手以小组为单位，现场抽题，进行6分钟的即兴宣讲。这考验的不仅仅是选手的临场发挥、应变能力，更考验选手们的理论积累、综合素养。群众在哪里赛场就在哪里，没有调研就没有发言权，让真学真懂真用的人冒出来，这场巅峰对决赢得广泛关注。

【案例三】

"越讲越响"之"'八八战略'在身边"
——绍兴市第二届青年宣讲新秀选拔大赛

2023年是全面贯彻落实党的二十大精神的开局之年,是浙江省的"八八战略"实施20周年,也是习近平总书记指导绍兴谱写新时期"胆剑篇"20周年。为深入学习贯彻习近平新时代中国特色社会主义思想和党的二十大精神,教育引导广大干部群众特别是青年群体在先学先讲中更加完整、准确、全面把握"八八战略"的核心要义、丰富内涵和生动实践,进一步擦亮"越讲越响"市域宣讲品牌,常态化发掘培养优秀青年宣讲员,绍兴市委宣传部和共青团市委联合,于2023年4月始至6月,在全市组织开展以"越讲越响"之"'八八战略'在身边"为主题的第二届青年宣讲新秀选拔大赛。

1. 海选初赛

在组织青年宣讲员深入基层一线开展"八八战略"主题联学、"'八八战略'·绍兴印记"主题调研的基础上,走进基层理论宣讲点、宣讲研修基地和各类标志性场景,沿着总书记在绍兴考察调研的重要足迹和重要点位进行学习打卡和宣讲打卡,并拍摄制作了一批场景化、青年味、辨识度、接地气的主题宣讲短视频。根据宣讲主题内容、短视频拍摄制作质量和专家评委意见,并结合平台关注度点赞量,按照评委打分80%、线上点赞20%的比重综合确定一定数量的选手进入复赛环节。

2.情景式复赛

复赛继续采取情景式宣讲形式进行,从具有绍兴辨识度的标志性场景中选取若干点位,组织复赛选手随机抽签确定一个参赛场景,并围绕赛前给定的主题进行文艺式、沉浸式、互动式宣讲。复赛直接由现场群众对选手临场表现进行投票点赞,确定最终名次,每个场景得票前四的选手晋级最终决赛。为了更好激发青年宣讲员主动意识和创新思维,复赛单独增设1场脱口秀专场,同时每场复赛将评选1位"最佳人气talker",直通总决赛。

3. 现场决赛

进入决赛的选手组建成若干支青年宣讲新秀战队，由青年宣讲骨干和往届优秀选手带队指导，以现场研学、学习沙龙、宣讲备战等形式开展新秀 talker 实践训练。决赛现场，选手通过随机抽签确定出场顺序，突出理论味和故事味，广泛运用启迪心智的金句、群众熟悉的语言、真实感人的案例、富有创新性的表现形式，把"八八战略"讲通俗、讲清楚、讲透彻。宣讲要求主题鲜明、层次清晰、表达流畅，鼓励运用多媒体手段和丰富的文艺表现形式提升青年互动性、宣讲吸引力和现场感染力。专家评委团队根据选手现场表现进行打分，并将复赛成绩换算成相应分数后相加得到决赛最终得分。

第三节　开展对象化分众化宣讲

毛泽东曾经说过，上党课做宣传就要"到什么山上唱什么歌""看菜吃饭，量体裁衣"。毛泽东善于根据教育对象的实际情况，选择不同的内容、语言和表达方式，有的放矢、因人施言、对症下药地进行演讲，以激起教育对象思想和情感上的共鸣。如毛泽东于 1939 年 7 月 7 日，卢沟桥事变爆发两周年纪念日，在华北联大开学典礼上演讲时提出了共产党人的"三大法宝"，这个故事已成为经典。宣讲的客体要素，要求宣讲员有强烈的对象意识，要事先对听众进行调查研究，对听众的性别、年龄、职业、思想、文化和情绪等做到心中有数，以便"因人制宜"，有的放矢。大学生开展基层宣讲面对的受众群体多为普通群众，对党的理论政策的了解程度参差不齐。因此，在理论政策宣讲时要注重对象化、分众化、互动化，推动基层宣讲走深、走心、走实。

一、对象化宣讲

对象化宣讲，是指根据不同宣讲对象制定不同宣讲方案，定制不同的宣讲内容，选择不同的宣讲方式，"一把钥匙开一把锁"地开展精准宣讲，目的是提高理论宣讲的针对性和实效性。分众化是对象化的前提，对象化也是分众化的必然要求。听众对象的现实个性化、差异化等特点为开展对象化宣讲提供了条件。

1. 内容对象化

通过问卷、调研、访谈等方式广泛征集、系统梳理听众各方面的理论需求,深入了解其所思所想所盼,围绕听众关心关注关切的热点难点焦点问题,量身定制进行宣讲,精准把脉,对症下药。

2. 语言对象化

针对不同的听众群体,善用"乡音乡语""微言微语""青言青语""童言童语"等,采用"小角度"讲清"大道理",用"身边事"讲实"硬道理",从"新角度"讲好"老道理",多讲故事、多列数据、多作对比,推动理论从抽象到具体、从深奥到通俗,让听众更好地理解接受。

3. 形式对象化

结合各类宣讲对象和环境,应用所有合适、贴切、有用的方式,提高宣讲效能。如开展网络宣讲,就需要综合利用"报、台、网、微、端、屏"等资源,坚持移动优先策略,突出"微传播"和"融媒体"理念,充分利用微视频、网络直播、网络座谈、乡村大喇叭等各种新应用、新工具,推出主题鲜明、现代感强、形式活泼的理论宣讲产品,形成全方位、多层次、多声部的传播矩阵。

二、分众化宣讲

分众化宣讲,是指理论宣讲主体根据不同群体差异性、选择性、多样性的理论需求,面向特定的受众群体某种特定的需求,分别提供不同的理论宣讲。分众化理论宣讲的目的是尽可能地把党的创新理论宣讲到各个不同身份、阶层、类型的群体,扩大理论宣讲的普及率和到达率。当代社会的开放性、包容性等特点为理论宣讲的分众化提供了可能。

1. 宣讲主体分众

大学生理论宣讲员要加强交流、善于学习,向优秀领导干部、专家学者、青年榜样、"草根名嘴"、理论宣传志愿者等学习,培育打造一支政治强、作风正、懂理论、懂网络、懂网民,术有专攻、各展所长、涵盖各方的青年大学生理论宣讲队伍,让最合适的人宣讲最合适的内容。

2. 宣讲客体分众

机关党员干部、农民、社区居民、企业员工、学校师生、军警官兵等不同类型听众的需求各不相同。大学生理论宣讲员要把握不同群体的特点和习惯，打造一批内容鲜活、形式新颖、群众爱听爱看的理论宣讲产品。特别是针对广大青年网民，大学生理论宣讲员应利用朋辈宣讲特有的优势，注重发挥青年人的作用，让青年人宣传青年人、带动青年人，扩大宣讲的影响力、感染力。

3. 宣讲内容分众

在宣讲主客体分众的基础上，紧密结合社会生活发展实际，紧密结合不同听众的思想实际，通过垂直细分领域，把理论宣讲内容梳理、细化，加强议题策划和设置，为特定的受众群体量身定制适合的理论宣讲内容。把"讲道理"和"讲故事"结合起来，把"普通话"和"地方话"结合起来，把"专业性"和"实用性"结合起来，实现有的放矢、解疑释惑，推动工作、指导实践。

三、精准化宣讲

实施了对象化分众化宣讲，精准宣讲就水到渠成了。精准化宣讲聚焦度高，重难点准，真正讲到群众的心坎里，有情更走心。

1. 尊重群众需求细分受众群体，增强针对性

每一次的宣讲工作针对的都是不同的受众群体。正是因为受众群体的不同，宣讲员在宣讲工作中就必须要根据受众群体的差异性、多样性特征，对受众群体进行细分，了解他们的兴趣爱好、所思所想、所需所盼，针对不同受众群体，因时因地因人因事选择宣讲内容，优化宣讲方式，提升宣讲效果，增强宣讲内容的针对性，让受众群体都能学有所获、感到满意。

2. 根据宣讲对象选择主题内容，提高契合度

在基层宣讲工作中，宣讲员所面对的受众群体的客观情况并不相同，因此宣讲的主题显得尤为重要，应根据受众群体的不同需求作出宣讲内容的调整。面对不同的受众群体，宣讲的侧重点也应有所不同，宣讲员可以根据宣讲活动时的受众主体的需要，选择能够被普遍接受的最适合的主题，提高宣讲主题和受众群体的契合度，达到宣讲效果的最大化。

3. 根据群体需求选择宣讲主体，优化适配度

择优选择宣讲主体，实现宣讲主体最优化。在基层宣讲工作中，宣讲员的来源应该多样化，大学生理论宣讲员的学习、生活、实践经历各有不同，知

识储备、擅长领域、宣讲风格、表现形式各有差异。一场宣讲是否取得良好成效，其标准在于宣讲员是否能够运用有效手段让宣讲为广大受众所接受、产生共鸣，而并不在于宣讲员是否能有系统有条理按部就班地完成宣讲。所以，应择优选择最适合的宣讲员开展宣讲工作，优化适配度，保证宣讲工作取得实效。

讲什么：大学生理论宣讲内容的组织设计

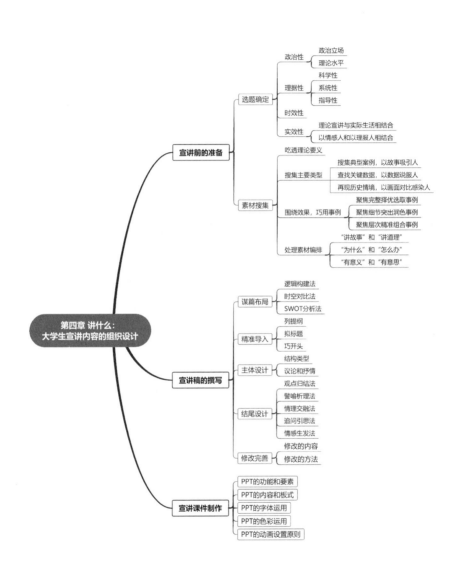

第四章 讲什么：
大学生宣讲内容的组织设计

宣讲前的准备
- 选题确定
  - 政治性
    - 政治立场
    - 理论水平
  - 理据性
    - 科学性
    - 系统性
    - 指导性
  - 时效性
  - 实效性
    - 理论宣讲与实际生活相结合
    - 以情感人和以理服人相结合
- 素材搜集
  - 吃透理论要义
  - 搜集主要类型
    - 搜集典型案例，以故事吸引人
    - 查找关键数据，以数据说服人
    - 再现历史情境，以画面对比感染人
  - 围绕效果，巧用事例
    - 聚焦完整择优选取事例
    - 聚焦细节突出润色事例
    - 聚焦层次精准组合事例
  - 处理素材编排
    - "讲故事"和"讲道理"
    - "为什么"和"怎么办"
    - "有意义"和"有意思"

宣讲稿的撰写
- 谋篇布局
  - 逻辑构建法
  - 时空对比法
  - SWOT分析法
- 精准导入
  - 列提纲
  - 拟标题
  - 巧开头
- 主体设计
  - 结构类型
  - 议论和抒情
  - 观点归结法
- 结尾设计
  - 譬喻析理法
  - 情理交融法
  - 追问引思法
  - 情感生发法
- 修改完善
  - 修改的内容
  - 修改的方法

宣讲课件制作
- PPT的功能和要素
- PPT的内容和板式
- PPT的字体运用
- PPT的色彩运用
- PPT的动画设置原则

第一节　宣讲前的准备

一、选题确定

一个好的宣讲主题是一篇宣讲稿成为精品的前提和基础。选题的主题决定了宣讲内容的大致方向,决定了宣讲能够吸引多少听众、能够在多大程度上传播理论。理论宣讲既要"上接天线"也要"下接地气",也就是说,我们不仅仅要坚持目标导向,也要注重需求导向、问题导向,满足听众的需要和解决其存在的困惑。在理论联系实际的过程中,长篇大论不一定能真正达到理想的成效,因此我们在选题时一定也要考虑到宣讲的实际效果。

(一)选题要突出政治性

政治性是理论宣讲的根本属性和首要属性。大学生理论宣讲的基点和中心环节是宣传党的创新理论——习近平新时代中国特色社会主义思想,主要包括习近平新时代中国特色社会主义思想的时代背景、理论渊源、精神实质、主要内容和实践运用等,以及党和国家的重大战略部署、重要会议精神等,特别是要认识和把握其理论精髓、理论品格和价值追求,学习运用其立场、观点和方法。为此,大学生理论宣讲员,要做到以下几点。

1. 要坚持正确的政治立场

旗帜鲜明地反对历史虚无主义,激浊扬清,发出正面积极向上的好声音。就宣讲员而言,需要准确、全面、翔实地解析主题主旨,尤其在政治立场、政治站位上把握准度、精度,哪怕一丝偏离都可能导致听众的误解和误读。同时,宣讲活动本身就是要带动更多的青年学生站稳政治立场,具有鲜明的引导性和鼓动性。因此,宣讲员必须在阐释政治立场时旗帜鲜明,观点正确,态度坚定,守好守牢宣讲的主阵地和主方向。

2. 要不断提高自身理论水平

只有坚持系统地学习理论,才能够做到胸有成竹,才能够做到深入浅出、准确宣讲。这就要求宣讲员要积极参加理论培训,整理学习心得体会,为成功宣讲打下坚实的基础。

(二)选题要突出理据性

宣讲员在确定宣讲主题时,应围绕历史由来、理论根据、决策依据、贯彻实践、发展方向等来展开。宣讲员对宣讲主题的立题、破题、解题过程,也是阐明这些由来、根据、依据、实践、方向的过程。而最终要达到的结果和效果是,使听众从中汲取思想养分、信息养料、观点洞察,并获得方法论的指导,从而净化思想、明辨是非、看清趋势,提升运用理论指导实践的能力。

1. 把握思想的科学性

宣传者切忌"望文生义"或"断章取义"。要以科学实证的态度研究问题,避免主观臆断和感性判断;要善于调查研究、科学论证,善于用原理解析,善于用逻辑论述,善于用哲学思辨;要把握准确性,大到一个主题、一个概念,小到一段引述、一个成语,都务求准确。如对于"七月流火""明日黄花"这样的成语,需要在备稿前追根溯源,查明真实用意,用得恰到好处。

2. 把握思想的系统性

事物是普遍联系的,没有哪个事物是孤立存在的。把握思想的系统性,首先是用历史的眼光看清思想的由来。从马克思列宁主义,到毛泽东思想、邓小平理论、"三个代表"重要思想、科学发展观、习近平新时代中国特色社会主义思想,本质原理是一以贯之的,内在联系是紧密相扣的,既有继承,也有创新,还有转化,如果不能用历史的、联系的、系统的眼光加以观照,就可能以偏概全、以点带面。

其次,是要用系统思维把握思想理念的关联。比如讲"人类命运共同体",可以从中华文化里寻找"天下一家""美美与共"的逻辑脉络,也可以从我国一以贯之的外交政策里寻找立论根据,还可从全球化、一体化的趋势形势里找准发力点,找准粮食安全、气候变化、环境污染、疾病流行等共性连接点，点明相互依存、彼此包容的理念选择。

3. 把握思想的指导性

宣讲员要讲好思想的价值点、感悟点、转化点，需在全面深度地吃透思想的科学性、系统性的基础上，把握思想解读的指导性。与理解既往历史、阐释当前形势、把握未来趋势相结合，增强思想的洞察力。宣讲员要善于通过宣讲描摹出事物运动的"势"——从哪里来、身处何地、到哪里去。相比于过去，听众更倾向于了解现实处境和未来愿景。对历史背景材料的选取要准确、精当，为后续做好铺垫和衔接；对当前形势的分析，既要有理论原理支撑，又要有宏观信息和现实事例佐证，做到有理有据；对未来趋势的分析，要基于揭示事物发展的普遍规律，采用理解与实践虚实结合的手段，形成指导实践的方法论和路线图。

宣讲思想不宜空来空去、高来高走，要以破解现实难题、应对未来挑战为指向，利用思想原理找到问题症结，有的放矢、对症施策。以问题为导向，起于原理又归于原理，形成一个自立、自证、自明的闭环。宣讲员的视野要有厚度、宽度，放得开也收得住，在历史典籍、先进文化、理论专著、时事资讯里汲取养料，提炼观点，提纯信息，为听者的思想启悟点燃火种。

（三）选题要突出时效性

理论宣讲选题要坚持与时俱进，善于"蹭热度"，在"新"字上做文章、下功夫。首先，正是因为"新"，所以需要"讲"，才能让更多人了解最新的理论政策、实践成就；其次，也是因为"新"，听众才会更愿意听，宣讲也才会更有成效。

"党的理论创新每前进一步，理论武装就要跟进一步"[1]。对于党的重要会议精神，宣讲传达一定要及时。有些重要时间节点、有重大意义的纪念时刻，比如二十大、建党周年等重要纪念日、"两会"召开时节等，可适当超前谋划宣讲选题，日常也要注意积累相关知识素材，为宣讲奠定基础。

比如，"越讲越红"大学生宣讲员王青青的宣讲稿《五载奋斗开新篇，十年激荡成大事》，以习近平总书记在二十大报告中的一句话——"新时代十年的伟大变革，在党史、新中国史、改革开放史、社会主义发展史、中华民族发展史上具有里程碑意义"作为宣讲主题，梳理了中国新时代十年来的三件

---

[1]　习近平：在二十届中央政治局第四次集体学习时的讲话，《求是》，2023 年 10 月。

大事。又如,2020年浙江青年微宣讲大赛一等奖作品《心有所信 方能行远》,是宣讲员李陈在当年年初就关注的一个选题,因为2020年是《共产党宣言》中文全译本诞生100周年。该稿通过讲述马克思、陈望道、华岗三个当时的青年与《共产党宣言》的故事,阐述了青年的信仰坚守与责任担当,在向群众宣讲时受到好评。

（四）选题要突出实效性

1. 理论宣讲与实际生活相结合

理论宣讲要做到理论联系实际,从身边的人和事出发,以小切口讲好大道理。一方面,要充分考虑听众多样化需求,多选他们想听的主题来开展宣讲。也要多听听青年学生的意见和想法,让选题更精准、更温暖,让宣讲更接地气、更有实效。另一方面,要把书面语言转化为听众乐于接受的口头语言,把高深的专业术语通俗化,把过长的逻辑证论简明化,用鲜活生动的语言阐明严谨的政治理论。在理论宣讲中把听众的实际生活和耳熟能详的先进人物、典型事迹联系起来,使他们坐得住、听得懂、用得上。例如,"越讲越红"大学生宣讲员金靓宇的宣讲稿《为全人类而工作——青年马克思》,以我们熟知的人物——马克思为切入点,通过阐述青年马克思人生境界的四重要素,向听众立体式地展现了青年马克思的形象,将其立场坚定、拥有崇高信念、具有献身精神和磊落胸怀等品质融入一个个故事中,耐人寻味,引人深思。

要在理论宣讲中联系我国的实际国情。在为改革开放以来我国取得的巨大的建设成就感到自豪和骄傲的同时,也必须清醒地看到,我国仍处于社会主义初级阶段,人民日益增长的美好生活需要和不平衡不充分的发展之间的矛盾仍旧突出。大学生理论宣讲员不能只"报喜不报忧",要实事求是。只有在理论宣讲中展示现实实际问题,才能激励听众不断奋斗,实现大学生理论宣讲的作用和价值。

2. 以情感人和以理服人相结合

大学生理论宣讲不是一堂传统意义上的思想政治教育理论课。通过同辈教育的模式,发挥主体能动性,增强情感流动,在符合马克思主义交往理论中互相承认主体资格是进行交往的前提和基础的论断。对于听众来说,以情感人实际上就是承认了听众的主体地位。成功的大学理论宣讲活动应能引起听众共鸣,激发情感认同。

例如,"越讲越红"大学生宣讲员陈思成的宣讲稿《五四运动中的绍兴人》,以"绍兴"这一地点为纽带,带领听众感受了风云际会中绍兴人的历史担当,能够在思想上引起同学们的共鸣,激发他们的爱国热忱。

宣讲选题应直奔问题,因为问题常常是开展精准宣讲、有效解疑释惑的最好切入口之一。在确定选题时,要自觉挖掘问题、紧盯问题,不躲不避,要自觉深入解读阐释,不含糊应付,以期实现解决问题、推动工作的宣讲实效。

二、素材搜集

宣讲素材是突出主题价值、点明观点依据、丰富宣讲内容、增强宣讲效果的重要基础。大学生宣讲员搜集素材的过程也是进一步理清宣讲思路、预估宣讲效果的过程。

(一)搜集前吃透理论要义

思想通,则文理通;文理通,则讲解通。因此,素材搜集须从理论储备、理解、消化开始。比如要宣讲"总体国家安全观",需要快速通读习近平新时代中国特色社会主义思想的权威著作,了解国家治理的核心理念,需要细读、精读安全治理方面的论述,特别是国家安全战略、总体国家安全观、平安中国等的相关论述。要理清、找准近年来党和国家在安全理念、安全战略、安全治理体系、安全保障举措、安全文化建设等方面的新变革、新探索、新进展。具体到某一方面,如生物安全、生态安全、金融安全、能源安全、食品安全、交通运输安全、消防安全等,也要按照"解剖麻雀"的方式进一步查找理论依据。

理论素材不管用不用得上,都应尽可能多搜集,并分类归整。素材看得多了,思路也就开阔了,也就在横向、纵向上拓展了阐释空间,结合与创新自然而然就也有了。第一遍通读后会筛选出重要论点和关键信息,能理解的反复多看,力求在概念上、原理上、逻辑上、路径上有个整体而又清晰的把握。

(二)搜集素材的主要类型

素材库是宣讲的"弹药库",弹药充足,才能胸有成竹。我们可以先确定一个宣讲方向,平时就注意搜集自己比较熟悉、比较感兴趣、比较擅长的相关素材。可以把相关的理论、典型故事、数据资料、问卷分析、观察访谈等都分门别类地放入专题素材库中,并且在调研的过程中不断丰富扩充素材库。

如果在搜集素材的过程中,发现有衍生的相联系的内容,可以新建素材库,作为下次宣讲的备选。目前主要的素材类型包括政策理论、典型案例、关键数据和情景再现。

1. 搜集典型案例,以故事吸引人

用小故事来展现大道理,是理论宣讲的有效手段。这里的故事其实就是典型案例。宣讲时可以讲历史故事,可以讲身边故事,也可以讲榜样故事,还可以讲反面故事,通过反面典型来警示、教育、提醒。

【案例】

共同富裕的颜色

何善民

这里有件蓝马甲,它的主人叫老徐,今年66岁,是千岛湖一处取水口的守护员。他工作在一座宽度不到30米的小岛上。守岛10年,每天一个人、一艘船、一条狗,巡视取水口,检查检录设备。每当逢年过节时,孙子就会打电话抱怨:"爷爷,您怎么又不回家?"听到这话,老徐眼泛泪花。然而,当他穿上这件蓝马甲,环顾万顷碧波时,眼神变得坚定而明亮。他说,这水是给大家喝的,必须守好。

2. 查找关键数据,以数据说服人

展现一项成果,数据最直观,也最"硬核"。如今各种统计很多,数据也很多,在宣讲稿中使用时,要特别注意量的控制,选出最具震撼力、最有说服力的两三个即可,数据过多反而"中心不显",不能"一鸣惊人"。

【案例】

"移民村"美丽蝶变的共富密码

邹晓东

电商行业的快速发展,给清泉村带来了人气与商机。

清泉村是移民新村,村民都是"有房一族"。为此,清泉村把多套村民闲置的房子"盘"下，进行统一清理、装修，与附近企业进行协商，建立长期合作关系，以"整租"的形式为企业员工提供宿舍。这种方让村民们年收入租金 40 多万元，还直接带动村集体经济年增收 25 万元，实现了村民和村集体经济的"双赢"。如今的清泉村，村民人均纯收入从 2008 年的 1980 元增长到 3 万元；村集体经济收入、集体资产实现了到目前的 100 多万元、3000 多万元的跨越。

3. 再现历史情境，以画面对比感染人

很多人说，幸福是比较出来的。新中国成立以来，特别是改革开放 40 多年来，发生在中国大地上翻天覆地的变化比比皆是，要善于通过强烈的对比直抵人心，把伟大的成就反映出来、把巨大的变化展示出来，让更多人感到震撼，引发共鸣。

另外，面对海量素材，一定要小心求证，确保素材的准确性和真实性。在调研和资料搜集时做到孤证不立、严谨考证，比如文字材料要有权威出处，引用领袖的讲话不能断章取义，不能随意改动，理论解读要正确、精准，列举典型案例要保护公民隐私等合法权利。现在网上资料纷繁丰富、良莠不齐，一定要严谨查证，确保准确、真实、客观，有公信力和说服力。

【案例】

开往春天的 101 路公交车

徐雯君

18 年来，101 路城乡公交经过数次更新升级，人们的出行越来越便捷，体验也是越来越舒适。

村民刘珊珊说："以前车少人多，而且票价又高。从凤桥到嘉兴火车站要 5 元钱，有时候还挤不上车。城乡公交一体化改革以后，我们感觉真的太方便了，票价跟城市里一样，车次又多，10 分钟一班，坐这个车真的很方便，我们很愿意坐这个车。"

当年的 101 路让城市公交直接开到农民家门口，现在这条线路上，还贯穿着另外 5 条公交线路，村民像市民一样享受到更多的便利。101 路公交车的过去和现在就是嘉兴公交近 20 年发展的

一个缩影。嘉兴已经构成了城市、城乡、城际"三网融合"的公交一体化格局,形成了市中心到各县(市)区 1 小时公交出行圈。公交的改变不仅给农民带来了出行便利,而且给他们打开了一片新天地。

(三)围绕效果,巧用事例

面对海量的素材,下一步要做的就是化繁为简、去粗取精。事例选取是否典型,直接影响理论宣讲的力度和效果,也影响情感抒发的真实性。

1. 聚焦完整择优选取事例

尽可能选择完整的事例,要有事件的起因、经过、结果,还要有充分的背景资料,可以佐证事实的辅助材料。事件的发生发展过程要清晰,关键细节和重要信息要翔实,典型人物在事件中的定位要有特色、够鲜明,这些都将为后续加工提供有力保障。比如有关典型人物的事例,要围绕人物的经历、性格特征、思想境界等选取具体的案例素材。如果还需要进一步深入挖掘,可围绕宣讲的主题增加补充必要的信息,着力放大关键细节,捕捉能够呈现的新要素、新内容。

【案例】

林则徐虎门销烟,维护了中华民族的尊严和利益;鲁迅以笔代戈、奋笔疾书,战斗一生,被誉为"民族魂";世界杂交水稻之父袁隆平为保障中国乃至世界的粮食安全做出了卓越贡献……时代滚滚向前,在历史的长河中英雄之光始终熠熠生辉。

上面这段文字就过于泛泛,好像什么都说了,又好像什么都没说。要聚焦一个典型事例作为主体支撑,其他相关事例作为论点支撑,这样才能够将主题凸显得更加鲜明。

2. 聚焦细节突出润色事例

围绕事例最能够体现主题主旨的部分着力进行加工,删减那些关联度不太大或不够强的部分。加工事例不是编造事例,而是在基于事例的真实性基础上放大关键细节,着重补充、增强事例中最有说服力和感染力的内容。表述这部分内容的语言也要着力加工润色,多使用细节语言、情境语言、感性语言以突出事例的展现效果。在案例讲述过程中,要做到还原真实场景、展现真情实感,切不可脱离实际刻意拔高、雕琢。要相信真实的力量,相信事实本身最有说服力。

【案例】

办人民教育　创精神共富

王玉瑶

　　1995年,温暖和煦的东南季风吹拂着壮阔的羌塘草原,一辆汽车停在了那曲汽车站,皮肤白皙的魏尔平一行杭州援藏干部,缓缓下了车。这张照片就是在那时拍摄的,魏尔平说:"刚到那曲调研时,有个数字让我们震惊:适龄儿童入学率只有22.5%。我们认识到,比起缺氧,那曲更缺的是学校。扶贫,就要从这里扶起。"说干就干,1995年8月,一封火烫的信,从援藏干部姜军笔下飞回到家乡杭州:"每个杭州人少吃一根棒冰,少抽一支烟,省下的钱可以建三四所希望小学……"虽然很多杭州人是第一次听说"那曲"这个地名,但只用了短短一周时间,225万元的善款就从千家万户汇集。当时报纸上有这样的记载:"向阳中学的盛捷捐出一年的积蓄100元;邮电路小学9岁的王笑凡打开一直舍不得动的储蓄罐,那里有15.16元的硬币……"不久,一所所希望小学在高原落地开花,一批批浙江人才涌入西藏,一个个脍炙人口的故事口口相传,到1998年,全县适龄儿童入学率提高到52%,全县教育事业有了突破性进展。

这段文字放大了事实细节,用事实和情境说话,胜于直接描述和直接评价。

3. 聚焦层次精准组合事例

一篇宣讲稿,较少选取一个事例,一般都会选取两个或者多个,而且事例与事例之间一般会有主次关系、递进关系、互补关系等。主次关系,是指一篇讲稿重点突出一个事例,而不是多个事例平均用力;递进关系,是指事例重在辅助论理、辅助抒情,根据编排有先轻后重的递进效果,宣讲的高潮部分在中后段呈现;错位互补关系,是指多个事例不是选一个类型,一般可选择有侧重于细节的,有注重整体描述的;有侧重于描写个体的或者侧重于描写群体的;作用有侧重于抒情的,也有侧重于论理的,相互补充、互为参照,这样就拓展了主题的宽度和厚度。

在《共富路上的"变"与"不变"》一稿中,作者冉春梅对用到的几个事例就采取了主次关系的布局,重点突出钟一凡老先生的"变"与"不变"。

【案例】

丰富路上的"变"与"不变"

冉春梅

钟一凡老先生,是土生土长的甬江人。在66岁应颐养天年之际,他被街道委托完成甬江部分地方志的撰写。对于这个意外而且艰巨的任务,钟老先生毫不犹豫地选择了答应。而这一答应,就是整整10年风雨无阻的坚守。

地方志与普通文章有很大不同,需对历史做出毫无保留的准确还原,而且很多东西是在网上无法搜索到的。为此,钟老就骑着电动自行车去镇海档案馆查阅资料,来去30公里路,要骑2个小时。为了赶上档案馆9点的开门时间,他8点就出门,到那里一坐就是一整天。就这样,他用10年的光阴,雕刻出了甬江的地方图志,挖掘出唐弢、钟一堂等名人资料,为江北的文化建设留下了宝贵财富。

而此时的钟老早已两鬓斑白。

在这里,变的是鬓角的颜色,不变的是担当的本色。

在扎实推进共同富裕的道路上,这样的故事还有许许多多……无论是姚江大闸建设时每天早出晚归挑泥一万斤的湾头人,还是开车途中顺手救人的"85后"海员;无论是疫情防控中坚守一线的"帐篷书记",还是台风"烟花"袭来时驻守避灾点的"泡面主席",他们都在用实际行动,诠释着自己那颗不变的初心。

这里几个事例有主有次,重点突出,兼顾其他。总之,事例筛选与加工要服务于主题深化、论理抒情和提升宣讲效果。

(四)搜集后的素材编排

在搜集素材阶段,也要注意掌握并运用方法论,合理安排各类素材的分布,辩证地处理好这样三对关系。即"讲故事"和"讲道理"、"为什么"和"怎么办"、"有意义"和"有意思"之间的关系。

1."讲故事"和"讲道理"

"讲故事"和"讲道理"的关系,即叙事和说理之间的关系。新时代的理论宣讲宜夹叙夹议,要以情动人,也要以理服人。其中,前者是为了后者服务的。即所有的案例、数据等都是为了厘清理论而服务的。

2."为什么"和"怎么办"

"为什么"和"怎么办"的关系,即理论和实践之间的关系。理论宣讲是春风化雨、润物无声,而不是狂风暴雨似的说教命令。这就要求我们要讲清楚"为什么要这么做",让听众能理解、接受,最终获得认同。譬如要宣传倡导垃圾分类,就要讲清楚"为什么要实行垃圾分类",让听众明白垃圾分类的意义和重要性,听众认同之后再自然而然过渡到"那么我们应当怎么做"。这样不仅体现了理论和逻辑的完整,也会在情感和心理上让听众更容易接受。

3."有意义"和"有意思"

"有意义"和"有意思"的关系,即内容和形式之间的关系。不断创新宣讲的方式方法是提升新时代理论宣讲效果的必然选择。宣讲稿就像一个个小剧本,在这个小剧本中要设计富含时代气息的听众喜闻乐见的宣讲形式,让有意义的事情也很有意思,同时也要避免过于娱乐化而弱化主题。比如可以采用"宣传＋文艺"的形式,根据理论的要点和主题内容创作一段快板、顺口溜甚至是 RAP(说唱),也可以设计类似有奖竞猜等互动环节。

【案例】

绍兴莲花落《小村故事》

陈祥平

天高云淡空气清

金桂飘香沁人心

全国人民齐欢庆

党的二十大振精神

今朝是,富盛小学报告厅

同学们,兴高采烈等一个人……

当然,形式总是服务于内容的,绝不能表面热热闹闹,实则绣花枕头,那就背离了新时代理论宣讲的主旨。

第二节 宣讲稿的撰写

宣讲稿的撰写就是将前期准备的素材、脑海中的谋篇布局变成文字稿,并以此为基础,再转化成讲稿的过程。撰写宣讲稿是做好宣讲工作的前提,也是宣讲的核心所在。一篇出色的宣讲稿能够在一开场就做到"先声夺人",理、事、情一气贯通,收尾处留有余音,发人深思。

一、宣讲稿的谋篇布局

写作表达就是将前期的酝酿构思转化为清晰的、逻辑联系紧密的文字作品的过程。一篇好的宣讲稿可以跨越时空、历久弥新,具有始终振奋人心的力量。宣讲稿要根据一定的理论要点、逻辑线索进行适当布局。常见的搭建宣讲稿框架的思维方式有以下几种。

（一）逻辑构建法

逻辑构建法要求按照人们认识事物、思考问题的逻辑来组织宣讲内容。比较常见的有"是什么—为什么—怎么做"结构。"是什么"聚焦认识层面,解释好一个理论、一个目标、一项政策、一种理念究竟是什么;"为什么"聚焦意义层面,分析做一件事的意义在哪,为什么要这么做,做了以后有哪些好处,等等;"怎么办"聚焦行动层面,或提出对策,或解决问题,或呼吁行动。

【案例】

绍兴文理学院"越讲越红"大学生宣讲团赵煊的宣讲稿《撷中华优秀传统文化之菁,促马克思主义中国化之境》就用了"是什么""为什么""怎么做"的结构。

首先,用越剧《枫叶如花》引出将传统越剧形式和红色故事内容两相融合的过程,其实就蕴含了马克思主义和中华优秀传统文化的"双向奔赴",撷中华优秀传统文化之菁,促马克思主义中国化之境。这是"是什么"部分。

　　然后,以"马克思主义为什么要同中华优秀传统文化相结合?"承上启下,从理论维度来看——马克思主义中国化理论继承和创新的关系、从实践维度来看——统筹国内国际"两个大局"的现实需要等层面具体阐述。这是"为什么"部分。

　　再有,就是讲从学理层面、从实践层面具体怎么结合、结合什么的问题。这是"怎么做"的部分。这种方法顺应了人们对事物认识的一般思路,主要可用于宣传普及类的宣讲,比如说介绍一项工作、解读一种理论、一项政策等。

（二）时空对比法

时空比对法,是指用同一件事在不同时间、不同空间的表现对比,来开展宣讲的一种方法。这种方法用强烈的对比,以显著的变化展示工作成绩,极具代入感、说服力、震撼性。

【案例】

　　绍兴文理学院"越讲越红"大学生宣讲团成员金靓宇宣讲的《"两山"理论引新篇,绿色发展"浙"样行》,讲到了浙江余村的蝶变经历。

　　以前:余村村民靠山吃山的"石头经济"尽管带来了可观收入,但生态环境受到了严重破坏,村里整日炮声隆隆、粉尘蔽日,安全事故频发。

　　现在:走绿色发展之路的余村迎来精彩蝶变,作为"绿水青山就是金山银山"理念的发源地,短短十多年,余村走出了一条生态美、产业兴、百姓富的可持续发展之路,成为探究中国生态文明建设的宝贵样本。

（三）SWOT 分析法

S(strengths)是优势,W(weaknesses)是劣势,O(opportunities)是机会,T(threats)是威胁。SWOT 分析法,是一种通过对研究对象主要内部优势、劣势和外部机会、威胁等进行全面、系统、准确的分析,得出相应结论的方法。这种方法运用在宣讲中,主要就是贯彻好蕴含其中的辩证思维和系统思维。辩证思维,即既要看到好的一面(优势和机会),也要看到不好的一面(劣势和威胁);系统思维就是全面考虑、综合分析各方面的因素,得出结论或作出决策。

【经典案例】

党的十九届五中全会精神中央宣讲团成员、中央政法委秘书长陈一新到浙江作宣讲报告时,在其中的"新发展背景"章节里,就用到类似的分析法。

优势和机会:(1)"东升西降"的趋势;(2)经济快速发展和社会长期稳定"两大奇迹";(3)全面打赢抗击新冠疫情总体战和全面脱贫攻坚战。

劣势和威胁:(1)美国对我们的极限施压;(2)新冠疫情全球大流行的考验。

结论:综合分析国内外形势,当前和今后一个时期,我国的发展仍处于重要战略机遇期,但机遇和挑战都有新的发展变化。

这种方法考虑全面、分析严密,极具雄辩色彩,可以用于解释论证类宣讲。

二、宣讲稿的精准导入

（一）列提纲

列提纲应简洁清晰,把主要框架、脉络、梗概排列清楚即可。也可以在此基础上做一些简单标注,帮助信息索引。

【案例】

《传承"枫桥经验"　点亮善治"枫"景》宣讲稿提纲

一、开场白
二、主体部分
（一）践行"枫桥经验"依靠群众力量

（二）践行"枫桥经验"构建良善社会

（三）践行"枫桥经验"创建法治样板

（二）拟标题

标题在宣讲活动中总是会被投射在屏幕上,作为背景第一时间抢占现场的视觉中心,成为新闻宣传的核心内容。一个好的标题,无形之中就会增加吸引力,这是毋庸置疑的。一个好的标题就好像一个漂亮的人,人人都喜欢看,也乐意看,至于人品怎么样,只有接触之后才知道。因此,标题对于整场宣讲来说格外重要。一个好的标题除了能够总结全文,起到画龙点睛的作用,往往也能表现出一个写作者的自信心,表明他敢于表现自己,把好的东西第一时间呈现出来,当然也更容易让人青睐。标题应当提炼出讲稿的关键信息,尽量做到简短精练而有亮点,容易让观众记住,并且产生听下去的兴趣。常见拟标题的方法有以下几种。

1. 多样呈现

（1）单排题

单排题多用于人物宣讲和事迹宣讲。例如:

"袁隆平:播下一路金黄"

"屠呦呦:一生只为青蒿素"

又如 2021 年 9 月,"开学第一课""共同富裕"在绍高校百场青年理论主题宣讲中的题目:

"共同富裕'浙'里有模有样"

"山海协作,奏响浙江共同富裕幸福歌"

"'浙'样干,我看'兴'"

（2）双排题

双排题一般在理论宣讲、政策宣讲、工作宣讲中常用。例如:

"永远的丰碑

——庆祝中国共产党成立 100 周年主题宣讲"

"一只胡柚的前世今生

——共同富裕专题宣讲"

2. 虚实结合

标题的虚实结合能够起到互为补充的效果,虚题展现主题主旨,实题则突出补充主题。一般主标题是虚标题,副标题则是实标题。例如:"蝶变——从脱贫攻坚到乡村振兴",标题中"蝶变"是虚题,点明主题是一次质变,"从脱贫攻坚到乡村振兴"是实题,补充说明了所要宣讲的内容。

3. 富有神韵

标题是主题主旨的"眼睛",唯有富有神韵,才能让"眼睛"更加光亮、光彩。生动的标题往往会给宣讲带来温度和活力。例如:

原题:"擦亮健康底色,助力共同富裕"

改题:"擦亮'健康底色',提亮'共富成色'"

【案例】

《人民日报》神级标题,形形对称,韵韵相宜,意意相通,音音和谐,学起来,你会才藻富赡,妙笔生花。

1. 交流融合、兼容并包

"文明贵在互鉴"

"开放的姿态拥抱世界"

"尊重文明的多样性"

"多彩文明,多样交流"

"亲仁善邻,协和万邦"

"包容在心,共享成果"

"八音合奏,终和且平"

"美美与共,天下大同"

"让文明之光交相辉映"

2. 平凡英雄,无私奉献

"英雄何惧渡沧海"

"万家灯火的守望者"

"脚沾泥土,手撷芬芳"

"愿做无影灯下'不老松'"

"平凡铸就伟大,英雄来自人民"

3. 文明公德、品格修养

"践行文明,不当看客"

"文明也是管出来的"

"文明是时代的刚需"

"用规则涵养社会文明"

"做好他人眼中的风景"

"文明其表,制度其里"

4. 文化传承、弘扬坚守

"文化雅韵永经典"

"文化传承莫停歇"

"守护一片文化晴空"

"当代中国的精神名片"

"拨动世界心弦的声音"

"沉心文化,灿若花开"

"莫让文化沾染铜臭味"

"文化自卑心理当摒弃"

5. 奋斗拼搏、家国情怀

"吾辈岂是蓬蒿人"

"奋进,以青春之名"

"不负青春,不负时代"

"青年拼搏,方能致远"

"时代晴朗,青年腾达"

"肩负新使命,迈向新征程"

"青年风华茂,谱写新篇章"

"家国情怀是青年的精神丰碑"

6. 中国精神、民族信仰

"国无精神不强"

"中国精神,一脉以承"

"别让对历史的铭记毁于娱乐"

7. 生态文明,可持续发展

"风清水绿天蓝梦"

"利益在左,生态在右"

"生态文明应'植'入人心"

"寻共存之道,沃自然之木"

"护绿水青山,促和谐发展"

"经济发展需要一张生态名片"

（三）巧开头

宣讲的开头在全篇中往往起到起调定性、开启全篇、精准切入的重要作用，也起到拉近宣讲员和听众之间的距离、暖场热场的作用。宣讲要求"一分钟抓住人，三分钟感染人，五分钟征服人，七分钟启迪人"。所以，宣讲稿的开头一定要简明扼要，直奔主题，原则上不宜超过全篇幅的十分之一，如果一定要涵盖较多，也要分出段落、讲出层次。其次，要紧紧抓住关键要素，大胆砍去无关、次要因素。具体来说，开头有以下几个部分。

1. 自我介绍

自我介绍要简短、完整、直接。主要包括：（1）地域（全国性宣讲要介绍省，省市级则介绍市，以下依次缩减）；（2）身份（单位和职务）；（3）姓名（完整的姓和名）。例如：

"大家好，我是来自绍兴文理学院'越讲越红'大学生宣讲团的宣讲员，我叫×××。"

2. 暖场

（1）自谦暖场：可以从自己讲起，表达谦虚亲和的态度。例如：

"今天很荣幸能有机会和大家共同探讨'科技人才创新'这个话题，以下是我要分享的一点拙见，不当之处敬请大家批评指正。"

（2）赞扬暖场：可以从听众讲起，表达尊重、敬重的态度。例如：

"今天在座的各位都为村庄的建设发展倾洒了全部心血，共同书写了棠棣村的共富美篇。我很好奇，是什么让乡亲们能如此团结一心、充满干劲、一路奔跑的呢？"

（3）拉近暖场：可以从时间或空间距离拉近与听众的关系，表达亲密友好的态度。例如：

"相隔三年，我终于再次踏上这方热土。三年前，我在这里进行暑期社会实践的点点滴滴至今历历在目……"

3. 凝主旨、观点

主旨、观点在开头段落，应尽可能紧凑直接地亮出来。为呈现两者的关联，可以把二者连在一起，成为一个整体。具体方法有以下几种。

（1）直接入题法

例如："今天，我们一起重温党的百年辉煌历程，就是要从中汲取巨大的精神力量。面对基层党组织建设的艰巨使命，党史给我们指明了方向——

始终不移地守住初心、坚持不懈地锤炼党性,百折不挠地担当作为……"

(2)概念拆解法

例如:"守正创新,'守正'之'正'是方向、道路、性质、立场之正;'创新'之'新'是以说新话、干新事为特质的'新'"。

(3)设问悬疑法

例如:"十几年前,绍兴柯桥人'苦布污染久矣',是什么让他们从谈染色变到一布当先,绍兴又采取了什么措施?"

(4)情景代入法

例如:"都贵玛整日忙得焦头烂额,但没有一句怨言。有孩子生病了,她深夜里独自骑马,冒着凛冽的寒风和被草原饿狼围堵的危险,奔波几十里路去找医生。在她的精心照顾下,28个孩子在艰难的岁月里全部活了下来……说起草原母亲都贵玛,太多的人都能说上几句,却没人知道,她曾经历过怎样的艰难困苦,于无数个日日夜夜中思念着她亲手抚育过的孩子们……"

三、宣讲稿的主体设计

宣讲稿的核心部分被称为"主体",也就是除了开头和结尾,主要阐释主题、论证观点、排铺事实、生发情感的部分,是宣讲稿的核心支撑。

(一)结构类型

1. 总分总

这是最常见的相对稳妥的一种结构类型,也较常使用于理论性宣讲。其是以总论点起始。结尾处又以总论点作为层层论证的结论,但作了进一步强化、确认和回应,而不是简单的重复。讲稿中的分论点要做到与总论点环环相扣,从而形成一个有机的整体。

2. 中心发散

这样的结构较常用于叙事性宣讲。将观点作为整篇文稿的中心,放在中后段向全篇发散。通过第一事实陈述引出"中心",后面通过第二、第三事实来进一步论证中心。这类结构的特征是"以事证理""以情化理"。

3. 平铺递进

这样的结构类型常用于鼓动性宣讲。将观点打碎、剪短,甚至变成对偶、对仗式词句,放在文中既是观点也是导引。整篇讲稿形成不同大小的区块,侧重于不同内容、不同角度,重在抒情抒志,鼓劲打气。

(二)议论和抒情

1. 议论

宣讲稿中的议论手法和议论文中的议论手法——举例、反证、对比、归纳、演绎等相似。如果是理论宣讲,议论沿着主线层层深入即可。如果是叙事类宣讲,议论多以论述、评述与叙事融合推进。宣讲的议论需要紧凑、集中,让听众能直击论点。例如:

> 高质量发展,集中体现了坚持以提高发展质量和效益为中心,是为了更好满足人民日益增长的美好生活需要的发展,是体现新发展理念的发展。是从"有没有"转向"好不好"。

2. 抒情

宣讲中的抒情,是在议论和叙事基础上的抒情。抒情首先要有真情实感,这种实感既来自材料本身,也来自事例的感染动情;其次,抒情的节奏要把握到位,该浓烈饱满的时候就要激情昂扬,该深刻感人的地方就要催人泪下。例如:绍兴文理学院"越讲越红"大学生宣讲团王玉瑶的宣讲稿《做一个利国利民的东西南北人》就较好地运用了议论叙述基础上的抒情。

> 从百年前的"做一个利国利民的东西南北人"到如今的"隐功埋名三十载,终身报国不言悔"。20世纪50年代后期,中央决定组织力量自主研制核潜艇。黄旭华有幸成为这一研制团队的人员之一。执行任务前,33岁的黄旭华回到老家。63岁的母亲再三嘱咐道:"工作稳定了,要常回家看看。"但是,在此后的30年时间里,他的家人都不知道他在做什么。父亲直到去世也未能再见他一面。1986年底,两鬓斑白的黄旭华回到广东老家,见到了93岁的老母。他眼含泪花说:"人们常说忠孝不能两全,我说对国家的忠,就是对父母最大的孝。"(停顿、留白)在党的百年历史中,无数共产党人不惜流血牺牲,国而忘家、公而忘私,谱写了一幕幕感人的家国情怀。

四、宣讲稿的结尾设计

宣讲稿的结尾起着概括全文、突出主旨、升华情感、终结全篇的作用,用情、理交融的手法深化主旨、提振人心。围绕结尾的功能,表现手法可以灵活多变。常见的表现手法有以下几种。

(一)观点归结法

将观点简单阐释归纳,归结到一个更明确的观点。例如:

事物总是有正的一面和负的一面。传递正能量,不是只看正面、不看负面,而是分析负面成因、找准解决路径,推动负面走向正面。正面里也藏着负面,只有怀着积极的心态,有察觉、有警醒、有批评、有建设,才能守正出新,除旧布新,这种积极而又务实的心态,才是真正意义上的正能量。

(二)譬喻析理法

以比喻、类比等手法,形象论理,增强论理的形象感和说服力。例如:

世上没有两片完全相同的叶子,但一棵树上的叶子又是那么相似。个性存在于共性之上,共性因个性丰富多彩,学会把握共性、驾驭个性,就会提升把握规律、驾驭变化的能力。

(三)情理交融法

将情感和论理紧密交融在一起,达到刚柔并济、情理互通的效果。例如:

中国式现代化是全体中国人民的事业,必须紧紧依靠人民,汇聚蕴藏在人民中的无穷智慧和力量,充分调动广大人民的积极性、主动性、创造性,充分激发全社会创造活力。让大家心情愉快、人生出彩、梦想成真,尤需营造温暖和谐的社会氛围,拓展包容活跃的创新空间,创造便利舒适的生活条件。幸福不会从天而降,好日子都是靠奋斗来的。我们每一个人都挥洒汗水、敢闯敢拼,埋头苦干、拼搏奋斗,就一定能汇聚新时代中国昂扬奋进的洪流,让蓝图变成美好现实、让日子越过越红火。

(四)追问引思法

采用连续追问并引发思考,暗含解答也预留解答。例如:

如何才能更好地理解伟大建党精神的内涵? 我想包含伟大建党精神的感人故事就是对其内涵的最好诠释! ……那么作为生于盛世的一代,我们青年人应当如何来传承弘扬伟大建党精神? 在日常的学习生活工作中又能做些什么呢？……当代青年要饱读真理之"书"，坚定理想信念，要践行为民之"心"，敢于担当使命，更要淬炼牺牲之"志"，增强斗争本领，不负时代，不负人民，不负韶华。

（五）情感生发法

依托情感的生发调动情感共鸣，实现鼓舞人、感召人。例如：

青春向党，时代向上，九万里风鹏正举。青年人要有"同时间赛跑、同历史并进，时与势依然在我"的气概，要有"我辈岂是蓬蒿人"的傲然，更要有默默奉献，绵绵用力，久久为功的坚守和觉悟。"做一个利国利民的东西南北人"，秀松精神感召下的中国青年将赓续共产党人的精神血脉，接受时代和历史的召唤，继续奋勇前进！

五、宣讲稿的修改完善

一篇成功的宣讲稿往往是经历了反复修改、精心打磨而形成的。在修改完善宣讲稿的过程中，宣讲员的写作能力和思维能力都能得到很好的锻炼，也能够使宣讲取得更好的效果。

（一）修改的内容

修改完善宣讲稿一般先修改整体主题、结构，后完善材料、语言，即先论点后材料，先结构后语言。

1. 主题、论点

确认宣讲稿的主题、观点是正确、严密、鲜明的，其是否在宣讲稿中得到了集中的体现，同时还要确认对于观点、主题的表达是否准确、凝练，又不失生动。

2. 结构、篇幅

确定了主题观点后，下一步就是对宣讲稿的结构进行打磨，查看文稿的整体结构脉络是否顺畅贯通，逻辑关系是否清晰合理，段落安排是否层次分明等。同时也要根据实际，把握好文稿的篇幅长短，尤其是竞赛类宣讲，可适当删减，去芜存菁，保留最精华的部分；若时间有余，可适当增加素材案例，丰富宣讲内容。

3. 材料、语言

理论宣讲的材料务求同时具备真实性、典型性和全面性，在对材料的修改过程中，一要看材料的来源是否足够权威，真实可信；二要着重查看所选材料是否能精准、有力地论证宣讲的主题、观点，即是否运用得当。然后再是根据需要，进行详略主次的排布删减。最后，宣讲是口语表达的艺术，还要反复看语言是否通俗易懂，宣讲起来是否朗朗上口等。

（二）修改的方法

好的宣讲稿都是改出来的，是一个常讲常改、常改常新的过程。一篇宣讲稿往往要经过五六遍甚至十几遍、几十遍地反复打磨，才能达到更佳的效果。常见的修改方法有以下几种。

1. 边讲边改

修改过程如果仅靠自己默读，是比较难以发现问题的。要通过大声模拟宣讲，才能发现宣讲稿中逻辑是否清晰，层次是否分明，句子是否通顺，起承转合是否自然，用语是否适合口头宣讲，等等。可以利用手机、微格教室等录制音频视频，反复观看琢磨修改。

2. 协作修改

一篇优秀的宣讲稿往往是集体智慧的结晶，因此在宣讲稿的修改过程中，要充分发挥团队的作用，多方搜集素材和反复研习修改。一方面要充分发挥宣讲导师团的力量，进行集中备课、磨课，开展专业化的指导；另一方面要充分发挥重要他人的作用，可以在同学、朋友中进行小范围的试讲，从"听众"的角度来发现问题，改进宣讲稿。同时，也可以开展宣讲评价，每次宣讲后都征询听众的意见和建议，及时完善修改。

3. 回顾修改

在修改宣讲稿的过程中，也要防止出现"不识庐山真面目，只缘身在此山中"的情况，要学会跳出宣讲看宣讲，跳出稿子看稿子，写好之后可以冷却一段时间，过几天再去修改，这样往往能收获更好的思路状态，文稿的修改效果自然也会更好。同时，还要多浏览时事新闻、形势政策，及时与时俱进。

第三节　宣讲课件制作

课件辅助宣讲是新时代理论宣讲的重要手段之一。多媒体课件页面制作精美、内容逻辑清晰、结构安排合理,改变了过去"灌输式"和"零沟通"的传统宣传形式,适应了全媒体时代网络理论传播的新趋势,深受大众喜爱,而这也是大学生宣讲员最擅长的方式。以 PowerPoint(以下简称 PPT)、视频为主的展示方式能让宣讲的内容更直观、更形象,给听众提供更加简洁明了、清晰易读的宣讲内容,也为大学生宣讲员开展好宣讲提供有力支撑(内容提示和互动配合),能更好地提高宣讲效果。制作 PPT 课件,是大学生宣讲员宣讲前要做的重要准备。

一、PPT 的功能和要素

PPT 具有强大的制作功能。它文字编辑功能强、段落格式丰富、文件格式多样、绘图手段齐全、色彩表现力强等;通用性强,易学易用;具有强大的多媒体展示功能。PPT 演示的内容可以是文本、图形、图表、图片或有声图像,并具有较好的交互功能和演示效果。它还具有较好的 Web 支持功能,利用工具的超级链接功能,可指向任何一个新对象,也可发送到互联网上;具有一定的程序设计功能,提供了 VBA 功能(包含 VB 编辑器 VBE),可以用 VB 语言进行程序开发。

PPT 课件制作应掌握技术、艺术和思想三大要素。其中技术要素是基础,除了基本编辑功能之外,正确使用图片格式、图层、插入对象和复合使用动画等高级功能十分重要;艺术要素是关键,善于使用页面设置、母版、模板和素材等工具,可以增强课件的观赏性和感染力;思想要素是灵魂,要做到整体风格与宣讲内容相协调,结构安排与内容层次相协调,动作设置与宣讲设计相协调。

二、PPT 的内容和版式

(一)PPT 的主要内容

PPT 的主要内容一般应当包括宣讲主题、主要内容提纲以及案例、资料等。呈现方式一般包括文字、图形、图像、音频、视频、动画等。

（二）PPT 的版式

1. 画面比例

在 PPT 制作开始阶段，要先确定画面的比例。PPT 常见的比例为 16∶9，也有一些宣传场景设备比较陈旧，会使用 4∶3 比例的投影屏幕。

2. 母版设计

善用母版设置，形成统一的艺术风格；善用模板，提高课件的艺术品位。可根据需要，提前对视觉元素的排版、布局与整体风格进行统一设定，提高制作效率，避免杂乱无序的情况。如背景色、标题栏、logo（标识）、字体、字号、页面切换动画效果等。

3. 图文排版

PPT 制作要图文兼备，字少、图大会显得 PPT 更大气，视觉效果更好。一般文字的排版遵循"少就是多"的原则，忌讳在单页 PPT 中填满文本；要尽量精炼文本内容，进行标题式展示，适当留白，设定统一的文字对齐格式等。PPT 中图片的选用要符合主题，兼具主题表达明晰与视觉效果悦目，并关注插入格式。

三、PPT 的字体运用

（一）字体

1. 简洁明了

尽量选择简洁明了的字体，避免使用怪异字体。整个投影页面力求大气简洁、重点突出。

2. 相对一致

同一个 PPT 里选择主要字体用于标题和正文，并在整个演示过程中保持一致，可增加统一性和专业感。选择字体的原则上不超过三种。

3. 字体选择原则

（1）表示标题、重点和致谢时一般选择黑体、微软雅黑等，标题和致谢更推荐使用合适的艺术字体，配合图片更佳；（2）表示正文时一般选择宋体、楷体、华文细黑等；（3）表示附件、引言时一般选择行楷或新魏。

（二）字号

字号的大小直接影响到文字在 PPT 中的可读性和视觉效果。

1. 标题字号

标题是 PPT 中最重要的部分之一，应使用较大的字号来突出重点。依字数多少来定，一般情况下首页标题字号不小于 40 磅，确保观众能清楚地看到标题内容。

2. 正文字号

正文是 PPT 中的主要内容，字号的选择一般可根据观众的距离和演示的环境等来确定。一般情况下，正文宜用 24 磅到 36 磅之间。每张幻灯片包括标题行在内尽量不要超过 10 行文字。

3. 引用字号

引用的内容可用更大的字号突出表示，从而吸引观众的注意力。一般情况下，引用的字号可在 32 磅至 40 磅，以突出其重要性和特殊性。

（三）字体颜色

遵循对比反衬的基本原则，即文字的颜色（亮度）要和 PPT 的背景有一定的对比，甚至是形成反差，以此突出重点，也更有利于观众的阅读。如"白底黑字，黑底白字""蓝底红字，红底蓝字或黄字"。当然，也要与 PPT 的模板风格保持统一协调，否则会显得有点突兀甚至刺眼。字体颜色尽量保持单纯化，切记选用过多颜色且杂乱使用。

（四）行间距和字间距

适当的行间距和字间距可提高文字的可读性和美观度。行间距和字间距过小文字会显得拥挤，过大则会显得分散。可根据实际情况调整间距，让文字的排版更加清晰美观。

（五）字体的修饰与强调

在宣讲中，部分文字需要进行强调时，可以采用文字加粗、加下划线、标红、叠加色块等方法进行处理，但注意不要过度使用，以免造成视觉疲劳。同时正文一般不建议使用艺术字。

四、PPT 的色彩运用

色彩的感觉是一般美感中最大众化的形式，色彩通常可以在不知不觉间影响人的心理,左右人的情绪。在 PPT 设计中,我们常用颜色来表达关联性,建立区分,突出强调,关系对比。

(一)色彩的冷暖

在色相环中,我们倾向于把红色、橙色、黄色定义为暖色,因为这是使观众在心理上产生温暖感觉的颜色,而蓝色、青色我们一般定义为冷色。暖色具有膨胀、前进的特点,而冷色则会有收缩、后退的感觉。

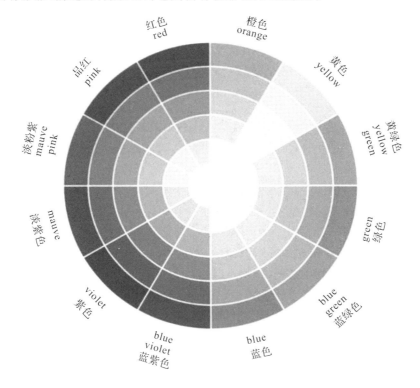

(二)色调

以明暗来区分,可以有亮调、中调、暗调;以纯度来区分,可以有灰调、鲜调;以冷暖来区分,可以有冷调、暖调;以对比强度来区分,可以有低调、中调、高调。

(三)色彩的联想与特征

红:热情、喜庆、禁止、具有独立性。
蓝:宁静、清新(湖蓝)、悲伤、庄重。

绿:生命、自然、新鲜。

黄:欢乐、温暖、富贵、警告。

橙:光辉、健康、华丽、食欲、富贵。

紫:神秘、高贵、豪华、神经质、忧郁。

白:纯洁、哀悼、清静(百纳色,可以和任意颜色搭配)。

黑:庄重、深沉、悲伤、孤独(百纳色,可以和任意颜色搭配)。

灰:朴素、高雅、温和、消极(百纳色,可以和任意颜色搭配)。

(四)配色技巧

1. 基本原则

(1)一致性

在色相、明度、纯度、冷暖这几个要素中,只要给予它们同一性质,只要赋予这些颜色同一个要素,就可以得到协调的效果。如红色和橙色相配可以显得热烈,绿色和蓝色相配则显得宁静、自然。

(2)对比性

利用色相、明度、纯度三要素和面积大小的变化,基于对比的配色,可呈现出活泼、动感、明快、激烈、厚重等效果。

(3)可读性

色彩的搭配要遵循内容的可读性,背景和文字同时使用过于鲜艳或者低对比度的颜色,都可能使 PPT 内容的可读性降低。

(4)适用性

颜色能传达情绪和信息,PPT 的配色往往决定了整个 PPT 的调性,要选择与表达主题相适应的配色方案。

2. 应用实践

(1)单色

在 PPT 的设计中,选择一个单色作为主题色,是最简单也是最保险的搭配方式。仅需在同一色相上进行纯度和明度的变化,就能给人协调统一的美感,百搭且不容易出错。

（2）同类色

在色环上角度相聚 30°以内的颜色称为同类色。由同类色组成的画面能给人一体、和谐的感觉，比起单色搭配又多了几分生动。

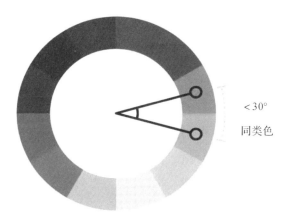

<30°

同类色

（3）近似色

在色环上角度相距 30°—90°的颜色称为近似色。近似色既有适度色彩对比也有协同统一感，整体色彩生动又不失和谐之美。

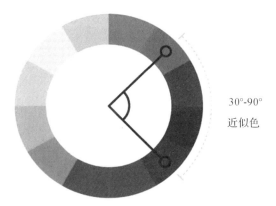

30°-90°

近似色

（4）对比色

在色环上角度相差 120°—180°的颜色称为对比色。对比色能表达强烈的视觉情感，带来明显的视觉冲击力。

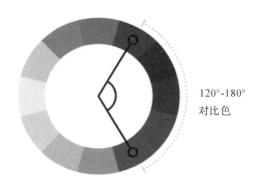

120°-180°
对比色

（5）互补色

在色环上角度相距180°的颜色称为互补色。互补色是色彩中对比最强烈的，互补色的运用要求较高，如果运用得当会有非常出彩的效果。

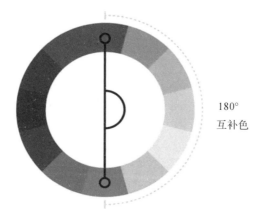

180°
互补色

五、PPT 的动画设置原则

在 PPT 所提供的诸多功能中，自定义动画功能对提高课件的趣味性和表现力具有重要意义。复合使用动画功能的组合形式几乎是无限的，恰当地使用这一手段可以创作出无限可能的页面功能，因此掌握复合应用自定义功能的技巧是 PPT 课件制作最为重要的技能之一。

1. 简洁

在 PPT 演示中，页面切换或者单个页面中各个元素的动态效果，不建议使用过于复杂多样的动画设计,应尽量保持干净简洁。

2. 一致

在 PPT 设计中,动画效果应与 PPT 的主题和整体的设计风格相匹配,保持一致性、一体感。同时,页面切换的动效设计也尽量统一(可以分层分段设计),以便于统一修改,提高 PPT 制作的效率。

3. 精准

PPT 动画效果的使用要适度、自然、有效,避免为动画而动画,以至于忽略讲演内容本身的逻辑,避免华而不实。

【案例】

"八八战略"青年讲课件

2003 年 7 月,时任浙江省委书记的习近平在浙江省委十一届四次全会上提出实施"八八战略"。此后,"八八战略"成为引领浙江发展的总纲领、推进浙江各项工作的总方略。2023 年,绍兴文理学院举行"越思政·越青马"风采展暨 2023 年"卡尔·马克思杯"大学生理论知识竞赛。进入决赛的二级学院参赛队伍以习近平新时代中国特色社会主义思想为指导,进一步学习宣传贯彻习近平总书记考察浙江时的重要讲话精神,以"八八战略"为主要内容(紧扣其中一项战略),结合运用绍兴"五创图强、四进争先"典型案例,进行主题宣讲,宣讲时长为 5 分钟。一周内,经过两次集中培训,教师指导修改,各宣讲员进步非常快,可谓是"士别三日,当刮目相看"。特别是课件制作,经过两轮的打磨后,最终决赛赛场上呈现的课件很多具有"大片"效果,当然亦还存在有待完善提高之处。

课件合集

(http://mp.weixin.qq.com/mp/homepage? __biz=MzkyNTcyNDY2Nw==&hid=1&sn=b296806559d96c504b7f3ef9534d22a1&scene=18#wechat_redirect)

第五章

怎么讲：大学生理论宣讲的技巧与运用

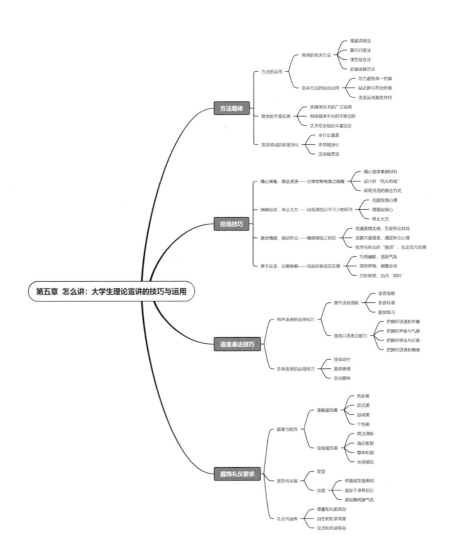

第五章　怎么讲：大学生理论宣讲的技巧与运用

方法载体
- 方法的运用
  - 常用的宣讲方法
    - 课堂讲授法
    - 聊天问答法
    - 演艺结合法
    - 新媒体展示法
  - 宣讲方法的综合运用
    - 尽力避免单一枯燥
    - 贴近群众符合时境
    - 灵活运用激发共鸣吗
- 载体的丰富拓展
  - 多媒体技术的广泛运用
  - 网络媒体平台的不断创新
  - 艺术性呈现的丰富结合
- 宣讲领域的延展深化
  - 全行业覆盖
  - 多领域深化
  - 活动域营造

控场技巧
- 精心准备，表达灵活——主体控制有效之前提
  - 精心选择事例材料
  - 设计好"凤头·豹尾"
  - 采用灵活的表达方式
- 镇静自若，举止大方——自我调控必不可少的环节
  - 克服怯场心理
  - 增强自信心
  - 举止大方
- 激发情感，调动听众——情感调控之目的
  - 充满真情实感，引发听众共鸣
  - 设置兴奋语言，满足听众心理
  - 找得与听众的"接点"，拉近双方距离
- 善于应变，运筹帷幄——场面控制成功在握
  - 巧用幽默，活跃气氛
  - 突然停顿，调整会场
  - 巧妙转换，加点"调料"

语言表达技巧
- 有声语言的运用技巧
  - 提升语音面貌
    - 语音圆银
    - 发音标准
    - 勤加练习
  - 提高口语表达能力
    - 把握好语速和节奏
    - 把握好声音与气息
    - 把握好停连与轻重
    - 把握好语调和情感
- 态势语言的运用技巧
  - 肢体动作
  - 面部表情
  - 目光眼神

服饰礼仪要求
- 服装与配饰
  - 理解服饰美
    - 色彩美
    - 款式美
    - 品味美
    - 个性美
  - 培育服饰美
    - 简洁清新
    - 端庄雅致
    - 整体和谐
    - 培调装饰
- 发型与妆容
  - 发型
  - 妆容
    - 修眉成型增美观
    - 底妆干净有加分
    - 唇妆瞬间提气色
- 礼仪与涵养
  - 尊重和礼貌有加
  - 自在和松紧有度
  - 交流和内涵有品

明确了"谁来讲""讲给谁""讲什么"的问题后，"怎么讲"的问题至为关键。要成为一名优秀的大学生理论宣讲员，关键是热爱。热爱的核心问题是发展动力，有了动力才能持之以恒，才能更快地发展成长。构建在动力支持系统之上的外在表现，就是能娴熟地运用宣讲技巧进行高效的宣讲。无论讲稿撰写得多么优秀、课件制作得多么完美、宣讲准备得多么周全，如果没有顺畅的语言内容表达和有效的情感价值传递，宣讲效果也会大打折扣，很难出彩。宣讲技巧的不断练习提升，让宣讲主体有"底气"，宣讲话语接"地气"，从而使宣讲有"人气"、更"走心"，不断提升受众的接受度、认可度和获得感。

第一节　宣讲常用的方法载体

宣讲方法，是指在宣讲实践过程中，为达到预定目的所采用的手段或方式，是宣讲实施的中心环节。各种宣讲方法运用的目的是取得宣讲效果、实现宣讲目标任务，因此是整个宣讲活动开展框架中最值得关注的一环。

一、宣讲方法的运用

宣讲方法与宣讲内容、宣讲形式相伴而生，各类宣讲方法的综合运用是否得当，是决定宣讲成效的关键要素。

（一）常用的宣讲方法

1. 课堂讲授法

课堂讲授是基层宣讲中最常用、最普遍的一种方式，即以课堂为基本形式，宣讲员通过口头语言向听众描绘情境、叙述事实、解释概念、论证原理和阐明规律的宣讲方法。

讲授法的基本形式：(1)讲述，侧重于生动形象地描绘某种事物、现象，叙述事件发生、发展的过程，使听众形成鲜明的表象和概念，并从情绪上受到感染；(2)讲解，主要是对一些复杂的问题、概念和原理等，进行较系统而严密的解释或论证；(3)讲读，通过讲者与听者双方诵读来讲解文本材料，如学习重要讲话、政策精神和经典著作等就可用此方法；(4)讲演，宣讲员就某一专题进行有理有据首尾连贯的论说，中间不插入或很少插入其他活动。

运用讲授法的要求：讲授的内容要具有科学性、思想性，观点正确，概念准确，对听众有积极的思想教育作用；讲授要有系统性，条理清楚，层次分明，重点突出；要注意听众理解问题的认知规律，使其在重点、难点、疑点等关键问题上能够得到透彻的理解；讲授的语言要清晰、鲜明、凝练、准确、生动，尽量做到深入浅出，把枯燥无味的书面语言变为鲜活易懂的群众语言，用大白话精准讲清大道理，通俗易懂，快慢适度；讲授的方法要多样性，要适时激发听众的求知欲，启发积极的思考；注意改变只有宣讲员一人唱"独角戏"的方式，增加互动环节，变单向灌输为双向交流，把课堂变成互动的舞台，增强课堂微宣讲的效果。一些大学生宣讲员要改变只会用空洞、枯燥的书面语言讲授的习惯，在课堂微宣讲中采用群众语言，拉近与听众的距离，使听众乐于倾听、易于接受、入脑入心。

2. 聊天问答法

聊天问答、访谈互动式宣讲，是针对不同个体，围绕特定的宣讲内容，利用谈话形式，采取面对面宣讲的方式，进行情感沟通交流，从而达到宣讲目标。通过深入群众基层一线，打破"课堂"界限，上下互动，避免空对空地说教，努力为群众在政策上解"渴"、思想上解"惑"、心理上解"压"，使宣讲形式更具有亲切感。例如，运用设问、反问、追问、个答式提问、集答式提问以及书面式提问等方式开展现场微互动。可以事先设定内容，也可以不设定，由现场群众随机发问，宣讲员围绕群众所问作出令群众满意的解答。现场微互动中群众所提的问题，大多是他们最关心、关注的热点难点，主要聚焦于就业、教育、住房、环保、医疗、社保、安全等民生问题，以及党风政风、脱贫攻坚、防范风险、国家发展、国际形势等重大问题。宣讲员解答时应尽量使用群众语言，紧贴基层实际和群众所问，讲群众想听的，用"身边事"讲"大变化"，把"普通话"译成"地方话"，用通俗易懂的解答回应群众的关切，使群众喜爱听、容易记、明道理、受教育、强信心，增强互动宣讲的吸引力和有效性。

聊天问答式宣讲需要宣讲员尽可能地熟知宣讲对象的所在环境、文化背景甚至语言习惯，这对于相对"稚嫩"的大学生宣讲员来讲是个不小的挑战。对于这种与宣讲对象直接接触，有时甚至需要登门入户的宣讲方式，一些性格内向、经验不足的宣讲员难以驾驭，宣讲事故发生的概率较大，需要加强宣讲前期的培训学习和各项准备，以及相互协作支持。如 2023 年暑假期间开展的浙江省"'八八战略'在身边"宣讲大赛暨第十四届微型党课大赛，在复赛阶段设置了"调研"环节，让宣讲员以系统行业、地区所属等为单位组成宣讲分队，沉下身子、迈开脚步，"换位思考"，好好"跟群众说话"，"搬好板凳一起来"，听宣讲员讲一讲党的最新理论知识，学一学实用的生活技能，聊聊家常、说说诉求，共话发展、其乐融融……宣讲员与群众坐到一条板凳上，真正实行零距离宣讲。

3. 演艺结合法

艺术表演是基层宣讲中最受群众欢迎、效果最明显而又寓教于乐的一种方式。将理论政策转化为群众喜爱的文艺作品、以艺术的方式表达呈现，使理论宣讲多了"文艺范""泥土味"，更易于引起群众共鸣，有着"润物细无声"的力量。可以采取说、唱、演的艺术形式，如朗诵、说唱、双簧、顺口溜、三句半、快板、歌曲、戏曲、相声、小品、话剧、舞台剧和各种艺术"非遗"类项目等群众喜闻乐见的形式，用艺术表演的方式宣讲，从而增强宣讲的生动性、感染力、说服力。艺术表演要注重将"阳春白雪"的理论通过再创造，变成"下里巴人"的艺术产品，向群众表演和传播。艺术表演要在增强"四个意识"、坚定"四个自信"、做到"两个维护"的前提下，注重知识性、生动性、趣味性、教育性、引导性等，切不能为了迎合某些群众的口味而不讲政治方向和政治原则，使基层微宣讲变成低级趣味的表演，也要避免冲淡宣讲的主题核心内容，"为表演而表演"。

要注意充分运用地方文化艺术。比如在绍兴的街道社区、乡村礼堂，面向基层普通群众的理论宣讲，充分运用广受喜爱的越剧、绍剧、莲花落等形式结合内容进行改编，做到寓教于乐，让群众坐得住、听得懂、记得牢、用得上。在 2023 年绍兴市青年宣讲员比赛中,上述的艺术表演形式均有结合;大学生在柯桥区王坛镇给中小学生宣讲虞舜文化,用"八大臣会"表演和皮影制作结合演绎,起到了独有的效果;绍兴文理学院推出的音乐党课,"以歌串史、以曲叙事"获得了广泛好评。

【案例】

大手拉小手　对话典籍里的尧舜禹

宋代孙因在《越人问·序》中曰:"越,舜禹之邦也。古有三圣,越兼其二焉。"绍兴是中华文明发源地,世代相传着尧、舜、禹三圣的传说。为了致敬中华优秀传统文化,纪念中华文明始祖尧、舜、禹,绍兴市虞舜文化研究会联合绍兴市长城中学、绍兴文理学院大学生吴越文化研究会共同创编了《聆听三圣传说,守护文化根脉》节目,2023 年 12 月 29 日正式亮相位于大禹陵脚下的长城中学的元旦文艺汇演。

皮影为媒,演绎尧舜禹治水传说

来自长城中学《尧舜禹传说皮影戏》"非遗"拓展课的 21 位师生,以皮影为媒介,分工合作表演皮影操作、人物对话和情景模拟,共同演绎远古时代尧、舜、禹三圣在统一中治水、在治水中统一的中国智慧,再现三圣的接续奋斗、砥砺前行,证明着中华民族大一统的源远流长。

大手拉小手,对话典籍里的尧舜禹

"日若稽古帝尧,曰放勋,钦明文思安安,允恭克让,光被四表,格于上下。……"尧舜禹传说皮影戏表演队跨时空和孔子弟子们一起朗读这段选自歌颂尧王治国安邦之道的《尚书·尧典》;在南宋王十朋的《会稽风俗赋》解读中感受舜德润越;在聆听 1600 年前谢惠连隆重恭读《祭禹文》和公祭大禹仪式中表达对大禹的敬意。典籍里从未中断过后世对尧舜禹的歌颂,尧舜禹精神在绍兴代代相传。

共同宣誓,做新时代传承人的仪式

伴随着阵阵掌声,这场好戏来到了最后一个环节:新时代传承人的宣誓仪式。遇见、获得、成长,一脉相承。这次的演出,让我们穿越历史,踏寻民族精神的凝结与绵延,感受历史沉淀而来的中华优秀传统文化。让我们一起亲近传统文化,为守护我们的中华瑰宝注入新生力量。同时,我们要学做新时代的尧舜禹,无论身处何地、位居何职,都应自觉弘扬尧舜禹精神,做新时代合格的传承人。

把传统文化的学习传承融入元旦文艺汇演,把吟诵歌唱、皮影展示、折子戏等搬上舞台,学生全程参与创作、表演……这样的思想文化主题宣讲有谁不爱!

（摘自:潮新闻,2024-01-03)

4. 新媒体展示法

新媒体微展示是基层微宣讲中非常切合群众意愿、适应群众需求、受到群众欢迎的一种方式,也是青年大学生理论宣讲比较擅长运用的一种方式。新媒体展示就是事先将宣讲的内容通过加工制作变成文字、图片、视频等,分发到各个网络新媒体平台,让听众通过电脑和手机客户端就能够随时收听、收看,接受教育。线上学习不受时间、空间的限制,能够成为现场政治理论宣讲的有效补充。当然,在新媒体宣讲作品制作、审核、上传过程中要严把政治方向,严守政治纪律,自觉遵守意识形态工作和网络安全的规定。

加强主题网站线上理论微宣讲作品的发布。微宣讲是以信息技术为载体的新型课程资源,包括微视频、微课件、微练习等项内容。微宣讲虽然时间短暂,但多以一个或少数几个具有关联性的主题为内容,在理论重点的凸显、难点的突破方面具有重要意义。当前,各级各类的理论教育网站为数不少,大学生宣讲作品精选主题、精巧构思、精细打磨、制作精品,可在学校官网主页、网上党校、团委和学工以及各学院的主题网站上发布,如果能在主流网站,如"学习强国"平台、潮新闻客户端等推出,那就更具影响力了。

妙用社交工具开展微宣讲。信息时代的到来彻底变革了人们的社交方式,以社交软件为载体的虚拟社交、线上社交成为主流。现阶段,社交工具已经成为人们日常生活中不可分割的一部分。以微信为例,作为市场占有率最高的社交平台,截止到 2023 年 5 月已有用户 12.6 亿人。微信内置的朋友圈、小程序、视频号等功能使微信在具有社交作用的同时,也间接地承担了媒体的职能。理论宣讲要重视微信的作用,比如,创建理论宣讲公众号,让宣讲对象关注公众号,定期发布理论微宣讲和相关理论文章、学习自测等,开展灵活自主学习。又如,创建学习群。微信具有群聊的功能,宣讲团可以将所有宣讲对象纳入到微信群(这在"企业微信"上很容易实现),使微信群成为理论学习资源共享的平台。不仅如此,微信群也为宣讲对象交流学习心得、探讨学习中的问题提供了阵地,在推动政治理论宣讲的深入开展中具有积极的意义。

(二)宣讲方法的综合运用

在具体的宣讲实践中,仅凭单一的宣讲方法不足以达到预期的宣讲效果,需要将不同的方式方法结合起来形成合力,更好地发挥大学生理论宣讲员的主体性作用,建立起与宣讲对象之间有效的沟通渠道,使宣讲直观生动、具有说服力和感染力。

1. 尽力避免单一枯燥

在大学生宣讲中,由于大学生在理论储备、社会阅历和控场能力等方面的欠缺,经常会出现一些集中性的问题。如照本宣科地读讲稿,讲稿上写什么就念什么,平铺直叙,一念到底;语言表达干瘪无味,不接地气;说教味较重,讲话带口头禅;不注意举群众身边鲜活的事例深入浅出地讲道理、抓"活鱼";不会使用基层群众喜闻乐见的地方曲艺等形式,让听众积极参与进来,活跃课堂气氛,激发学员学习的热情;等等。对于有效使用互动式宣讲的方式方法,大学生宣讲员有些不会用、不敢用,抱有任务观点者往往也不想用,这样就容易导致整个宣讲活动毫无生机可言。

2. 贴近群众符合时境

在大学生理论宣讲中,往往存在宣讲对象对宣讲方式创新的需求与实际宣讲方式单一之间的矛盾。要想开展"冒热气、接地气、聚人气"的群众性宣传教育活动,不断扩大宣讲影响力和覆盖面,就需要深入基层进行走访调查,使宣讲内容符合时间、场地和环境,量身定制地开展宣讲。地方综合性高校应充分运用自身优势,在不同专业、年级、生源地、民族和经历的大学生中开展选拔、培训,可吸收马克思主义理论与思想政治教育专业的优秀学生、核心学生干部、科研与竞赛骨干、社会实践先进分子和优秀志愿者等,优化队伍、扬长避短;要培养大学生宣讲员创新宣讲的形式方法,把纯粹的理论讲解变为宣讲员的身边实践,转变以往在讲授中只注重理论性的做法,联系实际,讲授群众身边的人和事,回应群众需求,注重宣讲的生动性、直观性、实践性，用"小切口"说明"大道理"，从"细微处"凸显"大格局"，从而增强宣讲的效果。例如，绍兴文理学院王玉瑶同学 2022 年参加省妇联举办的"巾帼共富追梦人"微宣讲大赛，以"春满壶中留客醉，共富乡村待君来"为题，走进茶山、制茶厂、销售门店，讲述梁茹洁学姐扎根乡村、服务茶农的创新创业故事，缓缓叙事、层层推进、水到渠成、恰到好处。

3. 灵活运用激发共鸣

宣讲员要想能因人、因地、因事制宜，在面对具体的宣讲内容、对象和环境、氛围时，灵活组合运用宣讲方法，开展一场成功的宣讲，是需要大智慧的。"以事感人、以情动人"，用活宣讲资源、讲好身边故事，是宣讲活动激发听众情感、获得良好反馈的一大"绝招"；文艺宣讲，加强艺术性宣讲，利用铺陈渲染等方法实现情景再现，在为宣讲的主题蓄势、烘托的同时，能收到宣讲节奏流畅、氛围和谐、情绪统一、高潮迭起的效果；线上宣讲＋线下宣讲，传统方法和新媒体方法有机结合，可扩大宣讲的覆盖面；能引发思考、有所收获的宣讲才是好宣讲，而其中"互动"是不二法宝。

二、宣讲载体的丰富拓展

理论宣讲需要借助一定的载体展示其内容，所以在很大程度上载体的选择会深刻影响受众的学习效果。习近平总书记多次强调，要加强传播手段和话语方式创新，让党的创新理论"飞入寻常百姓家"。随着大众传播媒介和现代信息技术的发展，宣讲载体也在发生着变化。融媒体平台是当前最重要的宣传阵地。拓展宣讲载体，充分利用广播、电视、网络等载体进行理论宣讲和传播的重要性、必要性不断凸显。

1. 多媒体技术的广泛运用

在信息技术不断发展的背景下，利用多媒体技术配合宣讲，提高宣讲的生动性、直观性、形象性等，成为越来越多的宣讲员的必然选择。从某种意义上说，如果没有多媒体课件的加持，大学生理论宣讲员的现场宣讲难度呈几何倍数的增长。现代的多媒体课件，既有 PPT 的文字、图片、表格和动漫播放形式的设计，又有短视频、动画等的展示，可将理论内容多样化地呈现出来。AR 技术、VR 技术、虚拟仿真技术、数据库技术等多种技术手段与宣讲的融合运用，可使宣讲员更轻松自如、张弛有度，能让听者身临其境、体验丰富，使宣讲突破了语言的单一性，多元交互将听觉、视觉、嗅觉和身体感知等充分调动起来,从而提高宣讲内容信息对听者的感染力。当然,虽然有了多媒体技术的辅助,讲解员还应该在个性化讲解上下功夫,以丰富讲解内容,满足观众的多元化需求。

2. 网络媒体平台的不断创新

融媒时代为大学生理论宣讲活动更具吸引力和影响力提供了创新路径。传统报纸媒体融合网络、电视、自媒体等形成的融合媒体矩阵,是内容生产平台和业务流程的整合,形成的"一次采集、多种产品、多媒体传播"工作格局,正成长为理论宣讲的重要阵地,欣欣向荣。当前"宣讲热"的背后,是融媒时代新媒体矩阵的强势加持。一次重要而有影响力宣讲,可以在省、区、市和高校多级融媒体的联合加持下,依托厚重技术储备,丰富表达、呈现的形式。宣讲前,选取巡回宣讲活动向前推行的不同节点,不断推出各类图文、海报、示意图、短视频、H5①等新媒体产品;宣讲时,党报、校报等纸媒刊发讲稿,主流电视台专题新闻报道,广播、官网和直播类 APP 等开通全程视频与图文直播,官方公众号、新媒体客户端发布宣讲全视频,网上会客厅、自媒体等多样新媒体空间开展即时和后续的学习交流互动等,做到全方位、多层次、不间断地传播扩散,分众化、精准化、对象化宣讲不断深化。通过组织频次叠加的"接地气"活动,可极大地丰富宣讲活动的外延,创新组织载体、传播载体、联动载体等手段来增强宣讲活动的参与度和实效性,实现不断推进习近平新时代中国特色社会主义思想深入基层、深入群众、深入人心。

3. 艺术性呈现的丰富结合

宣讲与表演的"双向奔赴"结合运用,理论的精神内核以艺术的表现形式呈现,在当前具有非常强大的生命力和影响力,广受听众喜爱。既可以利用文艺演出中的舞台剧、短节目、快闪等将宣讲内容融入其中,也可以吹、拉、弹、唱、跳全动员,更需要融入地方文化曲艺,如绍兴的越剧、莲花落、绍剧、高腔等。近期,以青年人所喜爱的"脱口秀"的方式进行的宣讲正在兴起。这一方式将起源于美国的电视节目形式,以名人嘉宾访谈和幽默小品为其主要特征的脱口秀,融入中国的传统单口相声、喜剧、小品等,形成国内的脱口秀节目,并运用到宣讲中,形成了特有的宣讲风格。它用喜剧的外壳包裹主流价值观的内核,打破"要我听"的困境走向"我要听",不断结合生活

---

① H5 指 HTML5,即网页使用的 HTML 代码的第五代超文本标记语言。

现实的创作中,传递着来源于生活的幸福能量和充满活力的青年文化,与观众达成情感共鸣。例如,绍兴市越城区的"古越新声,灵五七五"宣讲团,定期在书吧开展宣讲,听众买票来听。他们在说"段子"和玩"梗"的同时注入思想性,在互动、调侃、吐槽中让听众接收着不断袭来的快乐和兴奋,有趣更有意义。

【案例】

传讲二十大　古越话新声!

越城区青年宣讲脱口秀新潮上演。抛梗、接梗,伴着此起彼伏的笑声,时代变迁与越城新貌以脱口秀的形式清晰呈现。10 月 26 日晚,绍兴市越城区"灵五七五"青年脱口秀宣讲开放麦在区新时代文明实践中心上演。一群青年宣讲员抛出一连串鲜活的"梗",迸发出诸多思想火花,为观众带去了一场既有笑料又有真材实料的表演。

《一个打工人的奋斗路》《我的猪头老板》《新时代的人民警察》《传统文化的自信》……现场,5 位来自不同领域的宣讲员轮番上台,或是声情并茂地描绘,或是亦庄亦谐地"耍宝",或是引经据典地宣讲,和观众们分享了自己在学习党的二十大精神后的所思所想。台上,宣讲员使出"十八般武艺",抖落"包袱"无数;台下,观众们听得津津有味,鼓掌叫好。"太有看头了! 没想到宣讲也能这么玩。轻松有趣,每个瞬间都不想错过。"一场宣讲下来,来自团区委的青年施佳璐就被牢牢"圈粉"了。在她看来,演员是青年,听众也是青年,这是真正让年轻人成为主角,产生共鸣。而理论宣讲与脱口秀的"跨界融合",没有了以往宣讲的"说教味",是用幽默的小故事讲出了大道理。

据悉,当天共有三场脱口秀宣讲,分别围绕"中国式现代化""青春中国""党建引领"三个主题,以一系列普通人身边的故事串起数个党的二十大的关键词。"如今宣讲面向的群体越来越年轻化,年轻人更喜欢用风趣幽默的演绎方式,来表达自己的新思想、新情感,所以我们也想用更新颖的方式去贴近他们,共同寻求理论宣讲的新可能。"区委宣传部相关负责人表示,下阶段,宣讲团将持续进机关、进校园、进企业、进农村、进社区、进军营、进网络,用脱口秀的形式把党的二十大精神带到越城的角角落落,吸引更多的年轻人加入宣讲队伍。

三、宣讲领域的延展深化

随着宣讲载体不断丰富,宣讲活动的领域也不断扩展,遍布各行业和场所,并相互交织影响,进而形成全方位、立体式的宣讲格局。今天,我们怎样宣讲?走进大中小学校、台门里弄、田间地头、企业车间、文化礼堂,不同的环境有更适宜的宣讲方式;就算对于同一对象,在不同的环境下,宣讲的内容、方式也应该有相应的变化,形成适切的理论宣讲供需互契。

1. 全行业覆盖

在深入推动学习贯彻习近平新时代中国特色社会主义思想、为实现民族复兴大任而努力奋斗的当下,各行各业都在结合行业开展理论宣讲,以统一思想、凝心聚力、奋发有为。例如,绍兴文理学院作为地方综合性大学,现有本科专业 66 个,涵盖九大学科门类,毕业生就业更是涉及各行各业。大学生理论宣讲团开展的宣讲结合专业知识涉及各行业领域,文理公管医艺、科教文卫军体……教育科技、文化艺术、身心健康、经营理财等新领域的宣讲兴起,使理论宣讲的触角不断延伸,将党的理论政策传播得更广泛深入。

2. 多领域深化

宣讲内容涉及国家政治、经济、文化、社会、生态等方面,不设"禁区",内容的广泛性决定了对象领域、载体方式的丰富性和多样性。大力推动大学生理论宣讲进学校、进社区、进乡村、进机关、进企业的"五进"活动,与文化科技卫生"三下乡"相结合,变抽象说教为生动宣讲,变固定课堂为流动课堂,把宣讲舞台搭建在台门里弄、田间地头、车间工地、市场商家、集市庙会等基层一线,开展"台门宣讲""桥头宣讲"等,深受群众欢迎。充分发挥青年大学生的优势,不断打造大中小学思政课一体化建设研学基地、爱国主义教育基地、经验典范源发地、未来乡村等宣讲基地,把讲、学、研、行一体结合,入脑入心、见思见行。

3. 活场域营造

紧密结合实际,综合把握宣讲主体、对象、环境、内容主题等要素,选择适切的宣讲语言、方式和载体,构建宣讲场域,充分利用各类设施和场地,深度融入各项主题活动中。营造氛围从互动参与开始,赢得认可从寻求共鸣开始,入脑入心从获得理解开始,用最朴素的语言宣讲,用最真诚的态度沟通。如同样对乡村群众讲乡村振兴"一号文件"精神,在"接地气"的基础上,在文化礼堂可以多讲点理论、讲长点时间,但在村口大树下、在田间地头不一样,要短平快,更紧密结合他们关注的现实问题,宣讲党的涉农新政。当然,能结合宣讲员自身的专业技术就更好了,如商(法)学院各专业中,法学专业的同学讲讲农村宅基地和房屋流转、拆迁补偿政策等问题,公共事业管理专业的同学讲讲社保医保、就业创业新政,财务管理和会计专业的同学讲讲当下经济形势和储蓄理财,群众一定会真正坐得住、听得进、用得上。

第二节　宣讲常用的控场技巧

理论宣讲影响别人,也可以提升自我发展能力,更好地实现自我价值。主讲人不仅要完成好基本的宣讲内容信息的传递任务,同时还需要对宣讲进程和现场状态进行综合把控,这是宣讲员综合能力和素质的体现。所以,在宣讲过程中对宣讲员自己和受众、讲稿课件、宣讲方式、宣讲环境等要素进行有效调节,做到有效引领,在任何情况下都能发挥自己的优势和潜能,使听众聚精会神并为之振奋,从而达到控制现场的目的。这就要求宣讲员必须具备良好的控场技巧,其中心态情绪调整、时间节奏把控是关键。那么,怎样把握控场艺术,如何在宣讲中赢得更多听众、更佳效果?本书主要介绍以下几点。

一、精心准备,表达灵活——主体控制有效之前提

古语说:"凡事预则立,不预则废。"不言而喻,想在宣讲中吸引听众,提高宣讲的效果,就要做到准备充分。

(一)精心选择事例材料

宣讲员要表达自己的观点,材料来源必须真实准确,实事求是,这要求宣讲员平时多下苦功,经常收看新闻、学习时评,查阅资料,深入基层调查研究、挖掘事实材料。将经过千锤百炼的语言浓缩在宣讲里,所产生的魅力是

无穷的,它能让听众沉浸其中,并铭记在心。同时,宣讲员也能在调节气氛时将其"信手拈来"、出其不意,在时间控制时"自由取舍"、恰到好处。成功的宣讲是以周密的准备为基础的。林肯指出:"即使是最有实力的人,若缺乏周全的准备,也无法做有系统、有条理的演说。"没有准备好就进行宣讲,讲者会处于被动,无法控制局面,对听众也无益。临渴掘泉是宣讲的一大忌讳。

(二)设计好"凤头豹尾"

宣讲要使气氛热烈、感情交融、注意力集中,要推波助澜、调控节奏,这就需要设计好"凤头"和"豹尾",即把握好开场白和结束语。

1. 精心设计,有效开场

匠心独运的开场白,以其新颖、奇趣、敏慧之美,可在瞬间集中听众的注意力,控制住场上的气氛,从而为接下来的宣讲内容的顺利展开搭梯架桥。下面介绍几种控制开场的常用方法。

(1)目光控制

开场时要站在讲台上抬头环视全场,待听众情绪稳定、注意力集中,然后再说出那令人惊奇的第一句。

(2)时间控制

无论对讲者还是对听众,最初 30 秒都是至关重要的。对讲者来说,这 30 秒可为宣讲定基调。基调好坏,事关成败。对听众来说,这 30 秒可形成心理预设和期待。讲者可以"以静制动",用沉默来向听众施加心理压力,待人们注意力渐渐集中,再从容开讲。

(3)形象控制

精心设计自身形象,这一工作不可小觑。经验表明,第一印象总是会让人先入为主,良好的形象往往带来良好的印象。当然,这里所说的良好的形象的实质应是宣讲员形象气质与宣讲内容的相称协调,即形式要适合内容。所以,形象设计没有绝对标准,适宜个人气质与宣讲内容就好。

(4)行为控制

可以设计一些出人意料的行为,以增加新奇感。例如,曾有一个宣讲员宣讲坚守岗位的重要性。在自我介绍并报完题目之后,他莫名其妙地离开了讲台,使听众如堕云里雾里。正当人们百思不解的时候,讲者又忽然回到讲台上,说:"我刚才就是擅离职守,它的害处就不用说了吧!"人们一下子恍然大悟,气氛顿时活跃起来。这就是行为设计的妙处,正是"此时无声胜有声"。

（5）道具控制

意想不到的道具也能激发听众的好奇心,进而赢得一个好的开场。例如,2023年暑假,在浙江省"'八八战略'在身边"宣讲大赛暨第十四届微型党课大赛上,省教育厅高校宣讲团队讲述"地瓜经济如何'藤'广'根'壮"。宣讲员登上讲台时,拎着一早从市场上买来的刚出土的地瓜开讲:"我是地瓜的藤蔓,我是地瓜的枝叶,我是地瓜的块茎,我是地瓜的土壤……"这样"朴实无华"的开场白着实让人有点"上头"。多么形象而又深刻的道具设计,真是出人意料而又深入浅出,极具启发意义。

（6）变化控制

可打破一般宣讲的定式,创造出一种艺术氛围,令人感受一新。例如,2021年暑假,在嘉兴南湖的红船边,钱晓萍老师围绕歌曲《南湖的船党的摇篮》,给绍兴市大中小学生实践团上了一堂别开生面的音乐党史课,令人印象深刻。

（7）故事开头控制

一般来说,故事总能吸引人的注意力,激发人的情感与联想。但要注意,故事要新奇,情节要清晰,内容要与宣讲主题潜在相关。

（8）朗诵开头控制

以朗诵开头必须精心准备。朗读的内容要短而精,具有强烈渲染力,切不可拖泥带水。如在宣讲浙东唐诗之路赋能乡村振兴时,朗诵一段李白的《梦留天姥吟留别》不失为一个好的开头。

（9）猜谜开头控制

每个宣讲员都希望一上台就有个良好开端,猜谜是个好方法。但以猜谜开头必须注意以下几点的:一要观察听众情绪,如果现场气氛不佳则此法不用为好;二是谜语要紧扣宣讲主题,不可使人觉得莫名其妙;三是谜底不要太难,以免影响观众的热情;四是注意不要"撞车"——使用该办法在前的是"西施",虽病亦美,使用该办法在后的就是"东施效颦"了,只添笑料。如讲茶叶经济下的农旅开发与发展,猜个茶叶的谜语导入,就能很自然流畅地切入正题。

（10）歌声开头控制

如果你擅长歌唱,就不妨以歌声开场。歌声使人愉悦,令人耳目一新,自然更能引人注目。只是不能反客为主,要记住歌声只是为宣讲服务,如讲抗战精神先来赏析《保卫黄河》组曲片段,讲沂蒙精神先来段沂蒙小调。同理,其他你擅长的、适合主题内容的、合宜环境氛围的任何艺术演绎形式均可为用。

(11)修辞开头控制

以修辞开头可以做到出语不凡,为此应坚守"辞不修则言不出"的信条。做到"惜语如金",做到"一言既出,四座皆惊",是为以修辞开头的本意。只要切合思想内容,恰到好处,以各种修辞手法开头均可赢得听众的好感,收到预期效果。

(12)悬念开头控制

在宣讲开头设一些悬念,以吸引人们的注意力。例如可以用一连串的疑问句设下悬念,使听众产生听下去的期待。

(13)嫁接开头控制

将宣讲开头嫁接在现场情绪、景物、人物上,可以拉近宣讲者与听众的距离,让听众有强烈的代入感,增加宣讲的亲和力和吸引力。巧借现场各种因素实为宣讲开头设计的妙策。

2. 结合实际,组织调整

宣讲人的控场能力要求在短暂的时间内迅速组织好语言,形成有逻辑思维的、有说服力的观点,且能照顾到现场各方的感受。根据现场的情况,结合准备的内容,做有机结合与有效调整,可以使听众有更强的代入感,能引发共鸣,可使主讲与听众会心交流、同频共振。场中控制的主要方法有以下几种。

(1)时间控制

研究表明,人的注意力在第 5 分钟、第 15 分钟是重要节点,因此,宣讲者要特别注意这两个时间点,要根据听众的注意力变化情况,解开"锦囊",拿出"宝贝",让听众精神为之一振。笑话、幽默、故事、曲艺等都是这样的"宝贝"。

(2)声调、音量控制

为了刺激听众的注意力,要变换话语节奏,用抑扬顿挫的不同语调进行宣讲。洪亮的声音能有助于控场,但不能老是"洪亮",有时低沉的声音更显力量。

(3)动作控制

以潇洒的动作影响场上气氛。研究表明,在一定场景中,视觉信息多于听觉信息。所以,形象的体态手势以及其他设计的特定动作意义重大,必须在控场时加以利用。

（4）悬念控制

可以借鉴相声的控场技巧，如"系扣子""抖包袱"等悬念设置方法。要精心选择能扣住宣讲主题又不为听众所知的东西作为设置悬念的依托。

（5）场面控制

有时宣讲现场会出现混乱，要根据造成混乱的不同原因，采取不同的针对性应变措施，及时控制局面。

（6）互动控制

支配欲人皆有之，因此共同参与能调动听众的积极性。要让大家举手，让大家回答，让大家重复，让大家表演……这样，听众就不易分心。

3. 随机把握，灵活收尾

好的宣讲结尾要做到言简意赅、余音绕梁，或升华，或设问，使听众深思回味。应根据场合、听众、时间而适时收尾。场终控制要做到戛然而止——给掌声留下空间；要做到出其不意——在听众没料到的时候忽然极具艺术感地收场；要做到言有尽而意无穷——此时无声胜有声。在限时宣讲，特别是即兴的宣讲比赛中，灵活收尾非常重要。例如，老舍先生有一次到某城市发表演讲。一开始他宣布"我今天给大家谈六个问题"，然后就第一、第二、第三、第四、第五有条不紊地讲着。讲完第五个问题时，他发现还有几分钟就到了散会时间，于是提高嗓门，一本正经地说："第六，散会。"听众起初一愣，不久就被老舍先生的幽默逗笑了，并欢快地为他鼓掌。老舍视当时的时间，给了听众一个简洁又深刻的结尾。因为即使这时有金玉良言，如果听众已经失去了听的兴趣，也不会获得很好的效果。老舍出人意料地结束话题，没有使听众反感，反而达到了灵活收尾的功效。

（三）采用灵活的表达方式

宣讲语言、方式的灵活性非常重要。可以用制造悬念、设问、停顿、作对比、打比喻等方法，调动听众的兴趣，让听众有参与意识，让听众顺着兴趣融进宣讲者的思维。可以在宣讲一开头，就提出一个悬念，以引起人们的好奇。例如：2022 年 3 月 18 日，绍兴市大中小学思政课一体化现场教学活动在越城区鉴湖街道坡塘村云松自然村进行。王宇丰博士宣讲的第一句话就是，"大家看到了现在村容整洁、村民富裕的云松，想知道它三年前是什么样子的吗？"听到这里，听众必然会带着一种寻求答案的心理去倾听下面的内容。然后王博士再引领听众在新旧对比下,通过亲身观察感受与思考分析,探寻云松"蝶变"密码。他采用设问的方法,向现场听众提问题,并非真的要听众回答。这只是表达上的一种技巧,意在抓住听众的注意力,达到抛砖引玉的效果。

【经典案例】

2023 年 7 月 2 日,在西安交通大学举行 2023 届研究生毕业典礼时突降大雨,校长王树国在雨中脱稿致辞。王校长首先借景抒情,引用高尔基的名言"让暴风雨来得更猛烈些吧",希冀西交学子像海燕一样,在暴风雨来临之际展示出勇敢欢乐的形象,应对当前两个百年未有之大变局,学习无产阶级革命先驱坚强无畏的战斗精神,预言必将取得胜利的前景。随后,他用新时代、新赛道、新征程三个关键词深情寄语毕业生。一要珍惜新时代的发展机遇,要以实现中华民族伟大复兴为己任,点亮青春理想,做坚定理想信念的追梦者;二要承担国家使命,成为开辟新赛道的拓荒者、引领新赛道的"弄潮儿",跑出青春"加速度";三要脚踏实地开启新征程,以勇气、胆识和科学创新思维,勇做走在时代前列的奋进者、奉献者,在奋斗中创造精彩人生。最后,他寄语毕业生要怀揣家国情怀,"风雨路上,我们需要勇气、胆识和脚踏实地大胆地前行。就像今天这场风雨一样,来吧!"头尾设计精巧、前后呼应,节奏抑扬顿挫、起伏跌宕,可谓一场卓越的即兴宣讲。

二、镇静自若,举止大方——自我调控必不可少的环节

当宣讲材料准备充分时,还必须建立自信。一个具备良好心理素质的宣讲者,面对众多的听众时,特别是面对一些突发的情况时,可以保持镇定,神色自若、波澜不惊,让自己的语言像清泉一样潺潺流出,以激人奋进,令人陶醉。

（一）克服怯场心理

在面对较多宣讲对象时,或在比较正式、重要的宣讲场合下,宣讲者要做到不怯场、不紧张,自然放松,沉着镇定,保持一个良好的心态和情绪。即使内心紧张,心跳加速,腿肚子有点发软,手有点颤抖,甚至声音也在颤抖、沙哑……但外表一定要表现得冷静从容,因为姿态是内心的表现形式,如果

能调整姿态的外在形式，也就能够整顿心绪，也会收到稳定局面的效果。怯场是正常的心理和生理现象。克服心理紧张的方式因人而异，有一个最简单的方法，就是深呼吸——大口吸气、缓慢呼气。如果在宣讲开始前由于紧张而产生一些生理上的条件反射，如想上厕所、想找个人说说话、想在空旷处喊两声等，完全可以顺从这些本能的反应。实际上最为管用的办法就是充分练习。只有练习充分了，才能在上场时拥有一颗"定心丸"，遇到各种状况时才能临危不乱，才能在"肌肉记忆"的惯性中，一边保持着流畅的宣讲，一边让大脑留出一点精力来处置突发状况。

（二）增强自信心

宣讲时，特别在比较大的场面或关键的比赛轮次，面对直播或录播的摄像机镜头、面对评委老师审视研判的眼光和台下黑压压的观众，应使用虚眼而不用实眼，眼光回避听众的各种表情、各种举动和实际上场内的一切，好像什么也没看见，达到王国维的"有有我之境，有无我之境"的境界，这样可以提高宣讲者的自信心。当然，正向的心理暗示必不可少，且效果甚好。要有随机应变的能力。在宣讲过程中，有时难免会发生一些意外情况，如忘词、漏词、出错等。遇到这些情况，宣讲者首先要保持冷静，控制自己紧张的情绪，使记忆快速恢复。如果实在回忆不起来了，就应想办法补救，如回看课件激活记忆、穿插故事进行上下衔接等，绝对不能惊慌失措，更不能停止宣讲。此外还应注意，宣讲时应始终保持一股精气神，即使半途出错、碰到意外、发生小混乱，精气神也不能中断，仍要积极地发挥，把负面影响减到最小，坚持到宣讲结束。

（三）举止大方

宣讲者要吸引听众，首先要有良好的气质风度、大方得体的举止。一是，着装整洁。整洁着装如同一道绚丽的风景，令人赏心悦目；二是，举止端庄。合适的姿态和适度的手势，可以使听众保持兴奋；三是，眼神集中。"眼睛是心灵的窗户"，要用眼睛与听众交流。宣讲者如果善于辞令，加上大方的举止，在任何场合，都会受到欢迎。自然得体的"动作语言"能给人以美的享受，宣讲者在"讲"的同时加上有机协调的"演"，才能够集中听众的注意力。

三、激发情感，调动听众——情感调控之目的

好的宣讲，不仅仅是宣讲者创造的，同时也是台下听众和整体氛围烘托

出来的。听众同样也是宣讲的参与者,他们给予的及时反馈、所营造的现场氛围,都会带给宣讲者激励。在特别"干"、特别"紧"的场子里,宣讲者要有主动化解的意识、把场子"炒"热的意识,结合现场的状况,适度调整自己的宣讲内容、方式方法,将观众从刷手机的状态拉进活动之中,同时也能将自己从冷场的尴尬中解救出来。不能一味地硬着头皮"干讲"。一个好的宣讲并不只是流畅的表达,还要有宣讲者与听众之间共同缔造的认同与共鸣。

（一）充满真情实感,引发听众共鸣

以情感人,以情驭事,用真情打动听者是很有效果的。特别是人物、事件类带有比较丰富强烈情感载体的宣讲,更容易也更需要真诚丰沛的情感表达。首先,宣讲时可以诗词感染。诗词对于感情的要求更集中、更强烈,宣讲中借助诗歌抒发情感往往能取得淋漓尽致、感人至深的效果。例如,绍兴文理学院2022年暑假思政课教师实践研修期间,宣讲者在娄山关宣讲长征精神时,加入吟诵毛泽东的诗词《忆秦娥·娄山关》,使听众了解娄山关之战是遵义会议后红军打的第一个大胜仗,在长征途中具有重大的战略转折意义。其次,宣讲时可以借景生情。宣讲者在把握了宣讲的环境氛围,确立了宣讲的题旨和感情基调之后,根据宣讲的时境,可以借渲染感情基调之景,生发开来,自然真挚地流露情感,将获得的激情传导给听众,取得动之以情的效果。最后,宣讲时也可以托物寄情。宣讲者应运用好道具。物本无情,但人有情。在宣讲中,宣讲者要善于抓住事物的特征与自己的感情产生共鸣的地方,将自己的情感倾注于对物的讲述之中,将自己的认识、感受和情感传递给听众,使听众听了之后,不仅能如见其物,同时也能感同身受。例如,为纪念抗美援朝战争70周年开展专题宣讲,一位青年教师宣讲员带上了祖父的抗美援朝纪念章和几张老照片,并播放了一段回忆视频,迅速将大家带入烽火岁月,使听众受到真切而强烈的教育。带上跟自己有关联的"老物件",或就地取材,通过观察运用宣讲场合的相关要素,宣讲效果会更好。

（二）设置兴奋语言,满足听众心理

在宣讲中,应按照宣讲内容需要,有计划、有目的地选取一些兴奋语言,拉近宣讲者和听众的心理距离,满足听众的心理需要。例如,2023年浙江省思政微课宣讲中,绍兴文理学院教师教育学院新入职一年的留校辅导员教师,选取校友王一飞烈士的故事,以《家书里的家国情》为题开展微宣讲,让大学生们对于老一辈较为陌生的英烈,因校友的身份而消弭了隔阂,获得了认同。她的宣讲起伏有致，既肯定了革命先辈不屈的斗志和中华民族的精神意志，又让大家对英雄将爱情、亲情与家国情相统一，舍小家为大家的情怀气概有更生动真实的理解。讲者和听者同样以先辈烈士的"校友"的身份，真正做到同呼吸、共悲欢，形成讲与听的整体效应。

（三）找寻与听众的"接点"，拉近双方距离

在宣讲中运用经历体验法不失为好办法。在社会生活中，相近的经历和遭遇可以使人不仅有共同的语言，而且在情感上也有共鸣点。宣讲者可以用经历唤起情感共鸣，也可以用遭遇使人"同病相怜"，还可以利用这种感情的沟通，来淡化讲者与听众感情的对立，取得"自己人"的效果。例如，讲全面深化改革开放，一位大学生理论宣讲员以其曾祖母、祖母和母亲三代人的"嫁妆"变化为线索来讲解，在现场听众中寻找祖母和母亲的同龄人，结合宣讲，引发了听众的强烈共鸣。

四、善于应变，运筹帷幄——场面控制成功在握

宣讲活动有可能在顺境中进行，也有可能在逆境中进行。有把握的宣讲很可能由于听众的不配合，或者会场环境诸因素的影响而造成失败。面对逆境，如何运用"急中生智"的智慧，控制场面，保证宣讲顺畅并成功呢？

（一）巧用幽默，活跃气氛

在宣讲中出现听众疲乏或注意力分散的情况时，可以适当使用幽默技巧。幽默的语言是调节现场气氛的润滑剂、缓冲剂，无处不受欢迎，所有人对它都没有太强的"抵抗力"。幽默可以调节情绪、活跃气氛。例如，胡适在一次演讲时这样开头："我今天不是来向诸君作报告的，我是来'胡说'的，因为我姓胡。"话音刚落，听众大笑。这个开场白既巧妙地介绍了自己，又体现了演讲者谦逊的修养，而且活跃了场上气氛，沟通了讲者与听众的心理情绪，可谓一石三鸟，堪称一绝。幽默也可以化解局势，打破尴尬。例如，有一位议员在演讲，正讲到大家都倾耳静听时，突然有一个听众的椅子腿折断了，跌了一跤。这种事件往往会分散听众的注意力，从而减弱演讲的效果。但是那位议员急中生智，想出了一个法子来挽回这种颓势。他紧接着椅子腿的折断声，大声说道："诸位，现在都相信我说的理由足以压倒一切异议声了吧？"这时尴尬的气氛因为话语的轻松得到了一定的缓和。当然，幽默语言的运用要点到为止，视情况而定，以免弄巧成拙，反而变成"滑稽"了。

宣讲时常用的幽默方法有：一是自我解嘲。较保险且较有效果的幽默就是拿自己作目标消遣自己，此举非但不会被听众看轻，反倒会给人一种雍容大度、自信满满的潇洒与特色；二是张冠李戴。经常听到很多人讲笑话时，总会非常本分地"原版"搬出，这种说法，充其量只能达到笑话的转述作用。倘若将笑话中的人和事适时地稍作修改，冠上与自身环境相关的串联，则产生出来的效果就完全不同了；三是夸大其词。语言夸张，超出常理和常识，再配上夸大的手势动作和一本正经的面部表情，那么"笑点"就会因手势与内容的矛盾而产生"笑果"。所以，幽默并非会讲，还要会"演"，相乘之下才能产生强大的功效！

（二）突然停顿，调整会场

当台下变得不安静时，宣讲者可以站在台上，突然停顿，直到所有人的目光都集中在宣讲者身上，这时宣讲者应该不失时机争取主动，借助微笑或诚恳友善的话语表示自己的态度和观点。如果听众静下来，注意力集中了，宣讲者可以轻柔地说，"可能前面讲得有点乏味，不过，下面的话，我想能使大家感到有兴趣……"委婉地表示宣讲者的批评与自我批评，这样容易使听众接受，轻松自如地达到控场的目的。

（三）巧妙转换，加点"调料"

根据现场状况，适时作出变化，能有效集中听众的注意力。如可以从静止定位状态变成边走边讲，慷慨激昂与委婉柔和之间的风格切换，从普通话变成方言……，所有的变化都值得尝试。也可以中途顺势吟诵经典诗词、影视剧台词，加唱两句歌或戏曲，模仿几个经典的动作，打个夸张的手势，扮个可爱的鬼脸，或发动听众参与问答对话等。只要你有心、有信心，就可以找到合适的变化点，有效扭转态势。

宣讲控场技能既是艺术也是科学。这是说它既有因人而异的偶然性，又有看得见摸得着的可学可习的规律。人固然禀赋各异、个性不同、气质不同、创意不同，但均能扬长避短地发展出独特的宣讲风格。以上介绍的宣讲控场技巧终究不过是"纸上谈兵"而已，真正的还是要"以用为学"，在宣讲实践中亲身体验上述那些控制方法，全面练习，自信坚定地表达，增进听众的理解认同，既"通俗易懂"又"发人深省"，才能切实体会到宣讲的魅力，也才能重新发现自己所具有的潜力。

第三节　宣讲的语言表达技巧

宣讲语言是宣讲者用以表情达意的唯一工具,它不仅包括有声语言,也包括形体姿态、面部表情及手势等无声语言。在宣讲实施过程中,宣讲者的有声语言起着重要作用,而其体态、表情、手势所构成的无声语言,在宣讲中则起着不可忽视的辅助作用。

一、宣讲中有声语言的运用技巧

宣讲是一种语言传播艺术,只有让语言富有人情味、感染力,以情感人,以情动人,才会拨动听众的心弦,讲到听众的心坎里去,使其增强理论理解、政策知晓、价值认同和行动支持。优秀的宣讲者在语言运用上必定拥有独到的理解和表达方式,包括吐字发音的清晰准确、语气语调的抑扬顿挫、语速节奏的科学掌控等。

（一）提升语音面貌

1. 语音面貌

语音面貌是个感性的描述,指普通话说话者通过语言使人在听觉上自然感到的整体性直观印象。一般在普通话等级考试中,语音面貌主要通过"自由会话"方式来考察,也就是说话者在没有文字凭借的情况下自由表达所能达到的规范程度,包括与说话者自身方言的差异程度。语音面貌是比较主观的,因为这个概念本身的来源也是受很多主观因素影响的,比如学讲标准普通话的动力、语感、辨音能力、口语模仿能力等,这些主观差异,造成它无法用客观恒定的标准来考察,像嗓音条件、停顿处理、语速控制、感情表达,都综合在语音的总体面貌中。虽然没有统一的标准,但一场语音面貌好的宣讲,其口头语言的表达一定会让听众听着舒服、恰到好处。

2. 发音标准

与语音面貌相对应的还有个概念就是"发音标准"。这个所谓的标准,指的是包括声母、韵母、声调、变调、音变、轻声、儿化等理论上的规范和标准。在普通话等级考试中,发音是否标准主要通过"单音节字词、双音节字词、朗读作品"的方式来考察,特别是前两项,发音准确是唯一要素。给你一些字、词、句、篇来朗读,是否能准确发音,它的标准是客观的、恒定的。"00后"大学生们普遍有良好的规范语音基础,方言语音与普通话之间差异较大的地区,平时讲方言的人掌握普通话的标准发音相对会困难一些。比如在南方人中,像"川普""广普"等现象仍然普遍存在。对南方人来说,标准的平翘舌音、前后鼻音、边鼻音和儿化音的掌握,大多是难点。而北方人说普通话也会带有一定的方言口音,会出现 n 和 l、o 和 e 不分的现象。尖音问题更是普遍存在的系统缺陷,并且极难纠正。

3. 勤加练习

想达到发音标准,多数人可以通过突击学习、模仿、纠正来速成,但语音面貌几乎是天生的,需要有很强的动力、付出很大的努力,否则改善的效率不高。因此,要提高语音面貌,首要是讲准普通话,唯有"勤"可达到。首先是多读、多说。干什么事都有一个由浅到深、由生到熟、由量变到质变的过程,普通话学习也是如此。特别对于一些方言习惯较重、口音浓厚的同学来说,要想学好普通话是需要一点精神的。其次是多听、多练。特别是想要克服学习难点、纠正系统性的错误,就必须加强口腔和咬字器官的训练,有针对性地加强绕口令的练习。最后是多模仿、多琢磨。模仿是一种行之有效的方法,还可增添学习的情趣,同时多琢磨,用心找出自己与模仿对象的差距和存在的问题,提高发音方法和咬字器官的协调性,从而不断修正。当然,宣讲员之间相互帮助学、专家教师指导点评学等更为有效,因为经常的情况是明明能感觉到有点不对,但无法找到问题根源,自我纠正口语"固疾"的难度特别大。

(二)提高口语表达能力

宣讲要求吸收和借鉴各种语言表演艺术和表达形式的长处及特点,形成宣讲时的节奏韵律感。它既需要交谈式的平易亲切,也需要朗诵般的圆润动听;既需要论辩时雄辩的逻辑力量,也需要相声般的幽默风趣;既需要讲课、做报告式的条分缕析,也需要说评书般的跌宕起伏,以此来丰富和加强宣讲的语言表现力。

1. 把握好语速和节奏

(1)语速

语速即说话吐字的快慢。语速一般分为三种:快速,多表现兴奋、急切、紧张、愤怒等情感;中速,一般在感情起伏不大时使用,陈述、讲解、说明、介绍等基本在中速区;慢速,常用于表现庄严、沉思、平静、忧伤等情感。语速的变化从根本上说,是作品思想感情运动状态的一种反映。不同的场面、心情、叙述方式及宣讲员的个体性格和习惯等,都会影响语速的快慢。普通话正常的说话语速为每分钟 150～300 个字,朗读的标准语速是每分钟 180～200 个字,一般情况下广播电视新闻播音的语速在每分钟 300 字左右。宣讲速度大致与播音语速相当。故事情节性比较强的、情感表达比较浓的,可以适当减慢语速。要特别注意,语速快时要吐字清晰,不能快了就含混不清,甚至"吃字";语速慢时要明朗实在,发音完整饱满,不因慢而显得疲沓松垮,要做到"快而不乱""慢而不拖"。

（2）节奏

节奏是在一定思想情感起伏的支配下,在宣讲过程中显现的抑扬顿挫、轻重缓急的语音形式的回环往复。语速、语调、停顿和重音等的多样运用,合起来构成宣讲的节奏,其一般分为沉稳型、舒缓型、强疾型。①缓慢:大致适合表现惆怅犹豫、悲伤惭愧、平静凄凉、沉静慈祥、回忆追思、欣慰向往、疲惫懒惰、愚昧保守、迟钝木讷等心态和辽远广大、悠久深邃、延续伸展等情状。②快疾:大致适合表现焦急迫切、兴奋喜悦、紧张热情、豪爽奔放、开朗快乐、活泼激动、喜爱欣赏、意外惊诧、连贯急促等心态和奔腾流淌、翻滚驱驰、飞翔跳跃等情状。

宣讲时把握节奏的技巧:首先,要熟悉讲话的主题和内容,有利于总体把握;其次,要根据听众情绪和现场气氛调整,适时地用讲话节奏变化去消除听众可能产生的倦怠感;再次,是根据感情表达的需要调整;最后,根据宣讲内容的变化调整。

2. 把握好声音与气息

（1）语音

语音高低具有三要素:音高（音调）,由声源的振动频率决定;音色,即声音的特性,由声源、声道决定;音强（响度）,即人主观的音量大小,由声音的振幅及听者离声源的距离决定。语音韵律具有三个重要特征,即音高、时长和能量。宣讲员面对的环境和对象有所不同。面对公众讲话,声音洪亮,使每一个听众都能听得清声音,是首要和必需的。要把握好话筒的距离和角度,保证声音的收集和扩散。手持话筒要与肢体动作配合。特别注意,在听众多的、相对空旷又没有扩音设备或扩音设备不佳的场合,以及面对老年群体听众时,都需要在正常音量的基础上相对调高音量。

（2）发声

气息是人体发声的动力和基础。要在宣讲时有足够的"中气"保持声音洪亮、持久、有力，就必须加强气息的控制调节。在运用发声技巧和方法，合理有效地控制停连、轻重和语速、语调等时，必须加以充足稳定的气息支撑，才能表达细腻而丰沛的情感。气息的速度、流量、压力的大小与声音的高低、强弱、长短以及共鸣情况都有直接关系，可以说，要控制声音、驾驭语言，就必须学会控制气息。

首先，要加强呼吸训练。运用胸腹联合呼吸法。练习"慢吸慢呼"：像在旷野闻花香一样，慢慢吸足气，要感觉到腰腹之间充气膨胀，气入丹田，但是要收小腹。保持几秒钟后，轻缓呼出；练习"快吸慢呼"：快速短促地吸气，并保持气息充盈。呼气时缓缓呼出，配合声音，平稳均匀。

其次，要加强气息控制训练。把握"深（吸得深）、匀（呼得匀）、通（气通畅）、活（用灵活）"四字方针，注意气息和内容的结合，进行强控制（气要吸得深并保持一定量，呼气要均匀、通畅、灵活）和弱控制（吸气深呼气匀，缓慢持续地发音）练习。

再次，要进行共鸣控制训练。好的用声者，使用在声带上的能量只占总能量的 20%，而 80% 的力量用在控制发音器官的形状和运动上面。在产生共鸣的过程中，共鸣器官把发自声带的原声在音色上进行润饰，使声音圆润、优美。通过科学调节运用好头腔、口腔、鼻腔和胸腔等共鸣器官，可以丰富或改变声音色彩，同时起到保护声带的作用，延长声带的寿命。宣讲的发声多采用中声区的声音，即平时说话时你感觉最舒服的状态，而中声区的声音主要形成于口腔上下，这就决定了用声的共鸣重心在口腔上下，以口腔共鸣为主。除了以口腔共鸣为主之外，胸腔共鸣是基础，可以加多一点。如果在提高高音区的时候，增加呼吸量，发挥一点鼻腔、头腔共鸣的作用更好。

最后，要进行声音弹性训练。声音具有伸缩性和可变性，这就是声音的弹性。有了弹性的声音才能适应思想感情的变化，也才能适应宣讲内容的需要。声音弹性的训练主要是扩展音域，加大音量，控制气息。一般来说发音的高低、强弱、虚实、浓淡、刚柔、隐现等，均是气息控制下声音弹性的表达。

常用的声音弹性练习方法：①软口盖练习法。最常见的是"闭口打哈欠"，即打哈欠时故意不张开嘴，而是强制用鼻吸气、呼气。②偷气换气法。所谓"偷气"，是指不要边发声边吸气，而是要用极快的速度，在不为人觉察时吸入部分气流。而换气,宜口鼻并用,以鼻为主,掌握时间差,使气流充沛有力。③气声数数法。先吸足一口气,屏息数秒,然后用均匀的、低微的、带有气息的声音从 1 开始数数,就像是说悄悄话一样。④跑步背诗法。平时跑步出现轻微气喘时,可背一首短小的古诗,要尽量控制不出现喘息声。借鉴学习声乐发声方法最为有效。

3. 把握好停连与轻重

(1)停与连

有声语言中声音的停顿和连接就是停连。语言的部分、层次、段落、语句、词组或词之间有声语言休止中断的地方,时间有长有短,都属于停顿的范围;而那些不休止不中断的地方,特别值得注意的是在文稿中有标点符号但不休止、不中断的地方就是连接。标点符号是文字语言的停顿和连接的标志,而有声语言的停顿和连接不是标点符号,而是从受众听觉的角度和语言习惯出发,选择停顿和连接的位置和方式,来表达特定的情绪和强调,易于听众听懂并接受。在我们的生活中,很多时候是由于生理的需求而换气停顿的,一句话如果不换气就可能说不下来,所以就要注意换气的节奏,有时必须连贯而不能换气。

在有声语言中,准确地停顿能够烘托重点、强调表达。当然,停顿的位置选择不同,很有可能导致语句的结构和语句的含义完全不同,这需要我们去准确理解语句的意思,正确分析语句的结构,才能够准确把握该停在什么位置。①顿:大致适合表现迟疑不决、情绪抑郁、思绪不畅等心态和停顿滞留、行动受挫等情状;②拖:大致适合表现拖拉延迟、犹豫不定、思绪万千的心态和声音拖长、缠绵不断的情状;③断:大致适合表现思路中断、心事繁杂的心态和头绪繁多、断断续续等情状;④连:大致适合表现思路通达、热情奔放、激情快速等心态和行云流水、连绵不断等情况。

(2)轻与重

在有声语言中,为了鲜明地突出语句的目的和语句的本质而着重强调的词或词组就是重音。重音主要表达强调突出的作用,在口语表达技巧中的运用非常广泛。宣讲员在宣讲中选重音的目的,就是为了能够突出语句本身原有的目的以及挖掘出语句原有的本质含义,同时也要根据具体的语境由语句的目的来决定。同样的内容,重音不同,则意思、含义、语句的目的、语句的本质都会改变。重音的强调,在通常情况下,是非常重要的,它代表我们说这句话的目的到底是什么。因此,要防止出现无意识的重音而进行无意的隐含性对比,无意中的一个强调会改变这句话的重点。宣讲者要以理解为基础,以内心的感受为依据,用感情来带动重音。

重音表达主要是靠语气来呈现的,其核心是对比,没有对比就表达不出来重音。想强调什么意思一定要先做铺垫,也许这个重音的左右两边要说的话都是铺垫,或者至少一定要有一侧是铺垫,"欲扬先抑",通常都是用高低、快慢、强弱、虚实、松紧这样的对比来呈现重音。比如低中见高、弱中加强、快中显慢、虚中转实、连中有停等。①轻:大致适合表现小心谨慎、渴望希冀、安慰劝阻、提醒暗示、孤独无助、虚弱衰微等心理状态和轻微静谧、零星细碎、稚嫩小巧等事物情状;②重:大致适合表现肯定无疑、庄重沉着、强调坚持、鼓动激励、命令禁止、凛然难犯、英勇顽强、批评责备、冷酷凶恶等心态和宏大辽阔、雄伟壮丽、强盛发展、汹涌澎湃、磅礴震撼等情状。

4. 把握好语调和情感

(1)语气

"语"是通过声音表现出来的"话语","气"是支撑声音表现出来的话语的"气息状态",气息的控制在其中起着关键的作用。语气的"神"在于感情色彩和分量,运用的一般规律是,喜则气满声高,悲则气沉声缓,爱则气缓声柔,憎则气足声硬,急则气短声促,冷则气少声淡,怒则气粗声重,疑则气细声黏,静则气舒声平。语气的"形"在语势,即根据思想感情的运动状态、有声语言中语句发展或行进的趋向和态势,包括声音强弱、高低、长短,气息深浅、多少、快慢,口腔状态松紧、开闭,口位前后的综合变化态势。

语气主要有五种形态:①波峰类,声音的发展态势是由低向高再向低行进,即句头、句尾较低,句腰较高;②波谷类,声音由高向低再向高发展,即句头、句尾较高,句腰较低;③上山类,声音由低向高发展,即句头最低,句尾最高,状如登山。有时是直线而上,有时是螺旋式上升;④下山类,句头最高,而后顺势而下,状如下山。有时是直线而下,有时是呈蜿蜒曲折的态势;⑤半起类,特点是句头较低,而后呈上行趋势,行至中途,气提声止。

(2)语调

语调即说话的腔调,就是一句话里声调高低抑扬轻重的配置和变化。语调要有与内容相适应的变化,正确表达宣讲者的思想情感和观念态度。构成语调的因素很复杂,因为它包括整句话声音的高低、快慢、长短、轻重的变化,表现出抑扬顿挫的状态。

语调分为:①高升调,多在疑问句、反诘句、短促的命令句,或者是表示愤怒、紧张、警告、号召的句子里使用,常用"上山类"语势;②降抑调,一般在感叹句、祈使句中比较常见,表达坚决、自信、赞扬、祝愿、沉痛、悲愤等感情,会用这种语调,常用"下山类"语势,调子逐渐由高降低,末字低而短;③平直调,一般多用在叙述、说明或表示迟疑、思索、冷淡、追忆、悼念等的句子里,从开始到结束都是平直且舒缓,没有显著的高低变化;④曲折调,用于表示特殊的感情,如讽刺、讥笑、夸张、强调、双关、特别惊异等句子里,常用"波谷类"与"波峰类"语势,先是由高然后慢慢变低,随后语调再变高,句子中一些特殊的音节需要加重加高或拖长,形成一种升降曲折的变化。

（3）情感

俗话说"言为心声"。宣讲想要更有感染力,就必须以情带声、声情并茂。宣讲纯粹靠技巧可能能够吸引到听众一时,但不会对听众产生长久的吸引力。只有投入我们的真情实感,出自内心,发自肺腑,听众的情感之弦才可能被拨动,宣讲者和听众之间的共鸣也会更强烈,听众也就更加容易接受宣讲者所表达的观点。宣讲前要准确"定调",宣讲的基本调子为主题鲜明、积极向上。宣讲的过程中结合"调性",根据内容变化,调整激越昂扬的高调、陈述事实的平调、惋惜怜爱的低调,悲怆痛恨的颤调等。关键在宣讲时要感情充沛,全情倾注于其中,以内心深处迸发出来的真情实感打动听众,使感情作为催发剂,让听众产生的"感动"超越时间的冲刷。宣讲者诚实而真挚地表达内心的感情,一切尽在自然中,而并非纯粹地为了表达而表达。此外,把握不好情感的表达,听众尚未有所反应,而宣讲者自己的情感已经失控,也是要不得的。宣讲者要把握好情感分寸,讲到生动感人处,如悲伤时,要让听众流泪,而自己不能流泪。

宣讲时,要注意纠正方言语调,特别是要有意识地避免习惯性的重复和"口头禅"。很多人说话会带"口头语",最常见的包括"然后""后来""那个""嗯……"。这些词语在讲话中并不能表达任何有意义的内容,仅仅是语句之间的连接词。如果偶尔使用,既自然,又不伤害话语的连贯性。可是一旦变成了无意识的"口头语",在讲话过程中频繁出现,就会极大地损害宣讲者的形象,甚至会让听众产生厌烦的情绪。

二、宣讲中态势语言的运用技巧

美国心理学家艾帕尔·梅拉里斯指出:"信息的总效果＝7％的文字＋38％的言语＋55％的表情动作。"宣讲使用的不仅有口头语言,而且有态势语言,即以一定程度表达思想感情的眼神、表情、姿态和动作等书面与口头之外的手段,来与听众交流感情、传递信息。态势语言的表情达意具有丰富性、直观性和准确性,已越来越被人们接受并理性运用。高水平的宣讲,在很大程度上要借助于体态语的运用。它既能补充言语符号的不足,又能展现宣讲者的修养。将体态语与宣讲内容、环境完全融合,可使宣讲者在举手投足之间展示独特的风韵、气度和魅力。

（一）肢体动作

言辞接于耳,姿态动作接于目。当耳朵听到的与眼睛看到的和谐统一时,宣讲更能给听众以美好的感受,使其高效地接受。肢体动作要与宣讲内容相结合,要有助于内容的体现,做到自然大方、精炼准确、流畅到位,否则,会对宣讲起到负面影响。

1. 挺拔的站姿

宣讲员的站姿应当有气势。站立时要直立,从正面看,身体重心线应在两腿中间向上穿过脊柱及头部,身体应略微前倾;女性双脚可以呈"V"字形（膝和脚后跟要靠紧,两脚张开的距离约为两拳）,或小"丁"字步（一只脚的脚跟紧靠另一只脚的足弓侧,可以根据需要调整朝向）,男性可站开口"V"字步（脚后跟分开一两拳）,或平行步（双脚与肩同宽,一只脚可以向后撤半步,但不可把脚向前或向后伸得太多或叉开很大）;每种站法上身都要保持挺直,挺胸、收腹、尾骨微收,抬头、下颌要稍微向后;表情自然,眼睛平视;双肩放松不要端着,双臂自然下垂,手成半握拳状态,也可两手交叠相握放于腹部。向长辈、朋友、同事问候或作自我介绍时,不论是握手还是鞠躬,双足应并立,相距大约 10 厘米左右,膝盖要挺直。

站姿忌无精打采或东倒西歪;忌双手叉在腰间或抱在胸前;忌将身体倚靠在墙上或以其他物品作为支撑点;忌弓腰驼背,两肩一高一低;忌身体晃动,肩摆腿摇;忌将双手斜插裤兜;忌各种习惯性不雅小动作。正确的站立方式能够更好地对听众表达一定的尊敬,使其能够更加认真仔细地听取讲解的内容,相反则一定会给听众带来消极的影响,使其无法感受到自身受到尊重,从而影响其接受知识,造成不佳氛围,甚至混乱的场面。

2. 轻盈的走姿

在宣讲过程中,根据课件展示和内容所需,也为了避免长时间静态固化、场景单一、动作僵硬,宣讲者在台上可以有一定的走动。走姿应当从容、自然，做到头摆正、肩放平、上身挺直、重心放在脚掌，保持昂首挺胸的体态；步幅不宜太大，尽可能侧身直线行走，保持 70％ 以上的身体正面面对听众。宣讲时的走步看似简单，实则需要设计动线、找站位点等，反复地练习，才能做到自然流畅、优雅从容。

3. 标准的手势

手势是宣讲者诉诸听众视觉、给听众以直观形象的构成部分，也是交流传播思想、意念和情感最重要的辅助手段。手势既可以引起听众注意，又可以使表达更充分、生动、形象，从而给听众留下更深刻鲜明的印象和记忆。

手势的运用没有什么固定模式，完全是由宣讲的内容、宣讲者的性格以及当时的情绪支配的，因人而异，随讲而变。但是手势挥动的高度却有个约定俗成的范围，按宣讲者的身材可分上、中、下三个部位。①上位，是肩部以上，常在宣讲者感情激越，或大声疾呼、发出号召、进行声讨，或强调内容、展示前景、指未来的时候运用；②中位，即从腹部至肩部，常在心绪平稳、叙述事实、说明情况、阐述理由的时候运用；③下位，即在腹部以下，这个部位的手势除指示方位、列举数目而外，多用于表达厌恶、鄙视、不快和不屑一顾的情感，或介绍、评说反面的事物。整体手势，以侧举手为例，应当手指伸直，五指并拢，手掌与前臂在同一条直线上，上臂与前臂还要保持一定弯度，手臂适当用力。上臂不可夹得太紧，否则会给人以局促感，同时也不要离开腰部太多，否则会丧失优雅感。

具体手部的动作，常表达的意思如下：竖起大拇指，其余四指并拢，表示强大、肯定、赞美、第 1 等寓意；食指伸出其余四指弯曲并拢，这一手势在宣讲当中被大量地采用，用来指人称事务、方向或者表示观点，甚至表示肯定，也可以表示数字一十百千万；食指和中指伸直并分开，其余三指弯曲，这一手势在欧美及非洲国家表示胜利的意思，由英国首相丘吉尔在演讲中大量推广，也表示 2 之意；中指、无名指、小指三指并用表示 3，这个手势很容易打错；食指、中指、无名指、小指四指并用表示 4；五指并用表示 5，此外，若掌心向外推出，表示向前、希望等含义或表示坚定与力量，又叫推手手势；拇指小指同时伸出，其余三指并拢弯曲，表示 6，也象形为打电话的动作等；拇指食指中指三指相捏表示 7，也表示强调这、这些、用力一点等；拇指食指同时伸出表示 8，因为似枪形，也可以表达发令、击中等意思；食指弯曲，其余指握拢表示 9；全拳握紧，表示数字 10，更多的是表示力量；切菜手，即单手或双手像切菜似的挥动，在宣讲当中用得比较多，又称为万能手势。

4. 适度的方位

宣讲者的站台位置和身体方位也很重要。一般是从观众看到的舞台左边上台,也要注意观察,根据场地位置、主办方的相关安排等见机行事。先走到横向的中间点站立问候,再根据需要左右移动,注意与 PPT 课件的协调配合,特别是前后、左右的距离。在进行左右调度的时候,一般不要超过舞台左右的黄金比例分割点;在进行前后调度的过程之中,一定要克服太"冲台口"的问题。很多宣讲者觉得与观众的距离近了,宣讲效果会好,但距离过近会给观众压迫感。观众如果本能地往后靠在椅背上,其实就说明你需要适度地往后调度一下自己的站台位置了。当然过于"退台"会给人不自信的感觉,也拉大了与听众的距离。

（二）面部表情

面部表情神态是人的思想感情在外形上的显现,它敏感、复杂、精密、微妙、丰富多彩,因而它能表露宣讲者用语言不能表露的细腻深刻的感情,喜则眉飞色舞,怒则切齿圆睛,怨则整额锁眉,乐则笑逐颜开。面部表情是展现宣讲员亲和力的最好形式,因此宣讲员要配合适当的面部表情。

一般上场时和结束时都要面带微笑,用大方、真诚的笑容配合诚挚的问候语和感谢语来感染听众;宣讲中应完全沉浸投入其中,能够随着宣讲内容的变化改变自身的面部表情,真正做到声情并茂。但不要有极端强烈的表情,注意分寸和控制,以满足群众对宣讲员的较高要求。宣讲员要能够很好地隐藏起自己的负面情绪,避免听众被感染到你的不自信和紧张的情绪,降低宣讲的效果,甚至让听众对你产生不信任的态度。

（三）目光眼神

眼睛是心灵的窗户,宣讲员对于眼神的良好运用也十分重要。在正式开讲前,听众会先与宣讲员的眼睛进行对话,因此,优秀的宣讲员不仅能够在语言上将观众带入宣讲的氛围,也能让观众在其眼神中得到关注。有些人在宣讲过程中不敢看听众,他们的目光不知该落到何处,不是望天望地,就是斜视周围,总之,缺乏与听众的眼神交流。这会极大地影响宣讲内容的吸引力和感染力,进而降低沟通的效率。

目光是意志的体现,眼神是心境的流露。要平视观众,锁定目光,交替使用环视法和点视法。有的场合听众人数比较多,宣讲员可以采用环视法让每一个听讲者都觉得自己得到了应有的重视。一是从中间的位置开始往两边扩散，并且两边要平均；二是按从前往后的顺序进行，确保每一位听众都得到了宣讲员的眼神关注。也可运用局部直视法，把目光停留在一定范围内的人的脸上，好像专为他们而宣讲，而实际上从台下听众的角度看，更大范围的人可以感受到宣讲者执著而热情的目光，从而不由自主地与之呼应。在环视过程中，宣讲员可以着重去寻找善意的眼光和有积极回应的听众。运用点视法时，宣讲者的目光要落在听者的眉心到鼻子的区域内，目光要柔和而专注。如果宣讲员的目光飘逸不定，会让听者觉得自己正在被打量，从而产生反感和抵触的情绪。运用目光接触技法要和有声语言以及其他体态动作密切结合，协调一致。同时，在运用目光时，大多数时候应表现出信心和活力，显示出应有的风度。

要克服不雅举止。很多人站在台上宣讲时，总有些不自觉的小动作，比如抖腿、挠头、撩头发、揪衣角、单手或双手插兜儿、瞟眼望天花板、闷头看地板、吐舌头、咧大嘴，等等，这些不雅的举止在观众的眼中实在是大煞风景。这些行为的产生通常是不自觉的，是宣讲者无意识的行为。可以在练习时，用手机录制一段，或请老师同学观摩，这样比较利于发现问题并纠正。

总之，有声语言和态势语言两种形式的珠联璧合，有机统一，才能构成完整的宣讲载体，很好地完成表达宣讲内容的任务，让别人听你说，接受你的观点并付诸行动。宣讲者在充分运用语言表达技艺时，要与内容、对象、环境等协调配合，适当把握一个度，使人感到真实、自然、亲切而没有人工雕琢的痕迹。总体来说，男性要显示出一种刚毅与果敢、机智与稳重的个性风采，充分展示男性的"阳刚之美"；女性要尽量展示出稳重、贤淑、典雅、端庄而不失敏捷的个性风采，充分体现东方女性的温柔、含蓄之美。通过融入环境、结合内容、区分对象的适合的个人行为举止表现，呈现出个人内在气质和涵养。

第四节　宣讲的服饰礼仪要求

一、服装与配饰

大学生宣讲员不仅是理论知识的传播者，也是品行修养和美的传递者。宣讲员的仪表美是精神面貌的外观体现，是形体美、容貌美、服饰美、语言美、风度美及行为美的有机综合。美国心理学家彼德罗福认为,一个人的服饰不只表露了他的情感,还显示着他的智慧。服饰妆容是一种无声的语言,是人们自我延伸的重要窗口。

（一）理解服饰美

服者,服装也;饰者,饰物也。宣讲者服饰有其特定的适用范围、特定的适用对象。服饰三要素是指色彩、款式和面料。因此,服饰美包括色彩美、款式美、品味美及个性美。

1. 色彩美

马克思说过:"色彩的感觉是一般美感中最大众化的形式。"只要是正常的人,都能欣赏到色彩的美。色彩的美比其他的形式美更直接、更明晰、更强烈。因此,以美为特征的艺术,都要力求表现艺术形象的色彩。宣讲者服饰中的色彩,应该更好地为形象塑造服务。没有不美的色彩,只有不美的搭配。色彩有其本身规律。通常,相邻色相配,会使色调显得柔和;互补色相配,会使色彩显得鲜明;同一色调相配,会使色彩显得丰富;同一色种相配,会使色彩层次分明;反常色的使用,会使美感显得真实;多与少的搭配,可以使少的显得突出。每个人都有适合自己的颜色。如果宣讲者在运用色彩塑造自身形象时,能考虑到色彩本身的规律,使色彩和谐统一,将获得较好的传递效果,否则就会使人感到别扭、难看。

2. 款式美

款式指服装的式样,通常指形状因素,是由服装的外部轮廓和内部细节变化组成的,一般由结构（通常指衣服的外形框架）、流行元素（通常指衣服的图案、颜色、搭配等）和质地（通常指所选用的面料）三个方面构成。宣讲者服饰款式的选择应符合自身性别、年龄、身材和文化底蕴,体现个性气质。应根据不同的场合着装,并注意服装款式自身的搭配。

3. 品味美

服饰体现人的文化修养与审美趣味,展示独特的审美品位。内在道德品质是外在打扮的灵魂支撑,内在道德品质应与外在打扮一致。"相由心生",内在品韵左右外在气质与风度。所以,美丽可以修饰,华丽可以装扮,而高雅的品味却是装不出来的,伪装出来的是矫情。纯净的心灵、高尚的品性、宽厚的胸怀和渊博的知识,形成宣讲者个体的内在气质与底蕴,体现外在形象与内在形象的完美统一。

4．个性美

服饰具有一定的辨识功能，在反映审美情趣与个人品味的同时，还能反映个人的地位和身份。宣讲者的服饰美需要独具慧眼，能体现与众不同且别出心裁的个人独特风格。其服饰不一定要是价值不菲的名牌，但一定要体现自身的文化修养，并反映个人的审美趣味。"这衣服真漂亮！""这衣服穿在你身上真漂亮！""你穿这衣服真漂亮，别人肯定穿不出这效果与韵味！"三个层次三种境界。当然，核心关键在于"腹有诗书气自华"，在不断的积累和磨砺中沉淀出气定神闲、宠辱不惊、知性大方的独特气质。

色彩美是服饰美的一道美丽风景，款式美是服饰美锦上添花的保障，品味美是服饰美内外兼修的灵魂，个性美是服饰美别具一格的气韵。因此，宣讲者服饰美的内蕴是色彩美、款式美、品味美及个性美的综合。

（二）培育服饰美

大学生宣讲员的服饰美的基本要求是整洁、美观、简单、得体。在遵循T(time)P(place)O(object)国际通用原则的基础上，还应注意以下几点。

1．简洁清新

简是指少而精、同质同色、统一风格；洁则指干净整洁。宣讲服饰的选择与搭配不能像骄傲且招摇的花孔雀，而应该是不耀眼、不妖艳、不花哨，尤其忌讳杂、乱、脏。要注意遵守三色一体原则，即全身上下的服饰一般不多于三种颜色。同时，款式应简洁独特，少而精，有档次与品位，显现出清爽与干练，容易引起听众的重视。

2．端庄雅致

端庄，指端平正直，庄严大方，是神气充足、道德淳厚而显露于外的自然征象，是美的一种特殊表现；雅致，指高雅别致，美观而不落俗套，有高雅的意趣、情致和情趣。"时尚中体现优雅，优雅中展示时尚"是每一个人对服饰追求的至高境界。宣讲者的角色决定了不管年龄的大小、体形的胖瘦、肤色的差异都要注重仪表的端庄和雅致。服饰打扮要得体，体现品位，不媚俗，不盲目追求时髦，不过分张扬，不妨碍工作，不炫耀财力，不怪异轻浮，应给人清爽舒服、典雅脱俗的视觉和感觉。同时，端庄雅致不仅仅是简单的仪容修饰，而且是修养底蕴充足的显示。端庄雅致的修养必须从行为上做起。应待人忠厚宽惠，襟怀坦白；说话心口如一，言而有信；行为光明正大，淡泊名利，宁静致远。

3. 整体和谐

所谓整体和谐,就是服饰要表现和谐的整体美感,通俗一点就是"顺眼",穿着合适到位。

(1)场合有别

不同的场合、对象、环境,应选择不同的服饰。如果在礼堂、教室、报告厅等场合宣讲,可以穿着得稍微正式点,青年大学生选择休闲正装是不错的选择,不建议选择短裙、短裤装;而在劳动的田间地头、生产车间和生活的台门里弄、树下桥边等地宣讲,就应选择舒适、方便、自然、无拘无束、轻松自在等感觉的服饰,女生的紧身套装、飘飞长裙和男生的西装革履就会显得格格不入。

(2)男女有别

宣讲员的服饰坚决反对男扮女装,也反对女扮男装。穿衣装扮上的男女不分,容易造成受众的心理排斥。男性的英俊潇洒、女性的高雅大方在于内在的品质与修养,服饰选择应与性别和个体的气质风度相一致,做到端庄、朴素、简洁,力戒虚荣、浮华,给人以成熟稳重、可信可亲的形象。

(3)体型有别

着装不能脱离自身的高、矮、胖、瘦、肤色等条件。一个人的体型或多或少会有点缺憾,完全可以通过巧妙的穿着打扮而扬其所长、避其所短。体型较胖的人,服装款式要力求简洁、朴实;衣服要宽紧适度,不宜穿过分紧身的服装;裤的长度应略长一些,鞋和袜最好与衣服同色;宜穿上下同色的较为深色的套服或较宽松的款式。形体瘦的人,应尽量减少露在外面的部分,长裤、长袖及立领的连衫裙均较合适。腰粗的人,应选肩部较宽的衣服,以产生肩宽腰细的效果,不要穿紧身裤,衣服应略为宽大而柔软些,行走时衣服形成自然的裥褶,曲折多姿,能产生一定的优美感。

(4)年龄有别

不同年龄的人有不同的穿着要求。大学生可以穿得活泼、亮丽一些,体现出年轻人的朝气和蓬勃向上的青春之美,但应尽量避免穿过于华丽的服装,如闪光面料制作的或缀有过多装饰品的服装,因为这会失去清新、纯净的美,反而显得俗气。色彩的选择可以多样,冷、暖色皆与20多岁的青春相配,简单的黑、白也能非常和谐;在款式上,以基础为主,不宜线条太复杂,以简洁为佳,有适当的放松度,不宜穿紧裹在身上的服装而影响美观,但也不要穿过于肥大的服装而给人冗重拖沓的感觉。

（5）穿戴有别

没有规矩不成方圆。宣讲者服饰的穿戴应符合角色,扬长避短,大小适度,尤其注意西装与套裙的穿着。"西装一半在做,一半在穿"。男性要注意西装扣子不同系法的含义（上下均不扣——潇洒；上下均扣——庄重；上扣下不扣——豁达；下扣上不扣——流气）；西装的标签应及时拆除,后开叉缝合线应拆掉；把握裤长,不让过长的裤管为自己擦鞋,以站立起来裤脚前面能碰到鞋面且后面垂直遮住1厘米的鞋帮为宜；衬衫衣袖长于西装上衣衣袖1～2厘米,凸显层次与美观,显得更活泼生气；袖口扣子应系紧；袖口与裤边不能卷起；西装的衣袋与裤袋均不宜放太多东西,以免显得鼓鼓囊囊。女性套裙面料要一致,浑然一体、朴素自然、高雅脱俗、美观悦目；色彩应清新、雅致而凝重,借以体现典雅、端庄与稳重,远离流行色；图案应朴素、简洁,动静相宜,充满活力；长短应适中,上衣不宜过长,下裙不宜过短,裙子太短则不雅,太长则无神。

4. 协调装饰

中国人观察陌生人,讲究"远看头,近看脚,不远不近看中腰""女人看头,男人看腰"。宣讲员的着装、发型、化妆、佩饰应风格一致,相辅相成,尤其要注意"三一定律",用色不要太多太复杂。男性要注意穿正式西装的规范,最好穿皮鞋,系好的领带的长度应到衬衫的第4或第5粒扣子处,不系领带时衬衫第一粒扣子宜解开；袜子以深颜色色调为佳。女性忌穿过高过细且叮当作响的高跟鞋,不露大腿,连裤袜是最安全的选择,并应多备一双；定期修剪指甲,指甲油颜色不能太过抢眼,更不宜把指甲做得又长又花哨；配饰宜少不宜多、宜精不宜繁,不用抢眼球的耳坠、项链、手串等。党徽、团徽和校徽等是最好的佩饰。

二、发型与妆容

1. 发型

发型主要以干净、整洁、清爽为主,不奇特怪异,不拖沓随意,当然生活化的宣讲场合也不能过分"正式""隆重"；头发不染特别的亮色、扎眼的颜色,也不做超乎年龄的"奶奶灰""爷爷白"。男性不留长发、不扎小辫、不理光头,也不宜烫发、染发。

2. 妆容

妆容清爽精神是关键。女性宣讲者画点淡妆能加分。

(1)修眉成型增美观

日常注意修眉,不然眉毛杂乱,看着不够清爽。眉毛是眼睛的框架,它为面部表情增加力度,对面部起到重要的作用。改善眉型可以有效提升五官美观,即便你没有化妆,只要你定期修眉,整个面部看上去也会很有型。

(2)底妆干净有加分

底妆是一切美丽的基础。根据色彩学补色原理,我们可以利用彩色底妆产品来中和调整肤色,也可以改变肌肤的质感、遮盖瑕疵。选择一款合适的滋润的粉底,可以给底妆加分。当然,日常要做好护肤,不然满脸痘痘、毛孔粗大,也是会影响形象的。

(3)唇妆瞬间提气色

唇妆可以使嘴唇轮廓显得清晰,使唇色协调,弥补和矫正唇的不足,强调妆型特点和个性,特别是对一个人的整体气色影响非常大。给自己的唇上加上色彩,就可以呈现完全不一样的精神。宣讲者的亮丽形象是第一印象的重要组成部分,也算是一种视觉冲击。要注意妆容可以可爱、热情,但不要过分华丽,更不能妖艳。

三、礼仪与涵养

"礼者,敬人也"。优雅自如、协调适合的姿态语言体现个人的修养与品格。这里着重探讨宣讲交谈礼仪:尊重、热情、诚恳、亲切、宽容。

1. 尊重和礼貌有加

宣讲者与听众交谈时应态度热情和蔼,谈吐得体谦逊;使用征询与委婉语气;语言要流畅,声音要洪亮有力;要经常使用"请""谢谢""对不起"等礼貌用语,对听众给予最大的尊重,也是拉近与听众的心理距离的最好形式。称呼的选择也非常重要,宣讲者与听众交谈时应大多以职业、职务或职称进行称呼,在并不了解对方的详细信息时,可以用"老师"称呼,也可以以年龄和性别来称呼,如爷爷奶奶、叔叔阿姨、哥哥姐姐、弟弟妹妹等,当然常规的先生、女士等称呼亦可。在看到听众有需要帮助的时候,要积极主动地给予帮助,如进入台门里弄宣讲,帮助提个凳子、放置好物品等都是应该做的事情。讲解前后与联系人沟通时,在接听、拨打电话的过程中也要遵守相应的礼仪规范。在接听电话的时候,要在铃声响起三声之内接通电话,先向对方问好,主动介绍自己和宣讲时的相关要求;在接打电话的时候,要在身边准备好纸和笔,主动地记录必要的信息。针对比较重要的信息,要和对方进行核对,避免各种错误的出现。

2. 自在和松紧有度

宣讲者与听众交谈时首要的便是要面带微笑,并且随着内容的改变而调整情绪和表情;当交流过程中出现了令人开心的话题时,宣讲员也不应哈哈大笑,但也不能无动于衷,否则会给听众留下不良的印象。应合理地管控自身的动作和表情,保持从容、自然而自信的神情,不能出现抠鼻、挖耳、揉脸等不雅行为。

3. 交流和内涵有品

宣讲者与听众交谈时应注意耐心专注倾听,不随意打断对方,切忌心不在焉;不要纠正对方,不随便补充别人、质疑别人,更不能训斥别人、挖苦别人;注重互动,不夸夸其谈,也不少言寡语,更不能无动于衷;在交谈的过程中如果遇到自己无法回答的问题,不能随便地胡乱回答,要先表达歉意,然后再寻求他人的帮助;要时刻关注对方的情绪,主动问询,尽力解答,保持一致和协调。注意不非议党、国家和政府,不涉及国家秘密和行业秘密,不在背后议论他人,不谈论个人隐私,不谈格调不高的话。

总之,宣讲者的服饰礼仪美应强调内外兼修,服饰装扮应使其更具道德魅力、审美魅力、知识魅力及行为规范的魅力。仪表端庄、风度高雅是塑造宣讲者良好形象的基础,学识渊博、思想深邃是核心,品行卓越、热衷宣传、乐于奉献是塑造宣讲者良好形象的灵魂。

讲得怎么样：大学生理论宣讲的评价与反思

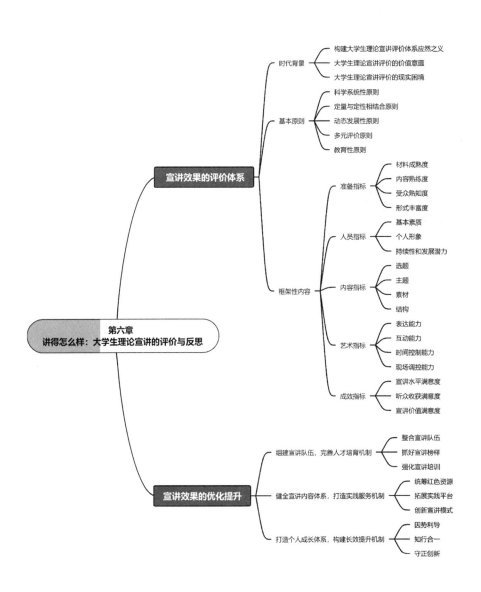

时代背景 ── 构建大学生理论宣讲评价体系应然之义
         ── 大学生理论宣讲评价的价值意蕴
         ── 大学生理论宣讲评价的现实困境

基本原则 ── 科学系统性原则
         ── 定量与定性相结合原则
         ── 动态发展性原则
         ── 多元评价原则
         ── 教育性原则

宣讲效果的评价体系

框架性内容 ── 准备指标 ── 材料成熟度
                    ── 内容熟练度
                    ── 受众熟知度
                    ── 形式丰富度
         ── 人员指标 ── 基本素质
                    ── 个人形象
                    ── 持续性和发展潜力
         ── 内容指标 ── 选题
                    ── 主题
                    ── 素材
                    ── 结构
         ── 艺术指标 ── 表达能力
                    ── 互动能力
                    ── 时间控制能力
                    ── 现场调控能力
         ── 成效指标 ── 宣讲水平满意度
                    ── 听众收获满意度
                    ── 宣讲价值满意度

第六章
讲得怎么样：大学生理论宣讲的评价与反思

宣讲效果的优化提升

组建宣讲队伍，完善人才培育机制 ── 整合宣讲队伍
                            ── 抓好宣讲榜样
                            ── 强化宣讲培训

健全宣讲内容体系，打造实践服务机制 ── 统筹红色资源
                              ── 拓展实践平台
                              ── 创新宣讲模式

打造个人成长体系，构建长效提升机制 ── 因势利导
                              ── 知行合一
                              ── 守正创新

第一节　宣讲效果的评价体系

马克思指出:"理论一经掌握群众,也会变成物质力量。"理论宣讲的实质就是用理论掌握群众,推进马克思主义大众化。当前宣讲的核心矛盾在于:党的理论的高度、深度、抽象性与群众所在的层次、程度和越来越具象性的接受之间的矛盾。针对大学生群体,宣讲工作的总体实效如何,即着重考察宣讲员解决这个核心矛盾的成效。

一、构建大学生理论宣讲评价体系的时代背景

"人的本质不是单个人所固有的抽象物,在其现实性上,它是一切社会关系的总和。"清代黄六鸿在《福惠全书·教养·择乡约》中曾说:少年则宣讲有力,读书则字不错,句读分明,声音洪亮,则闻之于远,听者方能领略。由此可见,宣讲在历史上就是一种已存在的大众语言表达行为。当前,我们正处在一个思想激荡、观念碰撞、文化交融的多元化时代,针对大学生理论宣讲构建一套科学、合理、有效的评价体系不仅能提高大学生的思想政治素质,也能更好地引领社会风尚,促进社会和谐稳定发展。

（一）构建大学生理论宣讲评价体系的应然之义

1. 社会发展的迫切需求

当前,随着改革开放的深入推进和世界百年未有之大变局的加速演进,西方的价值观、生活方式和思维方式大量涌入我国,这对大学生的思想观念

和价值取向产生了一定的冲击。大学生理论宣讲作为传播正能量、弘扬主旋律的重要渠道,对于帮助大学生树立正确的世界观、人生观和价值观具有重要意义。通过构建大学生理论宣讲评价体系,可以更加全面了解大学生的思想动态和理论认知水平,为引导他们形成正确的价值取向提供科学依据。

2. 教育改革的必然选择

近年来,我国高等教育改革不断深化,对大学生的综合素质提出了更高要求。大学生理论宣讲作为培养大学生综合素质的重要途径之一,其评价体系的构建必须符合教育改革的要求。通过构建科学、合理、有效的评价体系,可以更好地引导大学生深入学习党的理论、路线、方针和政策,提高其政治觉悟和社会责任感,为培养德智体美劳全面发展的社会主义建设者和接班人提供有力支撑。同时,评价体系还能够为高校教育教学改革提供有益参考,推动高校教育教学质量的不断提升。

3. 学生发展的内在需求

当代大学生是充满激情与活力的年轻一代,他们渴望了解国家大事和社会问题,希望通过参与理论宣讲活动来提升自己的综合素质和演讲能力。科学的评价体系能够激励大学生更加积极地参与宣讲活动,通过参与宣讲活动锻炼自己的组织协调能力、沟通交流能力以及团队协作能力等,为其未来的职业发展打下坚实的基础。因此,构建大学生理论宣讲评价体系也是满足学生个人发展的内在需求。

总之,在多元化时代背景下,构建大学生理论宣讲评价体系对于引导大学生形成正确的价值取向、提升其综合素质和满足其个人发展需求都具有重要意义。通过科学、合理、有效的评价体系,可以更好地引导大学生深入学习贯彻落实党的理论、路线、方针和政策,努力成为德智体美劳全面发展的社会主义建设者和接班人。

(二)大学生理论宣讲评价的价值意蕴

大学生理论宣讲评价,作为高等教育体系中不可或缺的一环,承载着深远的意义与价值。它不仅关乎大学生的个体成长,也与人类社会文明进步息息相关。大学生理论宣讲评价的重要性在于,它在理论宣讲的规范化、大学生理论素养的提升、实践能力的增强以及价值观的引导等方面,都发挥着至关重要的作用。

1. 有助于推进理论宣讲的规范化

大学生理论宣讲评价工作在很大程度上起到了质量监控的作用。通过评价机制的运作，可以有效地发现并纠正宣讲过程中存在的诸多问题，如内容的不规范性、形式的不严谨性、效果的不理想等。这不仅有助于提升宣讲质量，也有助于引导大学生树立正确的思想观念和价值取向。评价过程中，应着重对宣讲内容的准确性、逻辑性和条理性进行深入分析与评估，并特别关注宣讲者的表达能力和感染力，以确保宣讲内容能够有效地传达给听众。

2. 有助于提升大学生的理论素养

理论素养作为当代大学生的核心素质之一，对其未来的发展具有重要影响。通过参与理论宣讲评价，大学生可以更深入地学习和理解相关理论，不断完善自身的知识体系，从而提高自身的理论水平。同时，评价过程还有助于培养大学生的独立思考和创新精神，促进其全面发展。在评价过程中，应全面考察大学生的理论素养，包括其对理论知识的掌握程度、对理论的理解深度以及对理论的运用能力等方面。

3. 有助于增强大学生的实践能力

宣讲评价不仅关注理论知识的掌握程度，更注重实践能力的展现与实践经验的总结。通过参与评价，大学生可以更深刻地认识到实践能力的重要性，从而更加注重自身实践能力的培养。这不仅有助于提高宣讲的效果，也有助于培养具备创新和实践能力的优秀人才。在评价过程中，应着重对大学生的实践能力进行考察，包括其对实际问题的分析和解决能力、对实践经验的总结和提炼能力等方面。此外，这种评价方式还能够提供有益的经验交流平台，促进大学生之间的互相学习与合作。

4. 有助于引导大学生树立正确的价值观

在宣讲评价中，要将社会主义核心价值观作为重要的评价标准之一。通过评价的引导和激励，大学生可以更深入地理解社会主义核心价值观的内涵和意义，从而树立正确的价值观，增强社会责任感和使命感。这不仅有助于培养德智体美全面发展的优秀人才，还能为社会的和谐稳定做出积极的贡献。在评价过程中，应注重对大学生价值观的引导和塑造，强调社会主义核心价值观的重要性，并鼓励大学生将其融入自己的思想观念和行为实践中。

5. 有助于提高宣讲者的宣讲水平和听众的欣赏能力

众所周知,对宣讲进行定性评价总是以比较深入的分析和研究为基础的,从某种意义上能揭示出宣讲者才能的特点并能对宣讲者提出恰当或比较恰当的要求。因此一个好的评价不仅对某个宣讲者可以起鼓励和指导的作用,就是对其他宣讲者也可以产生一定的积极影响。与此同时,宣讲听众不仅是构成宣讲活动不可缺少的形式要素,而且对宣讲的成功与失败、社会价值的高与低、历史意义的大与小也具有巨大的影响作用。通过对古今中外优秀宣讲的科学分析,指导广大听众正确地进行欣赏,不断提高他们的欣赏水平,促使全社会健康的欣赏风气的形成。

(三)大学生理论宣讲评价的现实困境

作为一项高度专业化的工作,理论宣讲评价旨在评估宣讲内容的准确性和深度,以及宣讲者的表现,为提高大学生的理论素养和宣讲质量提供有力支持。当前,大学生理论宣讲评价工作仍然存在评价标准模糊、评价方式单一等现实困境,值得关注和研究解决。

1. 评价标准模糊

在理论宣讲评价中,评价标准的模糊性是一个突出问题。由于缺乏明确、具体的评价标准,导致评价过程存在主观性和随意性,影响了评价的公正性和客观性。一些评价者可能过于注重宣讲的形式和技巧,而忽略了宣讲内容的深度和实质性;另一些评价者则可能对宣讲的要求过于宽松,导致宣讲质量参差不齐。因此,建立明确、具体的评价标准是解决这一困境的关键。

2. 评价方式单一

目前,传统的评价方法过于依赖宣讲者的表现和现场效果,而忽视了受众的实际反馈和宣讲内容的质量。因此,需要突破传统的评价模式,针对不同的宣讲主题、宣讲形式、宣讲环境等,积极探索更加全面、多样化的评价方法,例如引入网络评价、问卷调查等手段,以更加客观、全面地反映宣讲的实际效果。

3. 评价主体片面

由于听众的背景、经验和认知水平不同,对理论宣讲的接受程度也会有所不同。但对于定性评价而言,理论宣讲评价工作具有很强的专业性,需要评价者具备深厚的理论素养、专业的评价技能和丰富的实践经验。由于缺乏明确的评价主体，导致评价结果存在一定的主观性和不准确性，从而存在混乱和无序，影响了评价的效果和质量。因此，需要注重评价主体的多元化，以提高评价的客观性和全面性。

4．评价结果效用低

评价结果的应用不足也是一个不可忽视的问题。目前理论宣讲的评价结果用于简单的排名或评级，而未能深入挖掘宣讲的优点和不足之处。这无疑削弱了评价的效用，难以发挥其对宣讲的指导和促进作用。为了克服这一困境，应加强对评价结果的分析和应用，深入挖掘宣讲的优点和不足之处，以便改进宣讲内容和方式等，同时，将评价结果作为以后宣讲活动的重要参考和借鉴，推动高校思想政治教育工作的发展和创新。

二、构建大学生理论宣讲评价体系的基本原则

评价原则，是指开展评价时所遵循的原则以及操作规范。建立任何体系机制都要遵循一定原则，没有原则的评价体系难以落地生根。在构建大学生理论宣讲评价体系时，必须坚守一系列核心原则，以确保评价的准确性和公正性。

（一）科学系统性原则

评价体系原则中的科学性原则是指在设计、构建和实施评价体系时，必须以科学理论为指导，确保评价体系的合理性、准确性和客观性。如评价指标、权重分配和评价方法等，都应该有明确的理论依据，并能够反映评价对象的本质特征。科学性原则是构建评价体系的重要支撑。评价指标体系的构建应依据理论宣讲的相关理论和原则，确保评价指标的理论基础扎实。系统性是在坚持全面性原则的基础上进一步注重其各方面的层次性和逻辑性，做到使各因素环环相扣，不会厚此薄彼。评价体系应涵盖理论宣讲的各个方面，包括宣讲内容、宣讲形式、宣讲效果等，按照宣讲的不同层次和方面，将评价指标进行分类和细化，形成具有层次性的评价结构。同时注重评价指标之间的内在联系和相互补充，形成一个完整的评价体系。坚持系统性原则是构建评价体系的关键，要做到将理论与实际、历史与现实、局部与整体以及内部与外部等问题归纳好、处理好。

（二）定量与定性相结合原则

定量与定性相结合的原则是构建完善评价体系的关键所在。在评价过程中运用定量评价和定性评价两种方式,意味着评价者需要同时使用量化方法和质化方法来全面评估宣讲的效果和影响,以更全面、准确地反映大学生理论宣讲的实际状况。定量评价可以通过数据和指标来客观反映宣讲效果,如宣讲时长、宣讲频率、问卷反馈等;而定性评价则可以通过深入分析和比较来揭示宣讲的内在特征和发展趋势,如宣讲内容、宣讲技巧、宣讲效果、听众满意度、社会影响等。通过定量与定性相结合原则,我们可以获得更加丰富、深入的评价结果,为大学生理论宣讲提供更有针对性的指导和建议。

（三）动态发展性原则

"世界不是既成事物的集合体,而是过程的集合体。"理论宣讲评价指标的动态发展性原则,是指评价指标要随着时代的发展、实践的变化以及理论创新的不断推进而进行相应的调整和优化,以保持其时效性和针对性。这一原则在构建和应用理论宣讲评价体系时具有重要的指导意义。具体来说,要密切关注党的理论创新成果、社会实践发展变化以及受众需求变化,及时将新的理论和实践成果纳入评价体系,同时淘汰过时或不再适用的指标,确保评价体系能够紧跟时代步伐,准确反映当前理论宣讲的实际水平和效果。要保持灵活性和开放性,根据具体情况对评价指标进行适当调整和补充,以更好地适应不同地域、不同领域、不同受众的理论宣讲需求。通过不断调整和优化评价指标,可以使评价体系更加贴近实际、贴近受众、贴近时代,为提升理论宣讲的质量和效果提供有力的支持。随着时代的发展和社会的进步,大学生理论宣讲的内容和形式也在不断变化。

（四）多元评价原则

多元评价原则是指在评价过程中,不仅仅依赖单一的评价方法和标准,而是采用多种评价方法和标准,从不同的角度和层面对被评价对象进行全面评估。在大学生理论宣讲评价体系中,多元评价原则有助于更全面、准确地了解宣讲者的表现和效果。如通过不同的评价主体,如同学、老师、专家、听众等,针对不同的宣讲主题、听众对象、场合等影响因素,使用问卷调查、访谈、观察、录像回放等评价工具,通过自评、互评、师评等多种评价方式从不同角度进行评价,收集丰富多样的评价信息。通过遵循多元评价原则,可以确保大学生理论宣讲评价体系更加全面、公正、有效地评估宣讲者的表现，从而激发学生的积极性和创造性，提高他们的理论素养和表达能力。

（五）教育性原则

评价体系的教育性原则是指评价体系在设计和实施过程中应当注重对被评价者的教育和引导，而不仅仅是进行简单的绩效考核或等级评定。大学生理论宣讲评价体系应坚持立德树人根本任务，注重培养学生的理论素养、思维能力和宣讲技能，帮助被评价者设定清晰、可实现的目标，引导他们在评价过程中关注自身成长和目标达成。同时关注学生的个性差异，因材施教，引导他们形成正确的世界观、人生观和价值观，关注被评价者的社会责任感和公民素养，通过评价来促进他们在社会中的积极角色扮演。教育性原则强调评价体系不仅要作为一种评价工具，更要作为一种教育手段，通过评价来促进被评价者的全面发展。

三、大学生理论宣讲评价体系的框架性内容

宣讲作为党的创新理论传播的高级形态，其根本目标就是让党的理论和路线方针政策走进千家万户，飞进寻常百姓家。宣讲评价是对一定的宣讲现象的认识和评论。作为一种社会性活动，宣讲必然有优劣、成败和得失之分。目前对于宣讲的形成性评价，主要基于宣讲比赛的形式开展，还未有将其作为大规模标准化评价的尝试。评什么，即应该确立用哪些主要指标来评价宣讲质量的问题，是宣讲质量评价的首要问题。

（一）宣讲准备指标

1. 材料成熟度

对于宣讲而言，宣讲材料成熟度体现了宣讲者在宣讲准备阶段的认真程度。对于大学生宣讲员而言，宣讲使用的视觉辅助材料（如课件、道具等）是否清晰、有效，是否能够深入浅出地解释复杂概念、是否反映了最新的研究成果和技术进展等，都反映了宣讲者在前期的时间与精力投入。

2. 内容熟练度

理论性的知识、概念、原则和方法通过各种传播渠道和手段传递给听众或学习者，对于知识的普及、教育的发展以及文化的传承具有重要意义。宣讲内容熟练度体现了宣讲员对所传达内容的掌握程度和自信心，这包括对主题的深入理解、信息的组织能力、语言表达的流畅性以及能够有效互动和

回应听众问题的能力。

3. 受众熟知度

受众熟知度用来衡量宣讲者对宣讲对象(听众)的了解程度,即是否对受众进行全面的分析,包括受众的背景、兴趣、需求、期望等,从而针对性地调整宣讲内容和风格。听众的教育水平、职业背景、工作经验等都会影响受众对宣讲主题的兴趣点和需求,而这些内容都需要在宣讲准备阶段完成。

4. 形式丰富度

形式丰富度用来评估宣讲或演示过程中所采用的形式和手段的多样性和创新性。如是否使用了多种媒体工具,如 PPT、视频、音频、实物展示、动画等,是否融入了创意元素,如独特的开场白、新颖的案例分析等,宣讲场所的布置是否与主题相符,是否能够增强宣讲的氛围等可以确定宣讲的多样性和创新性,从而对宣讲准备进行进一步的印证。

(二)宣讲人员指标

1. 基本素质

基本素质指标评价宣讲员在进行理论宣讲时所应具备的一定的基本能力和品质。如宣讲者是否具备坚定的政治立场和良好的政治素养,是否具备扎实的专业基础和广泛的知识储备,是否具备良好的心理素质能力等。

2. 个人形象

个人形象指标评价宣讲员是否精神饱满,能较好地运用姿态、动作、手势、表情,表达对宣讲稿的理解。着装是否朴素端庄大方,举止是否自然得体,有风度,富有艺术感染力。

3. 持续性和发展潜力

持续性和发展潜力指标评价宣讲员是否具备持续开展理论宣讲的能力,是否具有培养成为优秀理论宣讲人才的潜力,是否具有从理论宣讲中获得综合素养持续提升的可能等。

(三)宣讲内容指标

1. 选题

选题即选择所要宣讲的话题,它在很大程度上决定宣讲内容的价值。在进行宣讲选题时,应充分考虑听众的需求、时代背景、政策导向等因素,确保选题具有现实意义和指导价值。同时,选题还应具有一定的灵活性,能够根据实际情况进行调整和优化。好的宣讲,其选题应符合现实需要,适合讲者和听众,范围大小适度,轻重得宜。

2. 主题

宣讲主题是指在理论宣讲中需要传达的中心思想和核心内容。它通常是宣讲活动的灵魂,指导和影响着宣讲的方向、结构和深度。好的宣讲,其主题应当是正确、新颖和深刻的。所谓正确,即要反映事物的本来面目;所谓新颖,即应紧跟时代发展,反映当前社会的热点、难点问题,使听众能够感受到理论的现实意义;所谓深刻,即应具有深刻的内涵和思想性,能够引导听众深入理解和把握党的基本理论、基本路线、基本方略。

3. 素材

宣讲素材是指在理论宣讲过程中所使用的各种辅助材料和信息,它们用于支持宣讲内容,增强宣讲的吸引力和说服力。无论是文本素材、案例素材、数据素材或是音频、视频素材,选择和运用合适的宣讲素材,可以使理论宣讲更加生动、形象、有说服力,有助于听众更好地理解和接受宣讲内容。对素材的评价可以从素材的质量(准确性、权威性、时效性)、素材的表现形式(针对性、通俗性、启发性)以及素材的效果(吸引力、说服力、互动性)三个方面来进行。

4. 结构

宣讲内容的结构安排是宣讲内容组织与安排的进一步细化,有助于确保宣讲稿件的质量。具体表现为:一是逻辑线索清晰,即宣讲内容是否有一条清晰的逻辑主线;二是结构合理布局,即宣讲内容的篇章结构是否合理,各部分之间是否过渡自然;三是重点内容突出,是否通过合适的手段突出了主题的重点内容。

(四)宣讲艺术指标

宣讲艺术指标是对宣讲者表达技巧、互动能力和现场调控能力的进一步细化。这些指标可以帮助宣讲者更具体地评估和改进自己的宣讲技能。

1. 表达能力

表达能力是宣讲者在进行理论宣传和讲解时,运用语言和非语言手段,有效地传达理论内容、阐述观点和论证逻辑的能力。这种能力对于宣讲者来说至关重要,因为它直接关系到宣讲的吸引力和影响力。对于表达能力,可以从语言的清晰度、简洁性、准确性以及修辞技巧、艺术性表达等方面进行评价。

2. 互动能力

互动能力是指宣讲者在进行理论宣传和讲解过程中,能够有效地与听众进行交流,调动听众的积极性,回应听众的疑问和反馈的能力。互动能力是提升宣讲效果的重要因素,可以使宣讲更加生动、有趣、高效。对于互动能力可以从提问技巧、回答问题、听众参与、反馈与鼓励等方面进行评价。

3. 时间控制能力

时间控制能力是指个体感知时间和利用时间的能力。有效地掌控时间,确保宣讲内容与时间安排相匹配,避免出现时间不足或时间过剩的情况是一个宣讲者必须掌握的技能,其内在体现出了精确性、灵活性、适应性、自我监控能力和计划与准备等多个方面。特别是在竞赛宣讲时,时间的把控显得更为重要。

4. 现场调控能力

大学生理论宣讲的环境具有多样性。现场调控能力是指宣讲者在面对宣讲现场的各种情况时,能够灵活应对、调整宣讲内容和方式,以及管理现场秩序和氛围的能力。这种能力对于保证宣讲的顺利进行和达到宣讲效果至关重要。对于现场调控能力可以从节奏控制、突发状况应对、气氛营造、内容调整等方面进行评价。

(五)宣讲成效指标

1. 宣讲水平满意度

听众对宣讲员宣讲水平的满意程度,是一个综合性的指标,通常涵盖了听众对宣讲的主题内容、方式方法、参与度、环境氛围以及个人收获等方面的整体感受。它是对宣讲员的宣讲准备、宣讲内容、宣讲艺术等整体宣讲水平的满意度评价,是宣讲后听众体验的直观性反馈。

2. 听众收获满意度

理论宣讲的特殊性在于宣讲对象的差异化。评价听众收获满意度有助于了解宣讲内容是否被有效传达,以及听众是否产生预期的反应或行动。听众收获的满意度包括听众对从宣讲中获得的新知识和新见解的满意程度,听众对宣讲之于自己能力提升的帮助方面的满意程度,听众对宣讲是否激发自己深入思考的满意程度等。

3. 宣讲价值满意度

宣讲价值满意度是指听众对宣讲活动所带来的价值感知和满意程度的评估。这种评估通常涉及听众对宣讲目标的达成程度、宣讲内容的有用性以及宣讲对个人或组织的影响,包括听众对整个宣讲活动价值的认可程度,听众是否愿意推荐他人参加类似宣讲活动的意愿,听众是否愿意再次参加类似宣讲活动的意愿等。

下面将大学生理论宣讲评价体系的框架性内容归纳在一个表格中。

大学生理论宣讲评价体系的框架性内容

一级指标	二级指标	具体观测点
宣讲准备	材料成熟度	宣讲稿和课件的制作是否成熟,素材的选择是否能达到宣讲的目标
	内容熟练度	宣讲者是否充分熟悉宣讲内容,掌握关键信息和论述逻辑,进行充分的练习
	受众熟知度	是否对受众进行全面的分析,包括受众的背景、兴趣、需求、期望等,从而针对性调整宣讲内容和风格。
	形式丰富度	宣讲形式、手段是否丰富,是否能结合受众的特点利用信息技术进行创新
宣讲人员	基本素质	宣讲员是否具备坚定的政治立场和良好的政治素养,是否具备扎实的专业基础和广泛的知识储备,是否具备优秀的口头表达能力和良好的心理素质能力等
	个人形象	宣讲员精神饱满,能较好地运用姿态、动作、手势、表情,表达对宣讲稿的理解。着装朴素端庄大方,举止自然得体,有风度,富有艺术感染力
	持续性和发展潜力	宣讲员是否具备持续开展理论宣讲的能力,是否具有培养成为优秀理论宣讲人才的潜力,是否具有从理论宣讲中获得综合素养持续提升的可能等

续表

一级指标	二级指标	具体观测点
宣讲内容	选题	选题是否符合现实需要,适合讲者和听众,范围大小适度,轻重得宜
	主题	是否涵盖了主题相关的所有重要方面;是否紧跟时代发展,反映当前社会的热点、难点问题,使听众能够感受到理论的现实意义;是否对理论的内涵和外延是否进行了深入剖析,引导听众深入理解和把握党的基本理论、基本路线、基本方略
	素材	数据和事实是否经过验证,引用是否准确,是否有权威来源支持的关键信息;素材是否使用了引人入胜的故事、实例或数据来吸引听众;是否考虑到了听众的不同背景和知识水平,是否提供了适当的前置知识和背景信息
	结构	逻辑线索是否清晰,是否有一条清晰的逻辑主线;宣讲内容的篇章结构是否合理,各部分之间是否过渡自然;是否通过合适的手段突出了主题的重点内容
宣讲艺术	表达能力	语言的清晰度、语速和语调、语言简洁性、语言准确性以及修辞技巧等
	互动能力	提问技巧是否能调动听众的积极性,听众参与度及现场反馈与鼓励等
	时间控制能力	是否合理安排宣讲时间,确保宣讲内容在规定时间内完成,避免拖沓或过于紧凑
	现场调控能力	是否能妥善处理来自主观方面的意外事变(如怯场、忘词、讲错),又要能妥善处理来自客观方面的意外事变(如乱场、冷场、听众质疑等)
宣讲成效	宣讲水平满意度	对于宣讲员的宣讲准备、宣讲内容、宣讲艺术等整体宣讲水平的满意度评价
	听众收获满意度	听众对从宣讲中获得的新知识和新见解的满意程度,听众对宣讲对自己能力提升的帮助程度的满意程度,听众对宣讲是否激发了深入思考的满意程度
	宣讲价值满意度	听众对整个宣讲活动价值满意程度的评价,听众是否愿意推荐他人参加类似宣讲活动的意愿,听众是否愿意再次参加类似宣讲活动的意愿

针对不同场景下的大学生理论宣讲，评价指标的内容应有差异性和针对性。对于日常的宣讲，因听众的年龄、学历、职业等各有差异，无法对宣讲给予专业性的评价，因此建议以直观性的评价为主，可通过五级量表设置相应的指标观测点从而收集相应的宣讲体验。而对于竞赛型宣讲，宣讲的结果需有一定的定量排序，因此需要对所选取的指标进行权重赋分，采用包括AHP层次分析法、主成分分析法、熵值法等方法。现有各种竞赛的指标体系及权重赋分存在着一定程度的主观性，因此，如何利用统计学的分析方法科学地制定评价指标及权重比例是值得探索的。

第二节　宣讲效果的优化提升

青年理论宣讲，就要用好青年人思维活跃、精力旺盛、行动迅捷的优势。由青年骨干担当理论宣讲的主角，让"青年人给青年人讲理论"，是政治理论宣讲与高校大思政教育的有机结合和创新。然而，在面对诸如理论深度不够、实践经验不足、表达技巧稍显稚嫩、对目标受众了解不深、存在价值观差异以及需求个性化和多样化等挑战时，我们需要积极应对，不断提升宣讲工作的质量和效果，更好地发挥其在社会发展和人才培养中的积极作用。

一、组建宣讲队伍，完善人才培育机制

（一）整合宣讲队伍，化"单枪匹马"为"并肩作战"

理论社团是以先进思想为指导、优秀学生为基础的学生社团，是在校大学生自发组织的传播和表达社会主流意识形态的群众性组织，是高校意识形态话语表达的重要力量。高校学生理论宣讲社团是高校思想政治教育工作的重要一环，统筹校院两级各类学生理论宣讲组织，化各自"单枪匹马"为全体"并肩作战"，以学生理论宣讲为切入点，集全校优势资源打造一支全学科覆盖的青年学生宣讲队伍。例如：自2005年以来，绍兴文理学院分别组建了三类宣讲团，即依赖教师引领作用，创设以"锻炼师能，淬炼师德，历练成长"为宗旨的"大学生宣讲团"；依靠学生社团力量，从习近平新时代中国特色社会主义思想研习会中选拔而成的"越讲越红"大学生宣讲团；依托市

委宣传部共建马克思主义学院平台的优势,优选中坚力量,组建"越讲越响"教授博士宣讲团。学院以此改变以往师生宣讲团单兵作战的状况,组建"双百千万宣讲员＋教授博士宣讲员＋学生宣讲员"的新型宣讲团队,集体讨论研磨,助力打造理论宣讲品牌。

(二)抓好宣讲榜样,从"自主选择"到"精准吸纳"

恩格斯指出:"语言是从劳动中并和劳动一起产生出来的。"语言是思想的直接显示和反映,以语言为载体的思想交流是人的基本需求,是一种高级的社会行为,是社会生产和社会形态形成的基本条件。当然,语言能力也是每个大学生,特别是团学骨干、师范生们最重要的能力之一。相应的,以"讲"为主的理论宣讲团也成为高校最优质的社团之一,其助推学生成长成才的作用很大,但因其"高冷"也会让一些同学"望而却步"。新时代,随着高校思想政治教育工作的全面加强,宣讲团的育人作用日益凸显,其吸引力也与日俱增。当前,宣讲团成员一般是通过公开选拔渠道,让一批有热情、有情怀的同学自主选择加入。面向不同受众群体,紧密结合其所处培养环节和需求特点,分层分类筹备特色宣讲活动,就需要安排最契合宣讲对象需求的青年学生讲师,从而实现精准策划、精准投放、精准服务,充分引起共鸣,满足个性化要求。从党支部、团支部、志愿服务团队、实践团队、学生社团、学生会组织等学生组织,以及参加"卡尔·马克思杯"大学生理论知识竞赛、微党课和思政微课比赛等获奖的青年学生榜样中遴选优秀青年学生补充至宣讲队伍中,有效保障宣讲队伍供给数量和质量,"铁打营盘流水的兵",实现可持续发展。

(三)强化宣讲培训,从"项目突击"到"常态学习"

宣讲"一杯水",学习"一桶水",学习是宣讲的基础。如果理论宣讲工作者学得不深不透,就难免成为"复读机"式的照本宣科,使宣讲工作陷入形式主义的窠臼。大学生宣讲员与朋辈听众年龄相近,阅历相似,又缺乏普通群众拥有的丰富的实践经验和社会阅历。这一方面会降低宣讲者的心理位势,激励宣讲者真正学懂弄通悟透;另一方面,也要求宣讲者必须另辟蹊径,抓住听众的兴趣点,将理论性、知识性、趣味性有机结合,发挥朋辈情感共鸣的所长。因此,宣讲者要让宣讲引人入胜、深入浅出,就必须夯实理论基础,读原著、学原文、悟原理,精心备课、全力以赴,努力拓展理论学习的广度、深度和高度,超越听众的理论视野和知识水平。这个潜在的逻辑要求,将大幅提升青年学生的主动性和创造性,使得理论学习能够实践化、系统化、专业化。

二、健全宣讲内容体系,打造实践服务机制

(一)统筹红色资源,分层分类精准供给

习近平总书记强调,聚焦用党的创新理论武装全党、教育人民这个首要政治任务。[①] 要尝试选取符合新媒体优势特性的传播产品,通过小切口故事点题背后的理论支撑体系,相互呼应,让受众了解具体实践背后的理论来源,起到"润物细无声"的效果。根据民众的不同需求,创新理论宣讲工作的内容和方式,要做到量体裁衣、分类施策、有所针对,利用当地的红色文化资源,实现靶向供给,"精准滴灌"。用"小切口"解析"大道理",用"小故事"反映"大时代",多举例子、多摆事实,"听懂群众讲的话,讲群众听得懂的话",使理论宣讲工作既有高度又接地气,既有意义更有意思,让群众爱听想听,更好地强信心、聚民心、暖人心、筑同心,让人宣讲对象充分感受到有温度、"接地气"的理论。向群众讲好党的故事、讲好中国故事,特别是讲好当地的红色故事,让更多人了解党的光辉历史,让更多人感悟思想伟力、用党史教育凝聚群众力量,让红色基因、革命薪火代代传承。

(二)拓展实践平台,学习实践双向互动

讲与学,既是实践与学习的关系,也是特殊的教与学关系。学习可以促进宣讲,宣讲可以改进学习,学习和宣讲的双向互动和闭环反馈,有助于增强思想政治教育实效,有助于培养社会主义核心价值观的坚定信仰者、积极传播者和模范践行者。而从实践性学习角度看,宣讲过程本身也是一种理论学习方式。朋辈宣讲好比"兵教兵""官教官",朋辈听众的提问、交流和质疑都可以促进学习、引发重新思索和探究,从而不断完善观点,逐渐形成内容齐全、逻辑严密、结构完整的思想价值体系;宣讲团深入高校书院、中小学、社区、企业等开展分众化、对象化、互动化政策理论和历史文化宣讲。通

---

① 习近平对宣传思想文化工作作出重要指示[EB/OL].(2023-10-09)[2024-07-11].https://paper.people.com.cn/rmrb/htmb/2023-10-09/nw.D110000renmrb_20231009_1-01.htm.

过党课推动时政宣讲,通过党建带团建推进团课宣传,通过拓展课程专题教学推进传统文化传承,通过榜样带领推动道德模范传播。

(三)创新宣讲模式,线上线下赋能增效

习近平总书记指出,当今时代,数字技术作为世界科技革命和产业变革的先导力量,日益融入经济社会发展各领域全过程,深刻改变着生产方式、生活方式和社会治理方式。① 通过理论宣讲＋数字化技术、理论宣讲＋艺术呈现、理论宣讲＋互动游戏等形式,不断激发受众的积极性。积极适应信息技术发展的新趋势、新特点,推动理论宣讲线下线上同步发力,把"面对面"和"键对键"有机结合起来,充分运用"网端微屏"等平台优势,实现网上网下同频共振,不断扩大理论宣讲的影响力和覆盖面。同时要注重开发多元化的观感体验,多开展互动式、点单式理论宣讲,精准答疑解惑,增加受众的参与度和获得感,不断提升理论宣讲质量和效果。

三、打造个人成长体系,构建长效提升机制

(一)因势利导,实现意识引领与价值塑造的有效融合

新形势下,党和国家高度重视马克思主义在高校意识形态领域的指导地位。高校作为学习研究和宣传马克思主义、培养中国特色社会主义事业建设者和接班人的主阵地,本身在培养高素质人才、进行科学研究、服务于社会等方面发挥着职能作用,这其中又尤在"落实立德树人根本任务"方面起着中流砥柱的作用。2016宣讲年,共青团中央、教育部印发了《高校共青团改革实施方案》,其中将加强和改革创新青年学生思想引领作为重要内容。理论宣讲类社团既要作为青年学生思想引领的重要抓手协助引领青年学生,更要作为青年学生思想引领的朋辈榜样强化自身理想信念。

理论宣讲本质上就是价值观宣讲,属于意识形态范畴,宣讲的效应由弱渐强,在传播社会主流意识形态的同时,丰富并引领了校园文化风尚。宣讲者的宣讲行为可以反复印证被教育者的思想倾向,促进其逐渐接受宣讲内容和观点,坚定价值判断,并形成群体心理和群体价值观,实现浸润教育效

---

① 习近平向2022年世界互联网大会乌镇峰会致贺信[EB/OL].(2022-11-09)[2024-07-11].https://news.cnr.cn/native/gd/s2/20221109/t20221109_526055135.shtml.

果。因此,要积极发挥宣讲的价值塑造功能,因势利导实现育人效果。

(二)知行合一,实现知识学习与能力培育的有效结合

高校学生理论宣讲社团的宣讲内容,主要包括马克思主义相关理论、习近平新时代中国特色社会主义思想以及中华优秀传统文化等多个系列方面的内容。理论类宣讲社团以理论输出为导向,宣讲员不断筑牢理论根基,打造马克思主义理论高地,形成宣讲员与受众间的理论势差。对宣讲主体而言,朋辈浸润宣讲弃用谈话、开会等语言说服方式,而是直接实施宣讲行为,通过行动促进主体对内容的认知变化,推动宣讲者真学、真懂、真宣讲、真应用马克思主义的科学理论。

宣讲员从被选拔、培训,到调研、备课、宣讲、实践,每一个环节依托具体活动融合实现,使宣讲成为青年学生磨砺才干的"大熔炉"、成长成才的"练兵场"和检验本领的"试金石"。为了锻炼综合能力,提高实践站位,顺畅理论输出路径,并进一步形成高校青年朋辈宣讲话语场域,必须对大学生理论宣讲员进行培训。而宣讲员培训的"研习—备课—宣讲"模式本身也是宣讲员与受众双向成长的生动育人实践,即以学习育己,以宣讲育人。大学生宣讲员通过青春化、时代化的表达方式和话语体系,聚焦某一党的理论方针或社会时政热点,用故事阐释道理,从理论视角重新审视生活,焕发出强大的育人势能。

(三)守正创新,实现思想建设和专业教育的有效整合

宣讲作为思想政治教育方式,既要做到"红",又要做到"专",自然也成为高校思政课"第二课堂"的重要形式。从宣讲场域上看,理论宣讲既创新了在课外对学生开展日常思想政治教育活动的形式,也对思想政治理论课内的教学形成有益补充。习近平总书记 2019 年 3 月 18 日在学校思想政治理论课教师座谈会上强调:"推动思想政治理论课改革创新,要不断增强思政课的思想性、理论性和亲和力、针对性。"[①]学生理论类宣讲社团所开展的朋辈宣讲也是思想政治理论课的一种创新形式,发挥学生理论类宣讲社团的育人功能必然是思想政治理论课改革创新的重要增长点。

理论宣讲是思政课改革与创新的有效抓手。传统的思想政治教育与专

---

① 习近平主持召开学校思想政治理论课教师座谈会,中国政府网,2019-03-19,https://www.gov.cn/xinwen/2019－03/18/content_5374831.htm

业研究的联系松散,与理工科的专业研究更是相互割裂。作为一个学生自发自愿组建的社团,宣讲队伍的组建并不限于马克思主义理论与思想政治专业的学科背景。例如,清华大学博士讲师团发挥文、理、工等不同学科的专业优势,在全校设立了十余个院系分团,并将讲师团建设纳入各院系人才培养框架。宣讲者可立足专业背景,围绕专业所学开展主题宣讲,将思想政治教育与专业知识学习紧密结合,实现思想建设和专业教育"双加强""两促进"。宣讲者与听众具有相似的学习背景和实践经历,宣讲主题和内容更契合青年的需求和实际,更贴近学生视角,能够把"天下事"讲解成"身边事",将"书面语"翻译成"知心话",更易引起听众的共振、共情和共鸣。

讲了些什么：大学生理论宣讲案例集萃

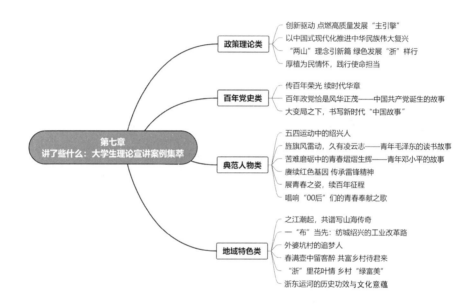

第七章
讲了些什么：大学生理论宣讲案例集萃

政策理论类
创新驱动 点燃高质量发展"主引擎"
以中国式现代化推进中华民族伟大复兴
"两山"理念引新篇 绿色发展"浙"样行
厚植为民情怀，践行使命担当

百年党史类
传百年荣光 续时代华章
百年政党恰是风华正茂——中国共产党诞生的故事
大变局之下，书写新时代"中国故事"

典范人物类
五四运动中的绍兴人
旌旗风雷动，久有凌云志——青年毛泽东的读书故事
苦难磨砺中的青春熠熠生辉——青年邓小平的故事
赓续红色基因 传承雷锋精神
展青春之姿，续百年征程
唱响"00后"们的青春奉献之歌

地域特色类
之江潮起，共谱写山海传奇
一"布"当先：纺城绍兴的工业改革路
外婆坑村的追梦人
春满壶中留客醉 共富乡村待君来
"浙"里花叶情 乡村"绿富美"
浙东运河的历史功效与文化意蕴

第一节　政策理论类

创新驱动　点燃高质量发展"主引擎"

（第二届"卡尔·马克思杯"浙江省大学生理论知识竞赛宣讲稿）

"相处时难别亦难,秋风送寒杏叶黄。你们走好。"这是任正非在荣耀送别会上的一句话。华为与荣耀"离婚",我们看到的是一份无奈,更是一份悲壮! 然而,在这无奈与悲壮的背后,我们能深切感受到的,是自主创新的重要性! 更能感受到这小小的"中国芯"同样也是"国之重器"!

从国际来看,世界正处于百年未有之大变局,新一轮科技革命和产业革命的大规模快速发展,使得世界正在重塑新的生态。在这背景下,自主创新对于我国经济高质量发展具有非常重要的意义。

从国内来看,经济发展的新常态推动了高质量发展,必须坚持创新在我国现代化建设全局中的核心地位,把科技自立自强作为国家发展的战略支撑。高质量的发展,其背后折射出的,是数量追赶到质量提升的转变,是规模扩张到结构升级的转型和要素驱动到创新驱动的发展。

从一个资源小省到一个经济大省,我们浙江用创新书写了令人瞩目的奇迹。2017 年 9 月,之江实验室宣告成立,承担浙江科技创新重任;2018 年 10 月,西湖大学在科教兴国的新时代应运而生,打造"拔尖创新人才培养"新摇篮;2021 年 2 月,浙江杭州率先推出"健康码",助力全国疫情防控。"云端"会议、智能施工、直播卖货、机器人配送……这不是科幻电影里的片段,而是当下浙江经济的剪影,是网友口中"辛勤耕'云'""努力种'数'"的智慧春天。

创新互联,智造人生;大国崛起,惠利天下。正如习近平总书记2020年10月份在视察广东时提出的,"我们要走更高水平的自力更生之路"①。面对纷繁变化的世界格局,唯有自主创新,才能点燃高质量发展的"主引擎",展现新时代真正的中国速度,让高速发展与高质量并存、让实体经济与科创技术互通、让更多百姓享时代发展之红利、让更多力量注入社会主义新时代伟大事业!

创新改变生活,创新永无止境。创新是什么?是心有多大,舞台就有多大;是挑战不可能,创意无极限!我们思想活跃、头脑灵活,我们有蓬勃的朝气和青春的力量,我们更应该多学习、多思考、多创造。为创新喝彩,向梦想进发。我们只有朝着创新的目标去实践、去奋斗、去拼搏,自主创新才能牢牢成为经济高质量发展的第一动力,我们也才算是真正的"国之栋梁"!

【宣讲者心声】

2020年春天,习近平总书记考察浙江时赋予我省"努力成为新时代全面展示中国特色社会主义制度优越性的重要窗口"的新目标新定位。建党百年之际,以习近平同志为核心的党中央赋予浙江高质量发展建设共同富裕示范区的光荣使命,为新发展阶段浙江的高质量发展、竞争力提升和现代化先行注入了强劲动力。

担任如此重大使命,浙江信心何在?底气何在?我认为,创新是浙江实现高质量发展,努力成为新时代全面展示中国特色社会主义制度优越性的"重要窗口"的关键一招。100年来,浙江在中国共产党的坚强领导下,筚路蓝缕、创新实干、砥砺奋进。今后,浙江也必将不断探索创新,早日交出一份完美的答卷!

（绍兴文理学院"越讲越红"大学生宣讲团　陈思成）

【宣讲课件】https://mp. weixin. qq. com/s/hSuvpt3aoMVPALbrnSEAPQ

---

① 新华网评:走更高水平的自力更生之路[EB/OL]. (2020-10-13)[2024-07-06]. https://www.xinhuanet.com/politics//xxjxs/2020-10/c. 1126600963. htm.

以中国式现代化推进中华民族伟大复兴

（党的二十大精神进校园专题宣讲稿）

大家好，我是来自二十大精神宣讲团的冯煊茹。党的二十大报告中指出："从现在起，中国共产党的中心任务就是团结带领全国各族人民全面建设社会主义现代化强国、实现第二个百年奋斗目标，以中国式现代化全面推进中华民族伟大复兴。"[①]今天，我的宣讲将从中国式现代化的提出和发展、主要特征、本质要求、现实挑战、中心工作和实现路径这五个方面展开。

一、中国式现代化的提出和发展

中国式现代化，是习近平新时代中国特色社会主义思想的一个原创性科学概念，是贯穿党的二十大报告全篇的一个关键词。但其实，"中国式现代化"这一提法早就有迹可循。2021 年，在庆祝中国共产党成立 100 周年大会的讲话中，习近平总书记首次提出这一科学概念；党的十九届六中全会精神就包含了"以中国式现代化推进中华民族伟大复兴"的内容；在党的二十大报告中，习近平总书记就"中国式现代化""以中国式现代化全面推进中华民族伟大复兴"作出系统深刻的论述，为我们深刻理解和准确把握"中国式现代化"这一科学概念提供了思想理论基础。

二、中国式现代化的主要特征

中国式现代化，是中国共产党领导的社会主义现代化，既有各国现代化的共同特征，更有基于自己国情的中国特色。其中，"共同特征"和"中国特色"，体现着矛盾普遍性和特殊性的统一。中国式现代化的主要特征包含以下五个方面。

第一个特征：中国式现代化是人口规模巨大的现代化。

人口规模巨大的现代化是中国式现代化的首要特征，中国式现代化的方方面面均离不开这个客观现实。它的特殊性主要体现在以下三个方面：第一，人口规模巨大是中国式现代化的逻辑前提。基于人口规模巨大的特

---

① 习近平.高举中国特色社会主义伟大旗帜 为全面建设社会主义现代化国家而团结奋斗：在中国共产党第二十次全国代表大会上的报告.北京：人民出版社，2022 年.

点考虑中国现代化道路,意味着必须始终将人放在现代化的核心位置。所以,我们可以说,现代化的本质是人的现代化。第二,人口规模巨大是中国式现代化的支撑和优势。中国已经形成世界上最庞大的高素质人才队伍,人才红利逐步显现,超大规模的市场和消费潜力为现代化建设创造了巨大空间,超大规模工业产出和世界门类最完整、齐全、独立的工业生产体系,为推进现代化进程奠定了牢固的产业基础。第三,人口规模巨大是中国式现代化的约束和挑战。一方面,人口基数大、人口众多是我国现代化建设必须考虑的客观重要挑战。随着人口红利的逐渐减弱,如何辩证处理巨大人口规模与有限资源环境之间的矛盾、如何打造惠及十几亿人口的普惠性现代化道路等问题,急需中国式现代化用实践去解答。然而,中国这样超大规模人口的国家想要实现现代化,目前国际上并没有先例可循、没有现成经验可搬、没有现成道路可走,这就决定了中国式现代化是一条独立自主、自力更生、艰苦卓绝的道路,有着前所未有的艰巨性和复杂性。另一方面,各地区各领域存在着发展不平衡不充分问题,为持续推进中国式现代化进程带来了新挑战。因此,走中国现代化之路必须立足于这个基本国情,才能有效调动各方面积极性,把现代化之路走好。共同富裕新征程上,浙江要推进更宽领域、更高层次创新驱动发展,提升推进共同富裕的核心驱动力。

所以,中国式现代化注定是各领域齐头并进,并联式发展的过程。习近平总书记在现代化模式的比较上曾有一番精到的论述:"西方发达国家是一个'串联式'的发展过程,工业化、城镇化、农业现代化、信息化顺序发展,发展到目前水平用了二百多年时间。我们要后来居上,把失去的'二百年'找回来,决定了我国发展必然是一个'并联式'的过程,工业化、信息化、城镇化、农业现代化是叠加发展的。"①这表明,中国式现代化超越了西方固有的单一线性、按照顺序发展的模式,实现了"时空压缩"条件下的"弯道超车",也为其他想要走向现代化的发展中国家提供了全新选择。

第二个特征:中国式现代化是全体人民共同富裕的现代化。

区别于西方两极分化的现代化,中国式现代化是全体人民共同富裕的现代化,它坚持的是全体人民共同富裕而不是少数人富裕。党的十八大以来,以习近平同志为核心的党中央把逐步实现全体人民共同富裕摆在更加重要的位置上,举全国之力,作出战略安排,实施有效举措,不断缩小城乡发

---

① 习近平关于社会主义经济建设论述摘编,中央文献出版社,2017 年。

展差距、地区发展差距和居民收入差距，让发展成果更多、更公平地惠及全体人民，坚决防止西方现代化过程中两极分化的重演，要以共建共享的方式实现共同富裕、社会和谐和人的全面发展。2021 年 6 月，中共中央、国务院公布了《关于支持浙江高质量发展建设共同富裕示范区的意见》，赋予浙江新的使命和重任，浙江的共同富裕，就是要在区域之间、城乡之间、群体之间协同发展方面作示范。

第三个特征：中国式现代化是物质文明和精神文明相协调的现代化。

我们都知道，物质文明发展进步是中国式现代化的基础维度，是精神文明快速取得成果的前提基础，是实现人民美好物质生活的坚实保障。但是，我们不能只重视物质，忽视精神。中国式现代化的特殊性还体现在对精神文明建设的本质要求——丰富人民的精神世界。一方面，丰富人民的精神世界能够为物质文明发展提供动力支持。正所谓"没有社会主义文化繁荣发展，就没有社会主义现代化"①。因此，我们党在推动经济快速发展的同时，也要大力加强社会主义精神文明建设，促进社会主义先进文化繁荣发展。另一方面，以中国式现代化全面推进中华民族伟大复兴需要强大的精神力量。

因此，中国式现代化必须充分激发人民群众的精神动力，把理想信念教育作为重要任务，在全社会树立共产主义远大理想和中国特色社会主义共同理想，传承中国共产党人在社会主义革命、建设和改革过程中创造的伟大精神，弘扬社会主义核心价值观，赓续中华民族传统美德，提升全社会公民道德修养。我们提出要建设"物质富裕、精神富有"的浙江。

第四个特征：中国式现代化是人与自然和谐共生的现代化。

在向现代工业社会转型的过程中，西方资本主义国家追求以经济理性为绝对主导，以牺牲环境为代价换取一时的发展，不但造成本国环境污染和生态破坏，也给全世界、全人类带来生态危机。

我们党领导下的中国式现代化遵循马克思主义生态观、践行绿色发展理念与科学发展观，走既守护好绿水青山又发展好金山银山的可持续高质量发展道路，辩证把握释放生产能力的同时保护发展潜力，注重同步推进物质文明建设和生态文明建设。

---

① 习近平：在教育文化卫生体育领域专家代表座谈会上的讲话，北京：人民出版社，2020 年。

习近平总书记在党的二十大报告中强调："积极稳妥推进碳达峰碳中和。"[①]前不久,在国家发展改革委举行的专题新闻发布会上,一组数据令人眼前一亮:我国可再生能源装机规模已突破 11 亿千瓦,稳居世界第一;新能源汽车产销量连续 7 年位居世界第一,保有量占全球一半;与 2012 年相比,2021 年我国能耗强度下降了 26.4％,碳排放强度下降了 34.4％……一个个数字,彰显"双碳"工作取得的积极成就。日前,生态环境部公布的全国生态环境质量状况数据表明,2023 年上半年,全国生态环境质量持续改善。在环境空气状况、水生态环境状况方面都持续向好。

因此,实践证明,中国式现代化道路区别于传统现代化征服自然的道路,以人与自然和谐共生为价值追求,走出了一条能够对求解世界现代化进程中人与自然关系问题起到示范引领作用的现代化道路。浙江作为"绿水青山就是金山银山"理念的发源地,要当好排头兵,争做示范者,为建设美丽中国做出应有贡献。

第五个特征:中国式现代化是走和平发展道路的现代化。

西方现代化是以资本逻辑为中心的现代化,充满了强烈的殖民主义色彩。他们信奉"国强必霸"的政治逻辑,强行制造有利于自身的经济秩序和政治规则。不同于西方现代化强烈的排外性、霸权性,中国式现代化道路坚持马克思主义对人类整体未来的关怀,遵循和平的文明发展观,秉持和平理念,坚持走和平发展道路。当今,和平和发展是时代的主题,中国奉行独立自主的和平外交政策,坚持与一切友好国家相互合作、共同发展,反对各种形式的霸权主义和强权政治,推动建立国际政治经济新秩序。

中国式现代化主张各国人民共同享受发展成果,并积极为构建人类命运共同体注入重要力量,在谋求本国自身发展的同时,为世界和平稳定和共同繁荣积极贡献中国方案、中国智慧、中国力量。

三、中国式现代化的本质要求

习近平总书记提出:"中国式现代化的本质要求是:坚持中国共产党领导,坚持中国特色社会主义,实现高质量发展,发展全过程人民民主,丰富人民精神世界,实现全体人民共同富裕,促进人与自然和谐共生,推动构建人

---

① 习近平.高举中国特色社会主义伟大旗帜 为全面建设社会主义现代化国家而团结奋斗:在中国共产党第二十次全国代表大会上的报告.北京:人民出版社,2022 年.

类命运共同体，创造人类文明新形态。"①这九个方面的本质要求，都在中国式现代化的主要特征中得到了具体的体现，也为如何有效推进中国式现代化提供了思路。

四、实现中国式现代化的现实挑战

当前，世界百年未有之大变局正在加速演进。逆全球化思潮抬头，单边主义、保护主义明显上升，世界经济复苏乏力，局部冲突和动荡频发，全球性问题加剧，世界进入新的动荡变革期；我国处于高质量发展的关键阶段，新征程上面临的风险和挑战前所未有。这些都给实现中国式现代化带来许多挑战。

一是中国经济增长速度下降，可能增加跨越中等收入陷阱的难度。

这是因为中国式现代化是人口规模巨大的现代化，也是全体人民共同富裕的现代化，因此，实现中国式现代化需要高质量发展，也需要中高速增长。但是，由于中国经济体量越来越大，高质量发展的要求越来越高，尤其是新增人口的下降，中国人口潜在增长率进入下降通道。因此，我们要以高质量发展，跨越中等收入陷阱。

二是中国科技创新力不强，不仅会直接影响经济高质量发展的"成色"，而且会拖累现代化进程。

2022年1月，国内科学家列出遭到西方国家卡脖子的三十五个领域的清单，不仅有芯片EDA软件、光刻机、操作系统、触觉传感器，而且包括高端轴承钢、重型燃气轮机、航空发动机等。这些都是影响我国经济高质量发展和国家安全的关键核心技术。这些发展"卡脖子"和"软肋"问题解决的进度，不仅决定着中国经济高质量发展的水平，而且深刻影响着国家安全和中国式现代化进程。

三是城乡区域收入分配差距仍然较大，不仅会直接影响全体人民共同富裕的进程，而且会影响社会稳定和经济发展后劲。

2021年，我国东部、东北、中部与西部地区居民人均可支配收入之比仍有1.63倍、1.11倍和1.07倍，城乡居民人均可支配收入之比为2.50倍，居民收入基尼系数也还高达0.466，远高于0.3至0.35的合理区间。尤其

---

① 习近平.高举中国特色社会主义伟大旗帜 为全面建设社会主义现代化国家而团结奋斗：在中国共产党第二十次全国代表大会上的报告.北京：人民出版社，2022年.

是在社会总收入中,20％高收入家庭占比45.8％,20％的低收入家庭仅占4.3％。如此大的收入差距不仅意味着实现全体人民共同富裕的难度很大,而且直接影响着人民群众的获得感和幸福感,影响中等收入人群的扩大,进而动摇社会稳定的基础。

五、中国式现代化的实现路径

中国式现代化是对中国特色社会主义道路的高度概括和系统总结。这是一条人类未曾有过的现代化新路,走好中国式现代化新路,必须统筹好"四个全面"战略布局,科学理性选择实现路径。

第一,坚持和加强党的全面领导。

这是实现中国式现代化的政治保障。习近平总书记在党的二十大开幕会上指出:"全面建设社会主义现代化国家、全面推进中华民族伟大复兴,关键在党。"①我们党坚持人民主体地位,坚持立党为公、执政为民,践行全心全意为人民服务的根本宗旨,把党的群众路线贯彻到治国理政全部活动之中,把人民对美好生活的向往作为奋斗目标,依靠人民创造历史伟业。要有效地推进中国式现代化,必须坚定地维护习近平总书记党中央的核心、全党的核心地位,坚决维护党中央权威和集中统一领导。

第二,坚持建设现代化经济体系和构建新发展格局协同推进。

这是实现中国式现代化的主要路径。建设现代化经济体系和构建新发展格局,都体现着新发展理念,都是实现高质量发展的必然路径。

第三,坚持全面深化改革,推进国家治理体系和治理能力现代化。

改革开放以来,我们党通过发挥社会主义制度优势,借鉴市场经济等人类制度文明成果,创造了人类历史上规模最大、速度最快、持续时间最久的经济快速增长和社会保持长期稳定两大奇迹。这得益于我们不断深化改革开放,不断完善中国特色社会主义制度,不断完善社会主义市场经济体制和不断推进国家治理体系和治理能力现代化。因此,要最终实现全面建设社会主义现代化强国的奋斗目标,必须继续坚持全面深化改革,不断提高国家治理体系和治理能力现代化水平,为进一步解放和发展社会生产力、加快建设现代化经济体系和构建新发展格局提供有力的制度支撑。

---

① 习近平.高举中国特色社会主义伟大旗帜 为全面建设社会主义现代化国家而团结奋斗:在中国共产党第二十次全国代表大会上的报告.北京:人民出版社,2022年.

第四,坚持全面依法治国,推进法治中国建设。

习近平总书记在党的二十大开幕会上指出:"全面依法治国是国家治理的一场深刻革命,关系党执政兴国,关系人民幸福安康,关系党和国家长治久安。必须更好发挥法治固根本、稳预期、利长远的保障作用,在法治轨道上全面建设社会主义现代化国家。"①因此,要有效推进中国式现代化,必须全面推进法治中国建设。

第五,坚持全面从严治党,以党的自我革命引领社会革命。

习近平总书记在党的二十大开幕会上指出:"全党必须牢记,全面从严治党永远在路上,党的自我革命永远在路上,决不能有松劲歇脚、疲劳厌战的情绪,必须持之以恒推进全面从严治党,深入推进新时代党的建设新的伟大工程,以党的自我革命引领社会革命。"②因此,有效推进中国式现代化,不仅需要坚持党的领导,还需要从严治党、健全全面从严治党体系。

第六,必须统筹好发展和安全,推进国家安全体系和能力现代化。

大家知道"长臂管辖"机制是什么吗?就是将原本不属于管辖范围内的事情纳入管辖,简单点来说,就是"手伸得太长了,什么都要管"。美国就是一个典型例子。

为了确保实现中国式现代化奋斗目标,一方面,必须坚持党中央对国家安全工作的集中统一领导,强化经济、重大基础设施、金融、网络、数据、生物、资源、核、太空、海洋等安全保障体系建设,健全反制裁、反干涉、反"长臂管辖"机制。比如,我国为保障粮食安全,采取了严格保护耕地、培育良种、依靠科技提高亩产量等措施;中央定期向市场投放冷冻猪肉,稳定物价,也满足了肉类供给;为了保障海洋安全,禁止对海洋进行过度开发,合理进行填海造陆、能源开采等等。

另一方面,必须增强维护国家安全能力,提高公共安全治理水平,尤其要健全共建共治共享的社会治理制度,提升社会治理效能。这一点在坚持新时代的"枫桥经验"就能够得到很好的体现。

---

① 习近平.高举中国特色社会主义伟大旗帜 为全面建设社会主义现代化国家而团结奋斗:在中国共产党第二十次全国代表大会上的报告.北京:人民出版社,2022年.
② 习近平.高举中国特色社会主义伟大旗帜 为全面建设社会主义现代化国家而团结奋斗:在中国共产党第二十次全国代表大会上的报告.北京:人民出版社,2022年.

六、总结

习近平总书记强调:"中国式现代化为人类实现现代化提供了新的选择","广大青年要坚定不移听党话、跟党走,怀抱梦想又脚踏实地,敢想敢为又善作善成,立志做有理想、敢担当、能吃苦、肯奋斗的新时代好青年,让青春在全面建设社会主义现代化国家的火热实践中绽放绚丽之花。"①我们新时代青年一定要争做堪当民族复兴重任的时代新人,在实现中华民族伟大复兴的时代洪流中踔厉奋发、勇毅前进,为实现中国式现代化贡献出自己的一份力量!

【宣讲者心声】

非常荣幸能够参加二十大精神进校园的宣讲活动。这次活动从集中培训、打磨宣讲稿、制作课件到正式宣讲,对我的宣讲技能、语言表达能力有了很大的提升,因此,宣讲稿能够收录于本书中,是对我莫大的肯定。更重要

① 习近平.高举中国特色社会主义伟大旗帜 为全面建设社会主义现代化国家而团结奋斗:在中国共产党第二十次全国代表大会上的报告.人民出版社,2022年.

的是,宣讲真真正正地将中国式现代化相关理论思想传播给了更多大学生,也让我本人对中国式现代化有了更深入的了解,使我对中华民族伟大复兴的内涵有了更深刻的思考,更让我对中国特色社会主义道路的优越性有了更深入的认识。我相信,只要我们坚定不移地走中国特色社会主义道路,坚持以人民为中心的发展思想,坚持全面深化改革,坚持全面依法治国,坚持社会主义核心价值体系,坚持以发展为第一要务,坚持和平发展,坚持人与自然和谐共生,就一定能够实现中华民族伟大复兴的目标!

——绍兴文理学院"越讲越红"大学生宣讲团　冯煊茹

【宣讲课件】https://mp. weixin. qq. com/s/aU9ipzrbV9n-BWWVX 51dyw

"两山"理念引新篇　绿色发展"浙"样行
(党的二十大精神进校园专题宣讲)

各位同学大家好! 我是来自"越讲越红"大学生宣讲团的金靓宇。正式开讲之前我想问一下,在座有多少同学是有小电驴的? 有多少同学的电瓶车是符合新国标的呀? 有没有同学知道我们为什么要推行新国标呢? 这里就涉及绿色化学技术。传统的电瓶车用的电池主要是铅酸蓄电池,这种电池价格较低,且有着高低温性能优异、稳定可靠、安全性高等比较优势,但其能量密度偏低,循环寿命偏短,主要原材料铅是一类有毒物质,电池生产和再生铅加工过程中存在铅污染风险,如果管理不善可能会对环境和人体健康造成危害。而近几年呼声比较高的锂电池因其绿色环保、自放电率很低、能量密度较高、可循环使用次数高、安全性高等优点而逐渐被大众所知。锂电池相比于铅酸蓄电池更加符合绿色发展的理念。我今天宣讲的主题就是:"两山"理念引新篇,绿色发展"浙"样行。我将从以下五个方面进行介绍。

习近平总书记在党的二十大报告中指出:"大自然是人类赖以生存发展的基本条件。尊重自然、顺应自然、保护自然,是全面建设社会主义现代化国家的内在要求。必须牢固树立和践行绿水青山就是金山银山的理念,站在人与自然和谐共生的高度谋划发展。"①大家知道"绿水青山就是金山银山"这一理念最早是习近平总书记在哪里提出的吗？在 2005 年 8 月 15 日，时任浙江省委书记的习近平在浙江安吉县余村调研时，首次了提出"绿水青山就是金山银山"的重要论述。但是，以"绿水青山就是金山银山"理念为核心的习近平生态文明思想却可以追溯到更早以前，我们就来一起了解一下。

一、"绿水青山就是金山银山"理念的形成

以"绿水青山就是金山银山"理念为核心的习近平生态文明思想，早在习近平在福建工作期间和浙江工作早期就已萌生，最终在以生态建设立省的浙江落地生根，并在实践中不断探索前行，逐步走向全国各地，最终成为全党全国的共识。从理念到思想，从理论到实践，从地方到中央，从国内到国际，习近平生态文明思想的形成经历了启蒙、形成和完善过程。

1. 启蒙阶段

这一时期，从习近平 1976 年到陕北梁家河作为知青插队开始，再到后来在河北正定县和福建省工作，最后到 2005 年 8 月 15 日在浙江首次明确提出"绿水青山就是金山银山"论断为止。

习近平总书记曾说过，正是其在梁家河插队期间的 7 年生活，埋下了以"绿水青山就是金山银山"理念为核心的生态文明思想的种子。原延川县文安驿公社党委委员杨世忠说："近平上任以后，不仅自己积极劳动，还带领广大社员治沟打坝、植树造林、大办沼气，各项工作开展得有声有色。"梁家河这段经历，是习近平生态文明思想的萌芽阶段，青年时代的习近平与群众一起发展农村生态经济的生动实践，是其宝贵的人生财富。

之后在河北正定县工作期间，习近平就发表了很多关于农村经济发展的重要论述。这些在《知之深 爱之切》这一著作中有所收录。1985 年，习近平同志负责制定的《正定县经济技术、社会发展总体规划》明确强调：宁肯不要钱，也不要污染，严格防止污染搬家、污染下乡。这实际上已经是在向污染宣战。

---

① 习近平.高举中国特色社会主义伟大旗帜 为全面建设社会主义现代化国家而团结奋斗：在中国共产党第二十次全国代表大会上的报告.人民出版社，2022 年.

福建是习近平生态文明思想的重要孕育地。从 1985 年 6 月习近平同志任职厦门始，至 2002 年 10 月，习近平同志在福建工作了 17 年半。17 年间，习近平同志始终高度重视生态环境保护、林业发展、可持续发展和生态省建设，提出了许多在今天看来仍然极具前瞻性、战略性的生态文明建设理念、工作思路和决策部署。

习近平在河北与福建的工作中，通过深入基层，了解民生疾苦，在实践中总结，进一步坚定其"绿水青山就是金山银山"的信念，使其得以萌发。

2. 形成阶段

浙江是习近平生态文明思想和"八八战略"的践行地、"绿水青山就是金山银山"科学论断发源地。"八八战略"是习近平新时代中国特色社会主义思想，特别是习近平生态文明思想在浙江省域范围的先行探索，为习近平生态文明思想的形成和发展提供了极具地域特色的经验。

2003 年 7 月 10 日，时任浙江省委书记的习近平同志在浙江省委十一届四次全会上提出了"八八战略"。"八八战略"实质是中国特色社会主义"五位一体"总体布局在浙江省的先行先试版，涵盖经济、政治、文化、社会、生态和党的建设的各个方面，涉及经济转型、区域协调发展、城乡一体、陆海统筹、海洋生态文明、法治与人文、平安社会等多个事关浙江经济社会长远发展、科学发展的战略要素，体现了习近平同志一以贯之的治国理政风范和对系统思维、辩证思维、历史思维和全局视野的深谙和应用自如。

2005 年 8 月 15 日，习近平同志到浙江安吉县考察。在安吉县，有一个被称为"八山一水一分田"、村域面积 4.86 平方公里的村子——余村。在 20 世纪 90 年代，因为山里优质的石灰岩资源，使该村成为安吉县规模最大的石灰石开采区。然而，村民固然享受了所谓"最富裕村"的称号，"生态账"却是一塌糊涂，环境污染极其严重，老百姓生活实际上受到很大影响。面对这种情况，习近平同志在这次考察中指出，"我们过去讲，既要绿水青山，又要金山银山。其实，绿水青山就是金山银山。"从浙江安吉余村返回之后，2005—2006 年，习近平以"哲欣"为笔名，在《浙江日报》的"之江新语"栏目上发表了一系列专题文章，初步阐述"绿水青山就是金山银山"理念，并付之于"生态浙江"区域实践中，成果颇丰。在这里，习近平同志从全面建设小康社会的实际出发，推动制定了《浙江省统筹城乡发展推进城乡一体化纲要》，启动实施了"千村示范、万村整治"工程。也正是在这项伟大的工程中，习近平同志提出了享誉四海的"绿水青山就是金山银山"科学论断，开了农村人居环境整治和美丽乡村建设、新时代乡村振兴战略的先河,也为新时代中国生态文明建设提供了发展范式,先行区域也开始在全国探索实践。

2012年召开党的十八大,将生态文明纳入中国特色社会主义事业"五位一体"的总体布局中。习近平在不同场合多次阐述和强调"绿水青山就是金山银山"理念,使其不断趋于成熟和完善,从浙江走向了全国各地,并且开始出现在国人和世人眼前。习近平同志就生态文明建设做出了一系列重要论述,在各类场合与生态文明直接相关的讲话和批示超过100多次。

3. 完善阶段

这一时期,标志着"绿水青山就是金山银山"理念时代的到来。站在新的历史舞台之上,与新的"五大"发展理念一起,正式从区域走向全国乃至世界的舞台,不断深入人心,并成为全国全党的共识。

2015年3月24日,中央政治局审议通过的《关于加快推进生态文明建设的意见》,正式将"坚持绿水青山就是金山银山"这一重要理念写入中央文件,成为加快推进中国生态文明建设的重要理念;2015年9月11日,中共中央、国务院印发的《生态文明体制改革总体方案》,再次提出要树立"绿水青山就是金山银山"等理念。

2017年十九大的召升,进一步将其推向了高潮,全国各地开始广泛深入学习"绿水青山就是金山银山"理念,并在实践中探索,涌现出一大批优秀的榜样和模范。2017年起国家也积极推进"绿水青山就是金山银山"理念创新实践基地的创建工作,进一步推进"绿水青山就是金山银山"理念的转换通道,加速了"绿水青山就是金山银山"理念的理论落实和践行,对于生态文明建设意义重大。

2020年是极不平凡的一年,也是重要的历史交汇期。那一年"绿水青山就是金山银山"理念得到了进一步延伸和升华。习近平总书记明确提出我国2030年实现碳达峰、2060年实现碳中和的目标,对于更好地贯彻和落实"绿水青山就是金山银山"理念提出了新的要求和挑战,同时也提供了新的发展动力和契机。

二、"绿水青山就是金山银山"理念的实践

习近平总书记在党的二十大报告中也提出了践行绿色发展理念的具体措施。

1. 加快发展方式绿色转型

加快推动产业结构、能源结构、交通运输结构等调整优化。实施全面节约战略,推进各类资源节约集约利用,加快构建废弃物循环利用体系。完善支持绿色发展的财税、金融、投资、价格政策和标准体系,发展绿色低碳产业,健全资源环境要素市场化配置体系,加快节能降碳先进技术研发和推广应用,倡导绿色消费,推动形成绿色低碳的生产方式和生活方式。

2. 深入推进环境污染防治

持续深入打好蓝天、碧水、净土保卫战。加强污染物协同控制,基本消除重污染天气。统筹水资源、水环境、水生态治理,推动重要江河湖库生态保护治理,基本消除城市黑臭水体。加强土壤污染源头防控,开展新污染物治理。提升环境基础设施建设水平,推进城乡人居环境整治。

3. 提升生态系统多样性、稳定性、持续性

加快实施重要生态系统保护和修复重大工程。推进以国家公园为主体的自然保护地体系建设。实施生物多样性保护重大工程。科学开展大规模国土绿化行动。深化集体林权制度改革。推行草原森林河流湖泊湿地休养生息,实施好长江十年禁渔,健全耕地休耕轮作制度。建立生态产品价值实现机制,完善生态保护补偿制度。加强生物安全管理,防治外来物种侵害。

4. 积极稳妥推进碳达峰、碳中和

有没有同学知道这两个词是什么意思?(播放视频)那么二十大针对这一目标提出,要立足我国能源资源禀赋,坚持先立后破,有计划、分步骤实施碳达峰行动。完善能源消耗总量和强度调控,重点控制化石能源消费,逐步转向碳排放总量和强度"双控"制度。深入推进能源革命,加强煤炭清洁高效利用,加大油气资源勘探开发和增储上产力度,加快规划建设新型能源体系,统筹水电开发和生态保护,积极安全有序发展核电,加强能源产供储销体系建设,确保能源安全。完善碳排放统计核算制度,健全碳排放权市场交易制度。提升生态系统碳汇能力。积极参与应对气候变化全球治理。

三、"绿水青山就是金山银山"理念的浙江践行

而浙江作为"绿水青山就是金山银山"理念的发源地,也将习近平生态文明思想真正落到了实处。

1. 转变发展理念,建设美丽浙江

改革开放以来,浙江经济高速发展,资源小省一跃成为经济大省。然而,欢欣鼓舞的人们蓦然发现,环境污染和生态恶化已追随经济发展的步伐而来。

习近平同志一到浙江,就着手谋划生态省建设。2002 年 12 月 18 日,习近平主持召开浙江省委十一届二次全体(扩大)会议,提出"以建设生态省为重要载体和突破口,加快建设'绿色浙江'"。两个多月后,《浙江生态省建设规划纲要》提出,浙江生态省建设的主要任务是,全面推进生态工业与清洁生产、生态环境治理、生态城镇建设、农村环境综合整治等十大重点领域建设,加快建设以循环经济为核心的生态经济体系、可持续利用的自然资源保障体系、山川秀美的生态环境体系、人与自然和谐的人口生态体系、科学高效的能力支持保障体系等五大体系。浙江从此掀起了浙江生态省建设的高潮。

我们现在回过头来看,尽管 15 年过去了,《浙江生态省建设规划纲要》的内容到现在也不过时。习近平同志对于生态文明建设有他的前瞻性,他从那个时候就着眼未来,对如何发展生态经济、如何改善生态环境、如何弘扬生态文化,都有明确的阐述。对以十大重点建设领域、五大保障体系作为生态省建设的"四梁八柱",考虑得非常细密、非常周全。

从习近平来浙江工作起,浙江省的生态文明建设站位之高、开局之良好,这是浙江人民原来没有想到过的。而且,他始终高度重视生态省建设,亲力亲为,全程精心参与指导生态省建设的方案起草和体系设计,对环境保护和生态文明建设的重视和推进始终不松懈,一以贯之地坚持下去。

浙江率先从"成长阵痛"中惊醒。从"绿色浙江""生态浙江"到"美丽浙江",生态文明建设理念如一根红线贯穿始终,最终成为浙江省现代化建设和生态文明建设的目标追求。

实施"千村示范、万村整治"工程,使浙江农村从"一处美"迈向"一片美",从"一时美"走向"持久美",从"形态美"跨向"制度美","千万工程"获得联合国"地球卫士奖";持续开展"811"环保专项行动,保证了浙江省环境保护能力和生态环境质量在全国的领先地位,建成全国首个生态省;实施"五水共治"、"三改一拆"、小城镇环境综合整治等一系列专项行动,努力改善生态环境,破解浙江经济发展与环境承载能力之间的矛盾。

浙江省各级党委政府的发展理念,实现了从"用绿水青山换金山银山",到"既要金山银山也要绿水青山",再到"绿水青山本身就是金山银山"的历史性跨越。

2. 从旧"三缸"到新"三片"，绍兴腾笼换鸟、凤凰涅槃

绍兴市作为浙江省环保服务经济高质量发展改革试点地区，多年来始终将生态文明纳入"五位一体"总体布局，沿着"八八战略"和"绿水青山就是金山银山"理念指引的方向，高标准优化自然生态体系，高水平建设新时代美丽绍兴，"社会、经济、生态"三者效益更趋协调发展。

绍兴是靠传统产业发展起来的，印染、化工等五大传统产业比重一度超60%，绍兴"三缸"，即酒缸、酱缸、染缸，泛指绍兴的黄酒、酱制品和纺织印染三大产业，为绍兴经济的发展立下了汗马功劳。

但这"三缸"也对绍兴的环境造成了一定程度的污染。以绍兴印染业为例，当地一位领导曾坦言，绍兴因为"染缸"出名，也因为"染缸"烦恼，直至近些年这烦恼还一直持续着。印染是吃水大户，"染缸"终归要靠水，对河流的污染严重。一位知情人告诉记者，2010 年前后，仅绍兴县（现为柯桥区）每年老百姓关于黑臭河的信访、投诉有两三百件；政府因水质污染每年给养殖户的赔偿高达一两千万元……这些年对"染缸"而言，环境"成本"高了，全社会对排污的容忍度低了很多。

党的十八大以来，绍兴在习近平生态文明思想引领下，突出以产业转型带动生态优化，生态环境公众满意度从 55.4 跃升到 85.4，圆满完成全国"无废城市"建设试点，单位 GDP 能耗、水耗和主要污染物排放强度大幅下降，初步走出一条产业绿色突围之路。

这些年，绍兴按照"绿色高端、世界领先"标准，大力度推进传统产业改造提升。同时，积极培育新兴产业，先后引进中芯绍兴、长电科技、比亚迪、康佳等一批头部企业，成功创建集成电路、生物医药、先进高分子材料、智能视觉四大省"万亩千亿"新产业平台，昔日的"酒缸、酱缸、染缸"转变成今日的"芯片、药片、刀片、电池"。2021 年，绍兴战略性新兴产业增加值占规上工业比重达 39.2%，高于全省 5.9 个百分点，制造业高端化、智能化、绿色化转型步伐不断加快。

绍兴市委书记盛阅春表示：绍兴将认真贯彻落实党的二十大决策部署，以创建国家生态文明建设示范市和绿水青山就是金山银山实践创新基地为抓手，持续推动产业结构、能源结构、交通运输结构等调整优化，协同推进降碳、减污、扩绿、增长，大力探索生态优先、节约集约、绿色低碳发展路径，率先走出人文为魂、生态塑韵的城市发展之路。

四、结语

绿色发展是一场理念与思维方式的变革,是对工业文明发展方式的反思与超越;绿色发展是马克思主义生态观的本质体现,绿色发展的提出是对文明历史发展规律的反思审视,也是对人类前途命运的探索关怀。如果说工业化发展模式是西方资本主义社会对人类文明在发展生产力和创造巨大物质财富方面的贡献,那么在 21 世纪及未来,中国引领的绿色发展的提出是对文明历史发展规律的反思审视,也是对人类前途命运的探索关怀。

而我们大学生作为掌握新知识、新科技的主要群体,是中国梦接续历史、现实和未来的传承者,是和谐社会建设的中坚力量和未来经济社会发展的推动者,也是实践和传播绿色发展理念、推动美丽中国建设的主力军。我国的长远目标发展与未来的国际竞争力直接体现在大学生是否具备充分的环境保护的知识储备,是否具有科学、正确、理性的绿色发展理念,以及是否学会利用绿色科技来保护环境和解决生态问题上。

走在新的"赶考"之路上,我们必须矢志不渝做习近平生态文明思想的坚定信仰者、忠实践行者和不懈奋斗者。深入践行绿色发展理念,养成巩固的绿色发展意识,并把握深厚稳固的专业技能,提升自己的实践能力,锲而不舍、久久为功,通过自己的努力,为建设美丽中国而奉献力量。

【宣讲者心声】

　　我去绍兴市柯桥区西藏民族中学宣讲时，只见同学们都身着藏服，虽然戴着口罩，却也遮不住他们眼里的期待。在讲到习近平同志在梁家河的插队生活时，同学们对于年龄产生了好奇心理，在我告诉他们刚到梁家河的习近平不满 16 周岁时，他们表示很震惊。整场宣讲下来，同学对于绿色发展的内容都保持高度的好奇心，特别是讲到西藏践行绿色发展的举措时，同学们听得尤其认真。为藏族学子宣讲党的二十大精神是非常奇特的经历，宣讲仿佛一条线，将西藏和绍兴串联在了一起，也希望通过我的宣讲能在同学们心中埋下绿色发展的种子，争当人类美好家园的积极建设者，为建设美丽中国贡献自己的力量！

——绍兴文理学院"越讲越红"大学生宣讲团　金靓宇

【宣讲课件】 https://mp. weixin. qq. com/s/6tKxUzFEDAXSu1QEeetWcA

厚植为民情怀，践行使命担当
（党的二十大精神进校园专题宣讲稿）

第一部分：二十大中的"人民至上"

　　2022 年 10 月 16 日，中国共产党第二十次全国代表大会在北京召开。这是在全党全国各族人民迈上全面建设社会主义现代化国家新征程、向第二个百年奋斗目标进军的关键时刻召开的一次十分重要的大会。

　　在党的二十大报告中，习近平总书记指出，"江山就是人民，人民就是江山。中国共产党领导人民打江山、守江山，守的是人民的心。治国有常，利民为本。为民造福是立党为公、执政为民的本质要求。必须坚持在发展中保障和改善民生，鼓励共同奋斗创造美好生活，不断实现人民对美好生活的向往。"①

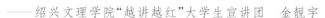

---

　　①　习近平.高举中国特色社会主义伟大旗帜 为全面建设社会主义现代化国家而团结奋斗：在中国共产党第二十次全国代表大会上的报告.人民出版社，2022 年.

政之所兴在顺民心,政之所废在逆民心。人民是历史的创造者,群众是真正的英雄。整个报告中,习近平总书记提到"人民"二字多达 100 余次,更是强调了"人民至上"的重要性。坚持人民至上是一种使命责任,是一种光荣幸福,也是一种情怀境界。那么让我们聚焦报告,感受中国共产党"为民造福"的情怀。

大会通过四个方面展现了这一情怀。

第一,不断实现人民对美好生活的向往。

我们来看看报告原文:"必须坚持在发展中保障和改善民生,鼓励共同奋斗创造美好生活,不断实现人民对美好生活的向往。我们要实现好、维护好、发展好最广大人民根本利益,紧紧抓住人民最关心最直接最现实的利益问题,坚持尽力而为、量力而行,深入群众、深入基层,采取更多惠民生、暖民心举措,着力解决好人民群众急难愁盼问题,健全基本公共服务体系,提高公共服务水平,增强均衡性和可及性,扎实推进共同富裕。"①

"人民至上"是中国共产党治国理政的根本价值立场,民生问题的解决是实现中华民族伟大复兴的题中应有之义。党的十九大以来的五年,中国共产党始终坚持在发展中保障和改善民生,立足社会主义初级阶段基本国情,从社会主要矛盾出发明确新时代民生建设的新目标,制定民生建设的新战略,紧紧抓住人民最关心最直接最现实的利益问题,实行了一系列惠民生、暖民心的举措,取得了重大成效。

坚持突出重点和统筹兼顾的辩证统一,在幼有所育、学有所教、劳有所得、病有所医、老有所养、住有所居、弱有所扶上持续用力,使人民群众的获得感、幸福感、安全感显著提升。坚持民主发展和民生改善的有机结合,用最广泛、最真实、最管用的社会主义民主切实维护人民群众根本利益,不断增进民生福祉,提高人民生活品质。

西藏自治区人大代表、山南市隆子县玉麦乡玉麦村村务监督委员会主任卓嘎提出了三个方面民生的改善,就业工作取得新突破,教育事业取得新成就,以及卫生健康事业取得新进步。而对于初中生来说,教育应该是最贴近你们生活的部分。现在你们都可以享受智慧教育,用信息与各地交流,今年三月还更新上线了"国家中小学智慧教育平台",这个平台增加了很多趣

---

① 习近平. 高举中国特色社会主义伟大旗帜 为全面建设社会主义现代化国家而团结奋斗:在中国共产党第二十次全国代表大会上的报告. 人民出版社,2022 年.

味的场景，还扩充了很多新的内容，基本实现了信息技术与教育教学深度融合，为大家学习知识提供了更广阔的平台。

第二，实施就业优先战略。

报告原文是这样说的："强化就业优先政策，健全就业促进机制，促进高质量充分就业。健全就业公共服务体系，完善重点群体就业支持体系，加强困难群体就业兜底帮扶。健全劳动法律法规，完善劳动关系协商协调机制，完善劳动者权益保障制度，加强灵活就业和新就业形态劳动者权益保障。"①

实施就业优先战略，意味着就业优先是一种国家战略，事关全局性安排。作为长期性奋斗目标，从政策层面看，实施就业优先战略，就是要把就业优先置于宏观政策层面。在各种宏观政策中，就业政策具有优先级，其他政策需要配合就业政策；如果政策之间发生冲突，其他政策需要服从就业政策。从政府工作角度看，实施就业优先战略，就是强调各部门、各层级都要高度重视就业、支持就业的"兜底"要求。党中央和国务院将稳就业、保就业置于"六稳""六保"之首，各级党委和政府都需要把稳定和扩大就业作为经济社会发展的重要目标。

而这样的政策对于你们将来的就业来说是非常有好处的。根据调查，2021年西藏高校毕业生就业率高达99％，市场化就业模式基本形成，就业形势持续稳中向好、稳中有进。西藏高校毕业生企业就业成为就业"主干道"。近年来，西藏不断强化企业吸纳就业主体作用，多方征集适合高校毕业生就业的优质岗位资源，每年发布各类优质企业岗位均达到了2万个以上，确保了岗位供给充足。除此之外，高校毕业生在企业就业可享受生活、住房、求职培训等一系列补贴，吸纳高校毕业生就业的企业可享受招投标环节加分、社保补贴等政策，社保补贴最长达6年100％补贴。

第三，健全社会保障体系。

还是先看报告："健全覆盖全民、统筹城乡、公平统一、安全规范、可持续的多层次社会保障体系。完善基本养老保险全国统筹制度，发展多层次、多支柱养老保险体系。扩大社会保险覆盖面，健全基本养老、基本医疗保险筹

---

① 习近平.高举中国特色社会主义伟大旗帜 为全面建设社会主义现代化国家而团结奋斗：在中国共产党第二十次全国代表大会上的报告.人民出版社，2022年.

资和待遇调整机制,推动基本医疗保险、失业保险、工伤保险省级统筹。"①

健全的社会保障体系是现代化国家的标配,更是中国式现代化的应有之义和走向共同富裕的重要制度支撑。报告在论述健全社会保障体系时增加了安全规范的新提法,因为只有维护制度安全才能为全体人民提供长久可靠的稳定预期,只有确保制度运行规范才能实现高质量发展。报告还提出健全基本养老、基本医疗保险筹资和待遇调整机制,抓住了这两大制度发展的关键。

习近平总书记提出过一个十分重要的词汇叫作"兜底",那么"兜底"这个词就意味着全面建成小康社会,一个也不能少;共同富裕路上,一个也不能掉队,国家在各个方面都实现了兜底的政策,让所有人都有保障。社会保障体系包括社会保险、社会福利、社会救助、个人储蓄积累保障以及优抚安置和社会互助。

与我们最贴近的,我想就是医保吧。医保这个词对很多人来说都不陌生,每年老师都会在群里张罗着缴费,但是大多数同学可能都无法想到交钱能有什么回报。其实,一旦生病,医保就可以一下子减轻你的经济负担,各种看病费、住院费通通都帮你报销绝大部分。而基础教育阶段参保费是很低的,享受的医保保障是很高的。医保是一项社会福利性质的社会保险,即由政府组织参加,不以营利为目的,个人交少部分、政府补贴大部分的医保,是中学生在校学习期间的基本医疗保障。与普通的居民医保相比,国家对于学生医保有许多的优惠政策。

在全面建设社会主义现代化国家的历史进程中,社会保障亦将步入高质量发展新阶段,并为全体人民走向共同富裕的理想境界提供安全可靠的保障。

第四,推进健康中国建设。

党的二十大报告指出:"把保障人民健康放在优先发展的战略位置,完善人民健康促进政策。优化人口发展战略,建立生育支持政策体系,降低生育、养育、教育成本。实施积极应对人口老龄化国家战略,发展养老事业和养老产业,优化孤寡老人服务,推动实现全体老年人享有基本养老服务。促进中医药传承创新发展。创新医防协同、医防融合机制,健全公共卫生体

---

① 习近平.高举中国特色社会主义伟大旗帜 为全面建设社会主义现代化国家而团结奋斗:在中国共产党第二十次全国代表大会上的报告.人民出版社,2022年.

系,提高重大疫情早发现能力,加强重大疫情防控救治体系和应急能力建设,有效遏制重大传染性疾病传播。"①

报告再次明确把保障人民健康放在优先发展的战略位置,深刻体现我们党的宗旨,体现"人民至上""江山就是人民,人民就是江山"的理念。

报告根据我国人口健康的实际情况以及存在的重大问题提出了战略方案,包括建立生育支持政策体系,应对人口老龄化问题;促进中医药传承创新发展,应对中医药发展不足的问题;健全公共卫生体系,应对重大传染性疾病传播的问题。这些都是用实实在在的行动计划来确保实现"增进民生福祉,提高人民生活品质"的目标。

最典型的显示就是在新冠疫情大流行时,国家所做出的相关政策。相信大家在新冠疫情期间在学校每星期都要完成两次核酸检测吧,这么多的时间、这么多的人力和物力、这么多的资源都是国家免费提供给我们的,当我们遇到危险情况时国家还会给我们免费提供隔离场所。中国的疫情之所以能够被控制得这么好,都是因为国家在应对重大传染性疾病传播问题的战略方案好。

第二部分:践行"人民至上"的典范人物

中国共产党百年历史,可以划分为四个历史时期。每个时期,中国共产党人始终秉持着全心全意为人民服务的宗旨,将人民放在第一位,为民情怀代代相传。

在中国共产党百年奋斗历程中,无数革命先烈和英雄模范人物前赴后继、牺牲奉献,锻造出了共产党人的精神底色。一个又一个优秀共产党员不断涌现,他们将"人民至上"一次次照亮。

新民主主义革命时期,有一名普通的士兵,一个高尚的灵魂,他是张思德。自 1933 年参加红军后,他一切服从党和人民的利益,党叫干什么就干什么,在平凡岗位上忘我工作。"快出去,危险!"张思德发现窑顶往下掉碎石。危难之际,他急忙将战友推出窑口,自己却牺牲了。牺牲那年,他才 29 岁。他用自己短暂而光辉的一生,深刻诠释了我们党全心全意为人民服务的根本宗旨,锻造形成了张思德精神,为全党全军树立起了榜样。为人民而

---

① 习近平.高举中国特色社会主义伟大旗帜 为全面建设社会主义现代化国家而团结奋斗:在中国共产党第二十次全国代表大会上的报告.人民出版社,2022 年.

生,因人民而兴,始终同人民在一起,为人民利益而奋斗,是立党兴党强党的根本出发点和落脚点。

我们这个国家,在习近平总书记的带领下,无数共产党员勇敢地挺立潮头,以实际行动践行"人民至上"。徐川子是国网浙江省电力有限公司三级专家、国网杭州供电公司滨江供电分公司服务拓展班班长。虽然她的职位听着很高大上,但其实她还有个代号"小徐师傅",这是她走遍大街小巷为客户解决用电难题时,大家对她的亲切称呼。她也是深入一线的"战士",山一社区是杭州市滨江区唯一的农居点,但在2020年年初新冠疫情暴发时,当地"小路多、流动人口多、外地租户多"的特点,给社区疫情防控带来不小麻烦。她想到用电力数据监控人员流动:家家户户都有的智能电表,借助每5分钟采集一次的家庭用电数据,可以帮助社区解决流动人口难发现、隔离人员难预警、三返人员难预控的问题。说干就干!徐川子和一支以"90后"为主的青年党员突击队把自己关在办公室里、书房里几天不出门。作为发起人,徐川子5天5夜只睡了不到10个小时,一遍又一遍与社区校对数据、微调模型。只用了短短120个小时,徐川子和青年党员突击队完成了15.7万户业主12天1200余万条日用电量数据的云端采集,还对普通住户、群租住户等用电行为设计了大数据画像等计算模型,建起了"电力大数据+社区网格化防疫"大数据应用,可以及时预警人员流动。就这样,"电力大数据+社区网格化防疫"顺利在2020年2月6日上线试运行,通过一轮轮迭代和推广,迅速在当地364个社区投入使用,为社区防疫提供了有效的支撑。

习近平总书记带领下的这一批人,他们未必都是领导干部,可能是工人、农民、教师甚至是我们学生,无论是非凡的人,还是平凡的人,他们都坚守着自己的红色根脉,有着为百姓、为人民服务的担当。所以中国才会像今天这样,会有这么快的发展和进步,而且有这么美好的未来。

第三部分:青年涵养家国情怀

诞生于嘉兴红船的中国共产党,从来都无惧风雨,纵使前方巨浪滔天,也总是迎难而上,毫不退缩。如今,新时代的青年,也成为打造未来的舵手,任重而道远。放眼望去,在大山深处的村路上,奔波着奋战在一线扶贫的90后"白发干部";在爆燃的熊熊烈火中,坚守着最小年龄仅有18岁的森林消防队员;在遥远的西部喀喇昆仑高原,驻守着用生命铸就祖国界碑的青年战士……

在党的二十大报告中,习近平总书记对青年提出了殷殷期望:"青年强,则国家强。当代中国青年生逢其时,施展才干的舞台无比广阔,实现梦想的前景无比光明。要立志做有理想、敢担当、能吃苦、肯奋斗的新时代好青年,让青春在全面建设社会主义现代化国家的火热实践中绽放绚丽之花。"①

那么作为新时代的学生,我们应该如何绽放青春,为人民服务呢? 首先,我们要提高自身的理论素养。树立远大的共产主义理想,坚定实现共产主义的信念。我们要完成好学习任务,培养多方面的能力,提高科学文化素养。善于学习新理论、新知识、新技术,又要在研究、解决实际问题中增强创新意识、永葆创新精神、提升创新能力。同时,也要广泛团结同学,尽自己所能热心帮助同学排忧解难,做同学的知心朋友,与同学互教互学,在学习上带动同学共同进步。从身边小事做起,给孤寡老人献爱心,走进社区进行志愿服务,向身边的人宣传党的知识。青年是最富有激情和理想的一代,渴望成功实现人生价值与理想。"得其大者可以兼其小。"青年学生肩负着民族复兴的历史重任,个人价值的实现离不开国家民族的发展与繁荣,只有把人生理想融入国家和民族的事业中,才能最终成就一番事业。

青年一代适逢开启全面建设社会主义现代化国家新征程的历史机遇,同时也处于世界百年未有之大变局之中,应实现"小我"与"大我"的有机结合,将个人理想融入强国实践,做到心中有祖国、肩上有责任、身上有正气,锻造出属于青年的风采,厚植为民情怀,践行使命担当。

【宣讲者心声】

作为"越讲越红"大学生宣讲团的一员,我觉得宣讲是一项既有挑战又充满乐趣的活动。每当我站上讲台,看着下面一张张好奇和期待的面孔,我的心中就充满了使命感:我要用自己的努力把党的二十大的精神用生动有趣的方式传递给他们。

在一次次的宣讲中,我逐渐学会了如何用更加形象地表达和更加贴近听众的例子来呈现观点,这不仅仅是一个知识传播的过程,更是一次次的自我挑战和成长。每当看到台下的听众因为我的宣讲而眼前一亮,或是在宣讲后主动来交流提问,我都感到十分满足和快乐。更重要的是,宣讲让我意

---

① 习近平.高举中国特色社会主义伟大旗帜 为全面建设社会主义现代化国家而团结奋斗:在中国共产党第二十次全国代表大会上的报告.人民出版社,2022 年.

识到,作为一名大学生,我可以通过自己的努力去影响和启发更多的人,这份责任感和成就感,让我对此更加热爱。

——绍兴文理学院"越讲越红"大学生宣讲团　陈芊芊

【宣讲课件】https://mp. weixin. qq. com/s/Ne14mYXigeGaJ63fEcI5yQ

第二节　百年党史类

传百年荣光　续时代华章

(第四届"卡尔·马克思杯"浙江省大学生理论知识竞赛宣讲稿)

大家下午好。我是一名大学生理论宣讲员。在党的百年华诞之际,从四明山到红船边,从俞秀松纪念馆到周恩来祖居,在大学书院、中小学校里,在乡村礼堂、社区台门中,我和我的小伙伴们用实际行动讲好党史故事。一场场宣讲重温为民初心,一次次交流将红色基因融入青年血脉。

因为1921,所以2021!山河虽无恙,吾辈当自强。广大青年更要传百年荣光,续时代华章。

　　青年的价值，是祖国的未来、民族的希望。"为中华之崛起而读书"，这是12岁的周恩来展示的抱负；"做一个利国利民的东西南北人"，这是17岁的俞秀松许下的宏愿。他们以毕生奋斗践诺了青少年时期立下的铿锵誓言，以伟岸风骨立起了时代的不朽丰碑。青年，请记住：你的样子，就是中国的样子，你什么样，中国就是什么样。要以历史为骨、以文化为魂，挺起中华民族的精神"脊梁"！

　　青年的力量，是理想信念的力量。

　　一百年前，一群新青年高举马克思主义思想火炬，在风雨如晦的旧中国苦苦探寻。"登高一呼群山应，从此神州不陆沉"，28岁的李大钊成为我国最早的马克思主义传播者；"砍头不要紧，只要主义真"，28岁的夏明翰慷慨赴死，唤醒民众觉知。

　　血战香江，26岁的易荡平把最后一颗子弹留给了自己，29岁的陈树湘被俘后亲手扯断了肠子。"你们活在我们的记忆里，我们活在你们的事业中。"87年前，信仰之光照亮了红军气壮山河的长征路；87年后，又照亮了中华民族伟大复兴的新征程。穿越历史烟云，长征的战斗号角始终不曾停歇；重整行装再出发，新时代的长征路就在我们脚下。

　　青春的模样，是实干奋斗的模样。

　　青春的你我，要善于从党史学习中激发信仰、汲取力量，不断增强做中国人的志气、骨气、底气，接过历史的接力棒，"把青春奋斗融入党和人民事业，成为实现中华民族伟大复兴的先锋力量"。①

　　我的青春模样，是努力成长为一名"六有"思政课教师，引导学生扣好人生的第一粒扣子，埋下真善美的种子。

　　风正帆满好远航。让我们接续奋斗，砥砺前行，激荡出更加磅礴的先锋力量，以实际行动兑现"请党放心，强国有我"的青春誓言。

——绍兴文理学院"越讲越红"大学生宣讲团　孙　畅

【宣讲者心声】

　　在大学期间，我曾担任"越讲越红"宣讲团的团长。在参与党史宣讲的过程中，我深刻感受到了中国共产党百年奋斗历程的波澜壮阔和艰辛不易，也深刻领悟到了党的初心使命和伟大精神。每一次的宣讲不仅是一次知识

---

　　①　习近平.在祝中国共产党成立100周年大会上的讲话.《求是》杂志，2021-07-15.

的洗礼,更是一次心灵的触动,让我对党的历史有了更加全面、深入的认识。每当我翻看这篇第三届"卡尔·马克思杯"大学生理论知识竞赛决赛的宣讲稿时,就会回想在那段备赛的日子里老师们给予我的悉心指导和支持鼓励,抽题后我通宵达旦连续奋战的日夜,一次次地改稿,一遍遍地练习,跨过身心"极限"后的坚持,到最后收获省级一等奖。这不仅仅是一场比赛,更是一次成长的蜕变!

【宣讲课件】https://mp. weixin. qq. com/s/HxtQ5uo6 E0B8AqboBDQSgw

答　案

（第五届"卡尔·马克思杯"浙江省大学生理论知识竞赛宣讲稿）

历史川流不息,时代考卷常新。一代人有一代人的长征路,每一代人都在寻找着属于他们的时代答案。

有这么一道题,事关党的建设这一伟大工程,事关国家的前途命运,事关中华民族伟大复兴,那就是"如何跳出治乱兴衰的历史周期律?"

1945 年,毛泽东同志在延安的窑洞里给出了第一个答案,那就是"人民监督"。

经过百年奋斗,特别是新时代十年的伟大实践,我党又找到了第二个答案,那就是"自我革命"。

相隔 77 年的"两个答案",从外部和内部的双重角度形成一个权力监督制约的完整闭环,为我们党成功跳出这个历史周期率提供了最有力的支撑。

胜人者力,自胜者强。勇于自我革命是我们党最鲜明的品格,也是最大的优势。回望百年党史,从八七会议、古田会议到遵义会议,从延安整风运动到十一届三中全会,再到新时代全面从严治党的反腐败斗争……一字字、一行行、一页页,都是我党用行动写下的答案。

图之于未萌,虑之于未有。我党是一个"始终居安思危"的党,深刻吸取古今中外治乱兴衰的历史教训,警示自己不能躺在历史的功劳簿上,因此不断拷问自己、锤炼自己。对问题本身的不懈思索,也昭示着那个答案:一个先进的马克思主义政党,要在不断自我革命中淬炼而成,党的自我革命没有休止符。

要找到这"第二个答案"有多难?打个比喻——犹如拿起手术刀,自己给自己动手术。就是以刮骨疗毒的决心、以壮士断腕的勇气,快、准、狠地去除党内存在的毒瘤。打铁还需自身硬,只有勇于自我革命才能赢得历史主动。百年风霜雨雪,百年大浪淘沙,我们党能够饱经磨难而生生不息、风华正茂,关键在于以伟大的自我革命引领伟大的社会革命。

从实施中央八项规定到构建行之有效的权力监督制度,从反腐败无禁区、全覆盖、零容忍到一体推进不敢腐、不能腐、不想腐,从开展党的群众路线教育到建立不忘初心、牢记使命的制度,从严格规范党内政治生活到着力营造风清气正的政治生态,全面从严治党推进自我革命不断向纵深发展。

当然,时代这个出卷人还在不断地出新题,"四大考验""四大危险"还将长期存在,党内的突出矛盾还未根本解决。要确保党不变质、不变色、不变味,全面从严治党就得永远在路上,自我革命也必须驰而不息、久久为功。

这里是革命圣地西柏坡,新中国从这里走来,毛泽东同志在这里指挥了"三大战役",提出了"两个务必",并"进京赶考"。2013 年,习近平总书记调研考察时强调,我们党面临的"赶考"远未结束。他总结党的百年奋斗经验,进一步提出了"三个务必",要求全党永远保持赶考的清醒和谨慎。

百年栉风沐雨,"赶考精神"推动我党在自我革命中淬火成钢,始终成为中国人民最可靠、最坚强的主心骨。

翻开中共党史这本历史的鸿篇巨制,力透纸背的始终是"人民"二字。

"得罪千百人、不负十四亿",民心才是最根本的答案。

新征程上,我们要始终坚持一切为了人民、一切依靠人民,坚持全过程人民民主;新征程上,我们要始终推进党的自我革命,保持正视问题的自觉和刀刃向内的勇气;新征程上,我们要始终保持昂扬奋进的精神状态,继续答对题、答好题,交出一份优异的时代答卷!

【宣讲者心声】

在本次宣讲中,我追溯党史找到了党在面对时代难题时给出的答案,也找到了自身在面对困难瓶颈时得以不断提升的答案,那就是自我革命。

学习党的精神,始终保持"赶考"的清醒和谨慎,无论成败坚持"每日三省吾身";保持正视问题的自觉和刀刃向内的勇气,勇于迈出舒适圈、改变自我的人才能以昂扬奋进的姿态去拥抱更广阔的天地!

身为党员,在本次宣讲中我的另一大体会是以人民为中心,相隔77年的"两个答案"其背后所指皆是"人民"。党有如此刮骨疗毒的决心,是为了"不负人民",是民心所向。而我们每一个党员个体,更要时刻将人民放在心中。不断锤炼自身,是为了更好地为人民服务!

————绍兴文理学院"越讲越红"大学生宣讲团　张佳莹

【宣讲课件】 https://mp. weixin. qq. com/s/ZjYzt 7ZGLUhLSW7JVl4O-w

百年政党恰是风华正茂

——中国共产党诞生的故事

（绍兴文理学院"青马工程"宣讲稿）

同学们,大家好,我是来自习近平新时代中国特色社会主义思想研究会的沈嘉绮。2021 年是中国共产党成立的一百周年,也是中国共产党第一次代表大会召开的一百周年。经历了百年的风风雨雨,中国真正实现了从站起来到强起来的历史跨越。想必最近的中美高层战略对话大家都有关注。"美国人没有资格居高临下同中国讲话"是大国底气的体现,这背后蕴含着伟大的中国人民的不懈奋斗,更离不开中国共产党的领导发挥核心作用。今天的党史学习,就围绕中国共产党的诞生展开。

首先,我们先来了解在 20 世纪 20 年代中国共产党组建的主要背景。

1919 年 1 月 18 日,巴黎和会在法国巴黎凡尔赛宫召开。5 月 2 日,北洋军阀政府准备在丧权辱国的《凡尔赛和约》上签字。5 月 4 日,五四运动爆发,北京十几所学校的学生 3000 余人齐集天安门前示威。

烈火一经点燃,便孕育着燎原之势。五四运动促成了中国工人运动和马克思列宁主义的结合,为党的成立作了准备。

1919 年 6 月因陈独秀被捕而被迫停刊 5 个月的《新青年》复刊后大力宣传马克思主义,成为关于社会主义论战的最重要的阵地。

1920 年 5 月,陈独秀发起成立了上海马克思主义研究会。俄共(布)远东地区党组织派出的代表维经斯基来到上海,认为中国已经具备建立共产党的条件,他委托陈独秀向各地的革命者发出信函,"以确定会议的议题以及会议的地点和时间"。

1920 年春夏之交,陈独秀以马克思主义研究会为基础,多次召集会议,商讨建党问题。

1920 年 8 月,在上海环龙路渔阳里 2 号的《新青年》编辑部成立了中国共产党上海发起组,推选陈独秀为负责人。至此,中国第一个共产党早期组织诞生。

1920 年秋到 1921 年上半年,北京的李大钊、武汉的董必武、济南的王尽美、长沙的毛泽东、广州的谭平山以及留日的施存统、留法的张申府等人,先后组建共产党早期组织。李达、李汉俊写信函告各地共产党早期组织,让每地速速选派两名代表赶赴上海开会。

想必大家都知道中共一大先是在上海召开,后来又转移到了嘉兴南湖,而这中间到底发生了什么呢？接下来请金靓宇同学为大家揭晓。

··········

接下来让我们一起欣赏电影片段,更加直观地感受当时的紧张氛围。

中国共产党成立 100 周年来,从小到大,从弱到强,带领中华各族人民不断走向繁荣富强。在跨越世纪的百年征途中,历届党代会在当时形势发展的重要时刻召开,作出的决策大都在党的发展史上起到重要作用。

习近平总书记说:"中国产生了共产党,这是开天辟地的大事变。这一开天辟地的大事变,深刻改变了近代以后中华民族发展的方向和进程,深刻改变了中国人民和中华民族的前途和命运,深刻改变了世界发展的趋势和格局。"[①]南湖"红船",作为中国共产党创建的标志,也由此载入史册。

"其作始也简,其将毕也必巨"。中国共产党这艘历史性的航船,飘扬着党的纲领的旗帜,承载着中国共产党的初心和使命,劈波斩浪向前行驶,推动神州大地的革命浪潮汹涌奔腾。中共一大的历史意义也在随后的革命斗争中愈益显示出来。中共一大正式宣告了中国共产党的诞生,从此,在中国出现了一个完全崭新的,以马克思列宁主义为其行动指南的,统一的无产阶

① 习近平. 在庆祝中国共产党成立 100 周年大会上的讲话. 北京:人民出版社,2021 年.

级政党。

"烟雨楼台革命萌生此间曾著星星火,风云世界逢春蛰起到处皆闻殷殷雷。"董必武为一大南湖会址题写的这副对联,生动地诠释了中共一大召开的意义。

中共一大的故事到这里就告一段落了,但先辈们身上的精神却是永垂不朽的。没有他们坚定理想、百折不挠的奋斗精神,转战南湖就不会发生;没有他们开天辟地、敢为人先的首创精神,中国共产党就不会成立;没有他们立党为公、忠诚为民的奉献精神,中国人民就不会在党的带领下站起来、富起来、强起来。最后,愿新时代的我们,能够接好前辈递来的接力棒,不忘初心,勇立潮头,踏上红船,开始新的征程!

【宣讲者心声】

今年是中国共产党成立 100 周年,很幸运有这么一次宣讲党史的机会。我们作为马克思主义学院的学生,开展"学党史、强信念、跟党走"的主题宣讲,是为了引导广大团员青年厚植爱党、爱国、爱社会主义的情感,让红色基因、革命薪火代代相承。这次宣讲要讲的是中国共产党成立前后的一波三折,在前期查阅资料撰写宣讲稿的过程中,我充分地学习了这段历史,深深地领悟到了革命先辈们的不易与艰辛,产生了强烈的敬佩之情。

秀水泱泱,红船依旧;时代变迁,精神永恒。一百年前,我们伟大的党在这里诞生,一百年后,我们牢牢地将它的精神传承。作为青年大学生,我们要传承红色基因,发扬光荣传统,树立红色信仰,努力让我们成为新时代建功立业的"后浪"。

——绍兴文理学院"越讲越红"大学生宣讲团　沈嘉绮

【宣讲课件】沈嘉绮:百年政党恰是风华正茂 https://mp. weixin. qq. com/s/e7tLBBF78gocp1k1NLlwug

大变局之下,书写新时代"中国故事"

(绍兴文理学院"青马工程"宣讲稿)

大家好,我是来自绍兴文理学院习近平新时代中国特色社会主义思想学生宣讲团的吴婷婷。

"阅书百纸尽,落笔四座惊"。中华人民共和国走在中国特色社会主义的道路上,中华民族在推进民族复兴的进程中,落笔书写下了无数令世界震惊的"中国故事",其中有新中国成立的故事、社会主义改造和建设的故事、改革开放的故事……习近平总书记曾下过"当今世界是百年未有之大变局"的论断。确实,无论是国际环境的复杂多变,还是国内环境的日新月异,变局之下,既有动荡,也蕴藏着机遇。今天,我们就来看一看,中国是如何在变局之下书写新时代的"中国故事"的。

新时代的"中国故事",始于十九届五中全会。本次会议审议了中共中央关于制定国民经济和社会发展第十四个五年规划和二〇三五年远景目标的建议,为未来五年乃至十五年中国发展规划蓝图。在"十三五"规划确定的各项目标任务即将胜利完成之际,中国推动"两个一百年"奋斗目标有机衔接,为全面建设社会主义现代化国家开好局、起好步。

每一个故事的发生发展都有它的前提和背景,那么接下来,就让我们回顾一下"十三五"的成就(视频播放)。无论在经济、政治、社会还是文化方面,中国都取得了巨大的成就,基本实现了全面建成小康社会的目标,让中国顺利地开启第二个百年目标这一伟大新征程。

当今世界环境复杂多变,当今世界正经历百年未有之大变局。我们要在变局之下书写新时代的"中国故事",而这变局主要有三部分,分别是百年未有之大变局、百年未遇之大疫情、百年发展目标的"转段"。

面对变局之下的种种机遇与挑战,我们应该立足社会主义初级阶段基本国情,保持战略定力,办好自己的事,认识和把握发展规律,发扬斗争精神,树立底线思维,准确识变、科学应变、主动求变,善于在危机中育先机、于变局中开新局,抓住机遇,应对挑战,趋利避害,奋勇前进。因为这一坚定信念,"十四五"经济社会发展规划与二〇三五远景目标应运而生,新时代"中国故事"就此展开。

其中,二〇三五远景目标就经济、政治、社会治理等方面提出了九项目标,为建成社会主义现代化国家做出了中长期的指导,构建了美好蓝图。而"十四五"规划以高举中国特色社会主义伟大旗帜,深入贯彻党的十九大和十九届二中、三中、四中、五中全会精神,坚持以马克思列宁主义、毛泽东思想、邓小平理论、"三个代表"重要思想、科学发展观、习近平新时代中国特色社会主义思想为指导,全面贯彻党的基本理论、基本路线、基本方略作为中心思想,展开了应时而变的具体的六项目标和十二项重点任务。

要书写新时代"中国故事",实现"十四五"规划和二〇三五年远景目标,必须坚持党的全面领导,充分调动一切积极因素,广泛团结一切可以团结的力量,形成推动发展的强大合力。

至此,宣讲虽然告一段落,但是"中国故事"并不会到此结束,"落笔四座惊",我们有理由相信,它将会越来越"惊人"。青年有担当,国家有力量,民族有希望。在百年未有之大变局中,人人都是不可或缺的关键。以青春之我、奋斗之我,为民族复兴铺路架桥,为祖国建设添砖加瓦。中华民族伟大复兴终将在广大青年的接力奋斗中变为现实,为书写"中国故事"贡献力量。

【宣讲者心声】

本次宣讲主要讲述了六部分内容,第一,介绍十九届五中全会概况;第二,"十三五"经济社会发展回顾;第三,变局中开新局,讲解百年未有之大变局、百年未有之大疫情、百年发展目标"转段"这三大变局;第四,讲述二〇三五远景目标的内容,对远景目标的九大内容做出了解释;第五,"十四五"经济社会发展中心思想与指导原则,强调要坚持党的领导,高举中国特色社会主义伟大旗帜;第六,解读"十四五"重点任务,阐明了十九五中全会的重要性。本次宣讲意在让青年人了解时事和国家大政方针。青年有担当,国家有力量。希望能以此呼吁青年人为书写"中国故事"贡献自己的力量的同时,也提升自己的思想觉悟和宣讲能力。

——绍兴文理学院"越讲越红"大学生宣讲团　吴婷婷

第三节 典范人物类

五四运动中的绍兴人
（大学生学"四史"理论宣讲）

绍兴是一块红色的土地,有着光荣的革命传统。许多革命前辈为中国共产党的诞生、国家的独立、民族的解放和人民的幸福做出了巨大的贡献。在隆重庆祝中国共产党成立 100 周年之际,我们一起来回顾中国共产党在绍兴的历史,以此铸就爱国情怀、汲取奋进力量,努力守好我们绍兴的"红色根脉"。

"五四风雷,激荡百年。"一百年前的 5 月 4 日,震惊中外的五四运动爆发,推动近代中国社会发生了历史性转折。在这场伟大的爱国革命运动中闪现着一个个绍兴人的身影。有资料显示,约有 50 位绍兴籍乡贤在五四运动中发挥了重要作用。他们以理想信念联结民族命运,把个人成长汇入时代洪流,在各地的运动中引领着五四风潮,在历史舞台上写下了浓墨重彩的一笔。

一

我们先把目光放到北京。

我们今天要讲的第一位绍兴人是蔡元培。蔡元培是学术界公认的五四运动的精神领袖。当参加游行示威的 30 多名学生被捕后,蔡元培以一校之长的名义,积极行动,多方营救,甚至不惜以身家性命为他们担保。有人劝蔡元培:"当心危及先生!"蔡元培却笑着回答:"如危及身体而保全大学,也无所不可。"

接下来我们要讲在北京的第二位绍兴人。不知道在座的党员同志们知不知道"外争主权,内除国贼"这句口号是谁提出的？他就是绍兴人罗家伦,中国近代著名的教育家、思想家和社会活动家。他在五四运动中起草了《北京学界全体宣言》,当时被学生广泛上街散发,这也是当天游行队伍中唯一一份白话文宣言。虽然这个宣言是罗家伦个人起草的,但其精神却代表了全北京乃至全国青年的意见。

二

接下来我们把目光转移到上海。

五四运动的中心由北京转移到上海之后，运动的主力便由学生转为工人。工人阶级开始以一个独立的力量登上政治舞台，中国革命的历史展开了新的一页。

绍兴人邵力子作为复旦大学校董，直接发动学生参与到五四运动中，还联络工厂、商店酝酿罢工、罢市，给反动政府以沉重的打击。作为上海《民国日报》的总编，他以笔为枪，发起宣传舆论攻势，成为上海五四运动的发动者。

如果说邵力子是上海五四运动的发起者和引路人，那么另一位绍兴人朱仲华就是上海五四运动的实际指挥者。学生罢课、工人罢工、商人罢市"三罢"之势的形成，为五四运动的最终胜利提供了保证，对此朱仲华功不可没。孙中山先生为其亲笔题写："天下为公"。

三

我们再把目光转移到天津。

周恩来原籍绍兴，1919 年 4 月他从日本回国，在五四运动爆发后不久回到天津，以校友的身份经常到南开大学去。当时的周恩来只有 21 岁，但他敏锐揭穿了卖国贼给"南开"捐款的阴谋。同样在天津的绍兴人孙越崎，当时任天津北洋大学学生会会长，也深度参与到当地五四运动的反抗斗争中。

四

最后我们回到浙江。

在青年学生的宣传下，杭绍两地的工人、农民等各个阶层的进步人士也加入了五四这场反帝反封建的运动中。

这其中有这样一个绍兴人：

他励志做一个利国利民的东南西北人，步履匆匆，一生漂泊。

他是上海社会主义青年团的第一任书记，砥砺前行，开拓进取。

他是中国共产党发起组最初 5 位成员之一，心怀天下，兼济苍生。

他就是俞秀松。

在浙江省立第一师范学校里,俞秀松接受了新文化的洗礼,从此埋下振兴民族的火种。1919年5月12日这天,在俞秀松的领导和组织下,杭州14所中等以上学校约3000名学生从四面八方火速汇集至湖滨公园,举行声援北京、上海学生爱国反帝运动的大会,庄严宣告杭州学生联合救国会正式成立。也就是说,俞秀松发动了杭州历史上第一次反帝反封建游行。

另外一名绍兴人何赤华,在五四运动时与绍兴的其他爱国学生发起了一场"国耻纪念大会"。他在台上发表激情演说,带着大家一起唱响《国耻纪念歌》,台下学生热血沸腾。随后,他组织数千学生走上街头,高呼救国口号,进行游行示威,坚决支援北京学生的反帝斗争。

今天,我们重温了激情燃烧的岁月,感受了五四先贤的爱国之志,也体悟了风云际会中绍兴人的历史担当。在这里也衷心希望我能和社区的各位党员同志们一起,为党和国家的事业做出自己应有的贡献!

【宣讲者心声】

绍兴是一块红色的土地,有着光荣的革命传统。为庆祝中国共产党成立100周年,守好"红色根脉",讲好红色故事,铸就爱国情怀,我以"五四运动中的绍兴人"为主题进行了两次宣讲。

第一次是前往长城中学面向初中学生的宣讲。我结合了课堂教学,带领学生通过"五四风雷 激荡百年""风云际会 绍兴担当"和"精神传承 勇担重任"三个部分的学习，提升家国情怀与民族自信，并树立为实现中华民族伟大复兴勇担时代责任的远大理想。

第二次是前往北海社区面向社区老党员的宣讲。我和各位老党员同志们一起重温激情燃烧的岁月，感受五四先贤的爱国之志，体悟风云际会中绍兴人的历史担当。

两次宣讲，不同的受众，不同的收获，但相同的是大家对于我们中国共产党、对于绍兴这块红色土地的一份真挚的热爱！

——绍兴文理学院"越讲越红"大学生宣讲团　陈思成

做一个利国利民的东西南北人

（绍兴市大中小学思政课一体化红色研学宣讲稿）

各位老师，各位同学，大家下午好。我是思政201班王玉瑶，今天我微课的主题是《做一个利国利民的东西南北人》。就在昨天，习近平总书记考察了中国人民大学，习近平总书记提出要"坚持党的领导，传承红色基因，扎根中国大地，办好特色大学"。[①] 红色基因是中国共产党血脉中最耀眼的显性基因，也是袁家军书记用来描绘我们浙江省鲜明精神特质的四个词汇之一。而绍兴自古以来仁人志士层出不穷，叶天底、王一飞、汪寿华、张秋人、宣侠父……这些都是我们耳熟能详的革命英烈，个个都是顶天立地真汉子，而俞秀松烈士更是其中之翘楚。今天，我们在俞秀松烈士纪念馆内，就让我们一起走近这位传奇人物，感受他利国利民的四海为家情怀。

俞秀松是中国共产党发起组最初的5位成员之一，他是上海社会主义青年团的第一任书记，他的名字镌刻在中共党史、团史上。"我的志愿是要做一个有利于国、有利于民的东西南北人。"20岁那年，他要去北京参加工读互助会。他对前来送行的弟弟说完这句话，头也不回地走进船舱，一去不返。后来，他果真做了一个东西南北的人，步履匆匆，一生漂泊，再也没有踏上家乡诸暨一步。

虽然忙于革命事业，但是俞秀松并非铁石心肠，不念家乡、不恤父母。

①　习近平在中国人民大学考察时强调：坚持党的领导传录红色基因扎根中国大地　走出一条建设中国特色世界一流大学新路［N］.人民日报，2022-04-26(1).

他在给父亲的信中,满怀歉疚地说:"丢弃父母而不顾养,这是儿个人万万不忍出此的。"1937 年 12 月,俞秀松在新疆被捕,深陷囹圄,他对前来探监的妻子说,"我一个人不算什么,不能为我一个人着想,要为劳苦大众献身,这是革命者的本色。"家是最小的国,国是千万家。为了革命,舍小家,为大家,他将个体价值的实现与国家民族的命运连接在一起,投身于实现民族复兴的历史洪流,为家国情怀写下最生动的注脚。站在烈士纪念碑前我们想象着这位革命者,东西南北,四海为家,带着一个生命所能迸发的最大热情,献身共产主义理想。我不由得想起了艾青的《时代》里的一句诗:"为了它的到来,我愿意交付出我的生命,交付给它从我的肉体直到我的灵魂。"

在党的百年历史中,无数共产党人不惜流血牺牲,国而忘家、公而忘私,留了一个个感人的故事。从百年前的"做一个利国利民的东西南北人"到如今的"隐'功'埋名三十载,终身报国不言悔"。20 世纪 50 年代后期,党中央决定组织力量自主研制核潜艇。黄旭华有幸成为这一研制团队的成员之一。执行任务前,33 岁的黄旭华回到老家。63 岁的母亲再三嘱咐道:"工作稳定了,要常回家看看。"但是,在此后 30 年时间,他的家人都不知道他在做什么,父亲直到去世也未能再见他一面。1986 年年底,两鬓斑白的黄旭华再次回到广东老家,见到了 93 岁的老母。他眼含泪花说:"人们常说忠孝不能双全,我说对国家的忠,就是对父母最大的孝。"正是在"秀松精神"的号召下,出现了一个个像黄旭华那样利国利民的共产党员。

一代人有一代人的长征,一代人有一代人的担当。2023 年五四青年节马上就要到来,实现中华民族伟大复兴中国梦的接力棒已经交到当代青年手中。回望过去一年共同度过的分秒点滴,一幕幕画面依旧令人心潮澎湃:八方星夜驰援武汉的那一天,机器重新轰鸣起来的那一天,大街小市重回烟火人间的那一天,抗疫英雄们庄重步入人民大会堂的那一天,"天问一号"脱离地心引力奔向苍穹的那一天,最后一批贫困县宣布"摘帽"的那一天……每一天里都有青年人的身影,每一天都是最令人动容、最值得自豪、最应当铭记的"中国一天"!

青春向党,时代向上,九万里风鹏正举。青年人要有"同时间赛跑、同历史并进,时与势依然在我"的气概,要有"我辈岂是蓬蒿人"的傲然,更要有默默奉献、绵绵用力、久久为功的坚守和觉悟。"做一个利国利民的东西南北人","秀松精神"感召下的中国青年将赓续共产党人的精神血脉,接受时代和历史的召唤,继续奋勇前进!

——绍兴文理学院"越讲越红"大学生宣讲团　王玉瑶

旌旗风雷动　久有凌云志
——青年毛泽东的读书故事
（绍兴文理学院"青马工程"宣讲稿）

　　习近平总书记在给北京大学援鄂医疗队全体"90后"青年党员回信时指出："青年一代有理想、有本领、有担当，国家就有前途，民族就有希望。"①对于我们青年学生而言，通过了解革命先辈与伟大领袖们青年时期的初心和选择，我们能够树立远大理想信念，坚持正确三观导向，成为新时代的筑梦人。"不惧风雨，勇挑重担，让青春在党和人民最需要的地方绽放绚烂之花"。借着2021年建党一百周年的契机，我们今天"青马宣讲会"要走近的是"旌旗风雷动，久有凌云志"的青年毛泽东。

　　"凡是伟大的领导者都是伟大的读书者"。我们党历来重视学习，将以史为鉴、开辟未来作为政治自觉。

---

　　① 习近平给北京大学援鄂医疗队全体"90后"党员的回信[J].中国民族教育，2020(04):4.

毛泽东曾说:"我一生最大的爱好是读书","饭可以一日不吃,觉可以一日不睡,书不可以一日不读"。毛泽东一生嗜书如命,书伴随着毛泽东度过了他那波澜壮阔的一生,给了他无穷的力量。在我们党的第一代领导人中,毛泽东可谓是终身学习、酷爱学习的典范。

1910年秋,不满17岁的毛泽东离开闭塞的韶山冲,来到湘乡县(今湘乡市)立东山高等小学堂上学。毛泽东的读书是从私塾先生和学校老师的引导开始的,从那时起,读书就成了毛泽东一生中一件重要的事。随着清末教育制度的革新而改为新式学堂,学校设了藏书楼,里面收藏了大量中外书籍和新潮报刊。这里浓厚的学习气氛吸引了毛泽东。他更加勤奋刻苦地读书,藏书楼成了他经常出入的地方,这便是毛泽东接触大量书籍的开始。在校期间,毛泽东的心思不在读经书上,他经常到学校藏书楼借阅中外历史、地理书籍。

1911年,在老师的引荐下他来到了长沙,从此,他的思想和生活都发生了新的变化。他经历了参军、入学、自学等事件后,决定进入湖南第一师范学校读书。早晨他第一个起床,冷水浴后就到自习室读书,晚上熄灯后他还在走廊或在茶炉室借助微弱的灯光读书。"苟有恒,何必三更眠五更起,最无益莫过一日曝十日寒"成了毛泽东在湖南第一师范学校时期的座右铭。经过五年半的修学储能,他成为湖南第一师范学校德智体全面发展的高才生。

1915年6月25日,毛泽东在给湘生的信中谈到读书问题,认为读书之道应先博而后约,先中而后西,先普通而后专门。青年毛泽东认为博学是基础;另一方面,在博学之后就应该返回精专,由博而返约。

毛泽东读书严肃认真,不易受外界干扰,不仅在许多固定的地方饱览群书,还随时随地进行阅读。在追求学问的道路上,毛泽东是先驱,但同样也是智者,他良好的学习与阅读习惯大大提高了他的阅读效率与阅读质量,值得我们研究学习。

谭嗣同有诗云:"四万万人齐下泪,天涯何处是神州。"神州陆沉,豪杰辈出。青年毛泽东是如何登上历史的舞台,并一步步走到舞台中心的?一个农家子弟,何以开辟出如此的丰功伟绩?回顾历史不难发现,这和毛泽东求学阶段的游历生活有着密切联系。

第一个阶段是1918年8月以前,当时毛泽东初步接触了各种社会主义。第二个阶段是1919年12月至1920年4月毛泽东的北京之行,当时他的目的是发动首都各界驱逐军阀张敬尧，其主要收获是初步确立马克思主义信仰。第三个阶段是 1920 年夏至 1921 年 7 月。在这个阶段毛泽东一面参与湖南自治运动，一面积极宣传马克思主义和组建湖南党团组织，坚定了共产主义信念。

当代青年人应当去寻找那盏属于自己的明灯，遵循习近平总书记的要求"不忘初心、继续前进"。

【宣讲者心声】

当代青年是祖国发展的强大的生力军，青年的发展事关中国梦的实现。青年在社会中成长要摒弃社会不良因素的影响，努力学习科学文化知识，弘扬中华民族的传统美德和优秀文化，提高自身政治素质，在知识上、思想上以及体质上、精神上不断地提高自己，及时发现自身的问题和不足，不断地完善自我。尽管当代青年在成长环境和生存环境上与一代伟人毛泽东的青年时代不同，但历史上优质青年所具有的社会责任感等优秀品质依然值得当代青年去学习和弘扬。当代青年要自觉把自己的小我融入祖国的大我，努力担当起青年的责任和使命，为社会做出自己应有的贡献。

——绍兴文理学院"越讲越红"大学生宣讲团　郦柯妤

苦难磨砺中的青春熠熠生辉

——青年邓小平的故事

（绍兴文理学院"青马工程"宣讲稿）

　　1904年，邓小平出生于四川广安县（今广安市），得名邓先圣，读书时私塾先生为他改名邓希贤。1920年8月，16岁的邓希贤怀揣着"学点本事""实业救国"的想法，前往法国闯荡，开启了他的留学生涯。

　　在法国的那段求学时光并不顺畅，邓小平和其他人常常因手头拮据而不得不四处打工，每日的生活就是在学校和工厂之间两头奔忙。随着对俄国十月革命等无产阶级发展历史的深入了解，加之在法国的工作中所目睹的资本主义的冷血与残酷，他毅然决定加入了由周恩来组织的旅欧中国少年共产党。邓小平和长他6岁的周恩来一起工作了一段时间。周恩来身上那种坚定的信仰，对现实问题的清晰分析与把握，使他从中学到了很多。邓小平逐渐开始负责起支部的一些工作。这些工作主要与蜡版油印有关。因刻字工整、印刷清晰，他被党内同志们亲切地称为"油印博士"。

　　根据党组织的安排，1926年1月，邓小平离开巴黎到达莫斯科。在这里，他接触到了许多全新的、凝练的马克思主义基础理论。也是在这里，他结识了后来成为他人生伴侣的同学张锡瑗。"在那时我只有一个想法，只要能留俄一天，我便要努力研究一天，务使自己对于共产主义有一个相当的认识"。

　　从莫斯科回国后，邓小平参与了"八七会议"的具体筹备。1927年8月的武汉笼罩在白色恐怖之下，作为中央秘书处负责人，紧急会议只开了一天，他却在那里整整待了六天，困了就在地板上打个盹，饿了便倒杯开水吃点干粮。早餐、场地布置和内容记录全权由他负责，每日最早进入、最后离开。邓小平的勤奋，给与会代表们留下了良好的印象。

　　1931年8月，27岁的邓小平抵达瑞金，并被推举为县委书记。邓小平在瑞金任县委书记的10个多月里，住过祠堂、庙宇，大多数时间住在群众家里。他大搞确保农业丰收、发展经济的运动。瑞金在他的带领下走向发展。由于他的出色工作，毛泽东、朱德率领的红一方面军改变部署，决定在瑞金召开中华苏维埃第一次全国代表大会。而邓小平在瑞金城内举行提灯晚会、祝贺大会等活动迷惑敌人，以防敌机轰炸会场。

　　1932年5月，邓小平调往革命基础较薄弱的会昌担任县委书记，领导会昌、寻乌、安远三县的工作，把守中央苏区的南大门。虽遭"最后严重警告"等不公正处分，但邓小平仍然襟怀坦荡，任劳任怨，创下了《红星》报发行量高达 17300 多份的纪录。邓小平于 1934 年 10 月踏上了长征之路，并最终被重新起用。

全面抗战开始不久，邓小平由八路军政治部副主任调任一二九师政委，与师长刘伯承一起在太行山区开辟晋冀豫边区抗日根据地。1941 年，经受了百团大战沉重打击的日本侵略军，把战争重点转到了华北根据地，加之国民党封锁包围和连年自然灾害，华北敌后抗战和根据地建设进入了最为艰难困苦的时期，一二九师的建设和发展也面临着极为严峻的考验。在领导部队建设和发展的实际工作中，邓小平总是把部队建设与根据地建设作通盘考虑，明确提出了在根据地建军、建政、建党的任务。

抗日战争胜利后不久，国民党蒋介石就发动了全面内战。1947 年 8 月，刘伯承、邓小平率领晋冀鲁豫野战军挺进太行山区，与国民党军队展开了一场场激烈战斗。在艰苦的战争年代，邓小平严以律己，率先垂范，常常穿着洗得发白的旧军装，和普通士兵吃同样的食品，以自己的艰苦朴素行为感召部下，在当地留下了许多流传久远的动人故事。

正如江泽民所说："当他受到错误打击、处于逆境的时候，他从不消沉，总是无私无畏，不屈不挠，沉着坚韧。正因为这样，他才能顺应历史和时势的要求，在经历逆境之后重新起来担当重任。"青年邓小平，将自身理想与国家命运相结合，全身心地投入救国图存之中。新时代的我们，也当不忘初心、牢记使命，担当时代"接力手"的职责和使命，书写俯仰无愧的报国华章！

【宣讲者心声】

在本次宣讲活动中,我充分感受到了以青年邓小平为代表的这一代革命先辈们在把个人前途命运与国家、民族、人民紧密连接在一起,努力为中国革命和建设无私奉献的过程中的那份砥砺前行、不惧困难的无畏精神,这是我们新时代的青年所应当传承、发扬的精神。在本学期里我一共参与了3场宣讲活动。这不仅使得自己的演讲技能得到了提升,也能够帮助更多的同学了解伟人事迹,使他们朝着前人的经验坐标不断前进。在习近平新时代中国特色社会主义思想指引中国式现代化建设视域下,这尤为重要。希望在后续的学习工作中,自己也能够秉承青年邓小平的这份担当和责任,继续努力奋斗,为教育事业做出贡献。

——绍兴文理学院"越讲越红"大学生宣讲团　潘钦杭

赓续红色基因　传承雷锋精神
(2023年浙江省思政微课宣讲稿)

大家好,我是主讲人蒋钿甜。今年是毛泽东同志题词号召"向雷锋同志学习"60周年。

1963年1月7日,雷锋生前所在班被国防部命名为"雷锋班",之后收信地址为雷锋班的来信像雪片一样纷至沓来。一个甲子过去了,雷锋班已经收到了47万多封信。一名22岁解放军战士的故事,为何能被传颂大半个世纪? 雷锋精神到底有什么样的魅力? 让我们走入今天的课程。

一、走近雷锋,聆听雷锋

雷锋原名雷正兴,中国人民解放军战士,共产主义战士,2019年被人民评选为"最美奋斗者"。手持钢枪、头戴棉军帽,永远洋溢着春天般的笑容,这是很多人对雷锋的第一印象。那么,雷锋究竟是个什么样的人呢?

雷锋入伍期间的连长虞仁昌对雷锋的评价就是"对自己抠门,对他人慷慨"。他对自己很"抠",每个月只花5角钱买肥皂和牙膏,穿着"千层袜";对于公家的资源他很"抠",发扬"螺丝钉精神",把连队的"耗油大王"开成了"节约标兵"。但就是这么一个抠门的人却将攒了两年的津贴慷慨地捐给受灾群众。用虞老先生的话来说:"我做了他两年的连长,他做了我一辈子的榜样。"

纵观雷锋的生平，我们会发现雷锋不愧为那个时代的先锋榜样。他贫农出生，在长沙安庆乡政府当过通信员，到辽宁鞍山做过推土机手，到鞍山钢铁厂做过工人，最后在辽宁抚顺入伍成为一名军人。而支持他不断超越自己不断发展的内驱动力是为人民服务的精神，正如他在日记说的："人的生命是有限的，可是，为人民服务是无限的。我应把有限的生命投入到无限的为人民服务之中去。"

雷锋也会遇到成长中的'烦恼'。他在日记中说，'有些人看我平时舍不得花一个钱，说我是'傻子'。其实，他们是不知道我要把这些钱攒起来，做一点有益于人民、有利于国家的事情……

二、读懂传承雷锋精神的深刻内涵

2021 年 9 月，党中央批准了中央宣传部设立的第一批纳入"中国共产党人精神谱系"的伟大精神，雷锋精神被纳入其中。我们先来看看雷锋精神的具体内容。雷锋精神到底告诉我们些什么？我们可以从社会主义核心价值观的角度去思考。雷锋精神告诉我们：要对党忠诚，要爱国、诚信；要做一颗永不生锈的螺丝钉，干一行、爱一行、钻一行，这就是要敬业；要把有限的生命投入无限的为人民服务中去。雷锋精神在不断的实践中形成了"向上""向善""助人为乐""全心全意为人民服务"的内涵。

党的十八大以来，习近平总书记对弘扬雷锋精神作出了一系列重要论述，从"带头学雷锋"到"让学雷锋活动融入日常、化作经常"。雷锋事迹深入人心，雷锋精神永不过时。新时代，雷锋精神在助力精神、共同富裕中彰显价值意蕴。我们要学习雷锋一团火、一片叶、一块砖、一颗钉、一滴水的精神，为中国式现代化和共同富裕提供精神之源。

三、共同书写践行雷锋精神的时代答卷

"向上的力量，源自祖国，火红的初心，注满感恩。"徐本禹、郭明义、徐茂芳……雷锋曾经追求的"活着的意义"，在新时代续写着一首首生命礼赞。

在我的身边也有着这样一群人，他们用自己的生命于平凡之中书写雷锋精神的不平凡。关于当代雷锋精神的传承和弘扬，习近平这样说："积小善为大善，善莫大焉。"这与我们当前的"为人民服务""做人民的勤务员"都

是一脉相承的。雷锋精神永远值得弘扬。（视频）

国家统一和民族复兴的历史车轮滚滚向前，要求我们于守正中创新，在传承弘扬雷锋精神中进一步彰显时代价值和实现精神富裕。赓续红色基因，传承雷锋精神，只有矢志不渝，笃行不怠，方能不负青春，不负时代，不负家国！

【宣讲者心声】

在中国共产党成立100周年大会上，习近平总书记指出："一百年来，中国共产党弘扬伟大建党精神，在长期奋斗中构建起中国共产党人的精神谱系……我们要继续弘扬光荣传统、赓续红色血脉，永远把伟大建党精神继承下去、发扬光大。"①

很荣幸这次可以参加浙江省思政微课大赛，以青年的视野，歌颂新时代强音。青年要系好人生的第一颗扣子，学习雷锋精神不仅仅是为了纪念他，更是为了传承和弘扬这种高尚品质。

我们应当保持一颗感恩的心，积极投身社会公益事业，关心关爱身边的每一个人，努力成为像雷锋一样的人。

---

① 习近平.在庆祝中国共产党成立100周年大会上的讲话.北京:人民出版社,2021年.

————绍兴文理学院"越讲越红"大学生宣讲团　蒋钿甜

【宣讲视频】https://mp.weixin.qq.com/s/2dmrJwgKbEEhWZFFpSgZsA

展青春之姿　续百年征程
（2022年绍兴市高校寝室文化节"喜迎二十大,我想对党说"宣讲稿）

各位评委老师大家好,我宣讲的题目是"展青春之姿,续百年征程"。在宣讲开始前,我想先给大家讲一个故事。1920年2月中旬的一个晚上,一辆老式带篷骡车缓缓驶出北京城。这可不是一辆普通的骡车,赶车的"账房先生"是李大钊,而坐车的"东家"是陈独秀。"南陈北李,相约建党"的历史佳话也由此流传开来。作为中国最早的马克思主义传播者,李大钊如盗火之神,以马克思主义点燃人心,照亮了中国人民前进的方向。

今天,我想和大家一起,与大钊先生来一场跨越时空的对话。

李:同胞们!

我:大钊先生! 我们说,一个有远见的民族,总是把关注的目光投向青年;一个有远见的政党,总是把组织的基础植根于青年。

李:因为这岁月的车轮,总还要滚滚向前,我们这一代人尚不能修筑完革命的铁轨,不能让中国的历史,在我们手里断了根!

我:如您所说,中国共产党建党伊始,就把青年视为推进伟大社会革命和伟大自我革命的有生力量。

李:但"历史的道路,不全是平坦的,有时走到艰难险阻的境界这是全靠雄健的精神才能够冲过去的。"

我:大钊先生,历代的青年们以实际行动践行了您的教诲。一百年前的青年,是救亡图存的一代青年,面对内忧外患的局面,他们以"苟利国家生死以,岂因祸福避趋之"的铮铮铁骨,前赴后继,抛洒热血,为刚刚苏醒的雄狮,寻一条走向光明的道路;七十多年前的青年,是背负建设国家重任的一代青年,他们以"宁可少活二十年,也要拿下大油田"的决心,忘我劳动,倾情付出,为蹒跚起步的中国工业,打下了最牢固的根基;四十多年前的青年,是踏上改革开放征程的一代青年,他们秉着"发展才是硬道理"的信念,勇立潮头,踔厉奋进,造就了东方巨龙腾飞的奇迹……

李："一代人有一代人的使命，一代人有一代人的努力和付出，你们这一代青年又能创造出多少种可能？"

我：大钊先生，今天，实现中华民族伟大复兴的接力棒传到了强国富民的青年一代手中。时间不能倒流，精神却能传承。我们对前人披荆斩棘创造的和平岁月倍感珍惜，也早已准备好为后人之幸福砥砺前行。在面对新冠疫情这一场"大考"时，我们也都用担当和奉献交出了属于青年人的答卷。

青年一代不仅在奋发有为中践行初心使命，也正在把红色基因传承到更年轻的一代。我常常在思考，如何用自身的力量，将红色教育传承下去。在今年的上半年，我加入了"越讲越红"大学生宣讲团，在各个学院之间宣讲了习近平总书记在浙江的故事，弘扬了"八八战略"精神，还为绍兴职教中心的同学们讲述入团的基本程序与章程。作为未来的新时代思政课教师，在三尺讲台上传承红色教育，在学思践悟中赓续红色血脉，我以我的方式，为红色教育的传承做出了一份努力。

李："青年如此这般，吾民族当属有望"。

我：是的，大钊先生，实践充分证明，中国青年是有远大理想抱负的青年，是有深厚家国情怀的青年，是有伟大创造力的青年，中国青年正日益成长为堪当大任的先锋力量！民族复兴青年说，我们在宣讲；民族复兴青年行，我们在前线；民族复兴青年干，我们在基层；民族复兴青年拼，我们在创新。

百年潮涌爱国志，奋斗青春起而行。每一代人有每一代人的长征，每一代人都要走好自己的长征路。通往奋斗目标的道路，因奋勇拼搏而铭心刻骨；实现民族复兴的征程，因艰苦卓绝而荡气回肠。大钊先生您说过："青年之字典，无'困难'之字；青年之口头，无'障碍'之语。"乘风破浪，迢迢乎远矣，复何无计留春望尘莫及之忧哉。

奋斗是青春最靓丽的底色。党的二十大报告指出："广大青年要坚定不移听党话、跟党走，怀抱梦想又脚踏实地，敢想敢为又善作善成，立志做有理想、敢担当、能吃苦、肯奋斗的新时代好青年，让青春在全面建设社会主义现代化国家的火热实践中绽放绚丽之花。"伟大的新征程已经开始，新的"赶考"之路已经启航。在全面学习贯彻党的二十大精神之际，愿各位青年，发奋图强，成才不负青年志；继往开来，报国常怀赤子心！

【宣讲者心声】

通过这次宣讲,我与李大钊先生来了一场跨越时空的对话,再次感受到了百年奋斗历程中一幕幕令人动容的场景,并深刻意识到当代青年应当承担的社会责任。正如大钊先生所说:"青年之字典,无'困难'之字,青年之口头,无'障碍'之语。"奋斗是青春最亮丽的底色,作为思政青年,我们更应当在奋发有为中践行初心使命,在学思践悟中传承红色基因,让青春在全面建设社会主义现代化国家的火热实践中绽放绚丽之花。

——绍兴文理学院"越讲越红"大学生宣讲团　仲　蕾

【宣讲课件】https://mp. weixin. qq. com/s/cwYow Jmve_O8m4FdwMOsjw

唱响"00 后"们的青春奉献之歌
(2023 年浙江省思政微课宣讲稿)

习近平总书记在纪念五四运动 100 周年大会讲道:"一代人有一代人的长征,一代人有一代人的担当。"那么,每一代人的青春又都是什么样的呢?接下来就让我们一起乘坐这艘红色的小船,驶入历史的长河,去听听每一代青年唱响的青春奉献之歌。

（PPT配合，红色的小船行驶到新民主主义革命时期）1919年，五四运动爆发，青年学生正是掀起这场爱国救亡运动的主力军。那一年，毛泽东26岁，邓中夏25岁，恽代英、蔡和森24岁，周恩来、张太雷21岁，瞿秋白20岁，他们高喊"外争主权、内除国贼"的口号，手举"宁为玉碎，勿为瓦全"的标语，以青春之力发出时代强音。1945年，延安各界及中共七大的全体代表举行了中国革命死难烈士追悼大会，汪寿华，年仅26岁牺牲；陈延年，年仅29岁牺牲；陈乔年，年仅26岁牺牲……他们都是那个年代的"00后"。

（PPT配合，红色的小船行驶到社会主义革命和建设时期）在这个时期，广大青年在党的领导下紧密团结、发愤图强、乐于奉献，积极投身社会主义革命和建设。抗美援朝战争，"打得一拳开，免得百拳来"，240万中国人民志愿军的平均年龄是28岁，黄继光、邱少云、罗盛教是他们光荣的代表。社会主义建设时期，一支又一支的青年突击队诞生，在新中国的经济建设中发挥了重要作用。他们都是那个年代的"00后"。

百年来，他们唱响了一曲不畏强权、浴血奋战、百折不挠、艰苦奋斗的壮丽诗歌。百年后，身处新时代的我们，又当如何肩负使命，逐梦青春呢？

习近平总书记在二十大的寄语给了我们答案：广大青年要坚定不移听党话、跟党走，怀抱梦想又脚踏实地，敢想敢为又善作善成，立志做有理想、敢担当、能吃苦、肯奋斗的新时代好青年，让青春在全面建设社会主义现代化国家的火热实践中绽放绚丽之花。①

跟随的党的脚步，我们新时代"00后"们，也都正在自己的窗口都书写最美青春。18岁写下战斗口号"清澈的爱，只为中国"的"戍边英雄"陈祥榕；献身军队、保家卫国的"女枪王"沈梦可；留学归国潜心钻研，打破技术垄断，献身国家芯片事业的"天才少女"宋文清，15岁破解世界难题，推动数学发展的；"最年轻的科学家"谈芳琳；赛场上，像谷爱凌、苏翊鸣那样的运动健儿创造历史，激励更多青年人为梦想不懈努力；星空中，航天青年们叩问苍穹、逐梦星河，以奋勇攀登的姿态推动科技自立自强；基层的广阔天地里，无数的"00后"新农人助力乡村振兴，用奋斗绘就青春最亮丽的底色。

他们，就是习近平总书记提到的新时代好青年。看看我们的同龄人，他们都在各自的领域努力奋斗。让我们用发现的眼睛来寻找我们身边的新时

---

① 习近平.高举中国特色社会主义伟大旗帜 为全面建设社会主义现代化国家而团结奋斗——在中国共产党第二十次全国代表大会上的报告.北京：人民出版社，2022年.

代好青年。自 2007 年起,16 年的借力,我学院"关爱小候鸟"志愿帮扶团先后选拔了 400 余名志愿者,为 1600 多名留守儿童、少数民族儿童、外来务工人员子女等弱势群体提供教育帮扶。在 2021 年的暑假,我们历经 30 多个小时,终于到达海拔 3000 多米的高原小城——甘孜藏族自治州,进驻康北儿童福利院。起初大家都无比兴奋,但在环境适应的过程中却是困难重重,身体不适、症状频发,可平日里不免娇气的姑娘们却都扛下来了。因为,孩子们的一声声"老师好",上课时热烈的回馈,下课后勤奋好学,都是她们坚持下去的动力。

作为一名平凡的大学生,或许我们难以描绘宏伟的蓝图,无法成就伟大的功勋,但我们可以在各自擅长的窗口书写属于自己的青春,用自己的力量为社会发光发热。

走过百年,我们看到了一代代中国青年前赴后继跟党走、砥砺前行担使命。作为新时代的中国青年,我们必将以饱满的精神状态,积极投身于以中国式现代化实现中华民族复兴的伟业中去,用闪闪发光的青春书写最美的华章,唱响"00 后"们的青春奉献之歌。

【宣讲者心声】

走过百年以来,我们看到了一代代中国青年前赴后继跟党走、砥砺前行担使命,唱响了一曲曲不畏强权、艰苦奋斗的壮丽诗歌。百年后,身处新时代的我们——"00 后",又当如何唱响青春呢?习近平总书记在二十大的寄语给了我们答案:我们要立志做有理想、敢担当、能吃苦、肯奋斗的新时代好青年。

跟随的党的脚步,我们发现了许多新时代"00 后"们都在用自己的力量为社会发光发热,正在自己的窗口都书写最美青春。我相信,无论是百年前的"00 后",当下的"00 后",还是百年后的"00 后"都将以饱满的精神状态肩负起民族复兴之重任,用闪闪发光的青春书写最美的华章,唱响"00 后"们的青春奉献之歌。

——绍兴文理学院"越讲越红"大学生宣讲团　虞舒雅

【宣讲视频】http://m.shaoxing.com.cn/p/3088916.html

第四节　地域特色类

之江潮起,共谱山海传奇

(第六届"卡尔·马克思杯"浙江省大学生理论知识竞赛宣讲稿)

有人问,浙江经济新的增长点在哪里?

看山,七成以上是山地和丘陵,大有文章可做;看海,海岸线总长度居全国首位,是名副其实的海洋资源大省。山与海,赋予了浙江城乡摇曳生姿的美,却也一度成为区域协调发展中横亘着的沟壑。

2003 年,时任浙江省委书记的习近平同志在"八八战略"重大部署中强调,要进一步发挥浙江的山海资源优势,使之成为浙江经济新的增长点。这,就是"山海协作工程"的源头。

20 年来,浙江以省内携手"浙山海"、东西部协作"大山海"、国际"一带一路""共山海",在新时代新征程上奏响"八八战略"的"山海协奏曲"。

一、"浙"里出发，携手共建"浙山海"

山海协作，首先从"浙"里出发。一条"清大线"，划分了"山区 26 县"，为我们直观地展现了浙江区域发展的差距。2023 年 3 月，国家发改委赋予了山海协作新的内涵与价值，将其总结为"一、二、三、四"。

第一，完善一项机制。20 年来，浙江持续推动山海协作不断升级，50 个发达市县与山区 26 县结对帮扶、共同发展。

第二，实施两大行动。做大产业扩大税源；提升居民收入。"两条腿走路"迈开新步伐。2023 年上半年，省级"山海协作"工程莲都大厦在义乌拔地而起，入驻企业可以享受金丽两地税收、金融、人才等福利，展现了浓浓的山海情深。

第三，补齐三大短板。完善交通基础设施，舟山跨海大桥、丽水无水港、金台铁路等一大批海陆基础设施建成，打通了山海之间的发展阻隔；提供优质公共服务，宁波与丽水深入推进卫生监督智慧系统建设，推进医疗人才交流和教育培训；推进新型城镇化进程，衢州开化以工促农、以城带乡，在绍兴的帮助下下山脱贫、易地搬迁，一座宜居的国家公园城市屹立在浙西大地。

第四，推动四大创新。"一县一策"、"飞地"经济模式、生态产品价值转化、数字化改革赋能等，浙江正在"创新深化"的道路上步履不停、奋勇向前。

山海协作，要"输血"，更要"造血"，这是初衷和本质。20 年久久为功，之江大地正发生着系统性、整体性的精彩蝶变。

二、踏上征途，东西协作"大山海"

浙江把"山海协作"理念也延伸到全国大局之中，从浙江的"小山海"走向了祖国的"大山海"。

目前，浙江与四川、贵州、青海等地开展东西部协作，西藏的那曲市便是重点之一。截至目前，已有 10 批约 700 名援藏干部接力扎根高原。他们用汗水浇灌的民族团结之花，终于结出了发展之果。如今的那曲，与二十年前那个需要依靠牛粪取暖、凿冰饮水的藏北高原相比，有了显著的改善，这一切都见证着浙江在"大山海"行动中的点点滴滴。

三、命运共连，时代潮涌"亚山海"

时代的浪花奔涌向前，浙江翻越山海，跨越国界。习近平总书记新年贺词中温暖话语的背后，是我们不断为人类文明进步持续贡献力量的责任担当。共建"一带一路"十年来，"义新欧"中欧班列成功实现亚欧大陆互联互通，辐射 50 多个国家和 160 多个城市；宁波舟山港集装箱卡车穿梭如织，货物吞吐量居全球第一……绘就了一幅高水平对外开放的"浙江画卷"。

四、共富情续，续写传奇"新山海"

浙江省委十五届四中全会明确指出，要坚定战略目标，始终坚持"八八战略"的统领地位，为全国建设共同富裕示范区打造浙江样板。在省党代会精神的引领下，浙江将持续打造"山海协作升级版"，坚持一张蓝图绘到底、一任接着一任干。所有人心中都有一个富民强省梦。虽然"所梦跨山海"，但好在"山海亦可平"。

看，在我的班级里，有十位来自西藏那曲的藏族同胞，他们是山海协作的直接受益者。

奋进的浙江，将不断续写新的山海传奇。

【宣讲者心声】

非常有幸能够担任这次卡马杯的宣讲员。在备赛过程中,在老师和同学的一遍遍改稿、一次次打磨的帮助下,我能够顶住压力,顺利完成这项任务。我们以浙江省内携手"浙山海"、东西部协作"大山海"、国际"一带一路""共山海",在新时代新征程上奏响八八战略"山海协奏曲"为主线展开,同时结合时事热点,生动有趣、浅显易懂地说明了"山海协作"理念。

在此过程中,我深刻领悟到"八八战略"是习近平同志在浙江工作时经过充分调研为浙江擘画的发展蓝图的战略指引,对于推动浙江省经济社会的全面发展具有重要的意义。我深刻认识到当时制定这一战略的背景、意义和重要性,及其对于其他地区的启示和借鉴作用。

未来,我们应该继续学习和研究"八八战略",将中国故事越讲越红,越讲越响!

——绍兴文理学院"越讲越红"大学生宣讲团　陈语心

【宣讲课件】https://mp. weixin. qq. com/s/SaMhh8YXV3aJknQ-6BJqJw

一"布"当先:纺城绍兴的工业改革路

(2023年浙江省高校思政微课特等奖宣讲稿)

各位老师、各位同学,大家好,我是××号选手王玉瑶。作为一名在国际纺都念书的学生,今天我想带大家看看《一"布"当先:纺城绍兴的工业改革路》。

(播放视频《这是运去哪儿的啊——大连》)

晚上十点,这是柯桥轻纺城物流中心最繁忙的时刻,运输工人们整装待发,和记者交谈时话语里全是对家乡布匹的自豪感。可是在十几年前,这儿的居民可以说是"苦布污染久矣"。是什么让他们的态度发生如此大的转变?从谈染色变到一布当先,绍兴又采取了什么措施?转型当前,让我们一起走进绍兴、走进纺织业、走进新型工业化。

新型工业化道路,走的是"莫为浮云遮望眼,风物长宜放眼量"的远见之路。我们都知道,绍兴因纺织起家,2003年,绍兴已有纺织企业上千家,一年染布200多亿米,全世界50多亿人口,给每人做一套衣服还有多。然而此时,成长的烦恼随之而来:"染缸"不仅是个吃水机器,还是个排污大户。2010年前后,仅绍兴县每年老百姓关于黑臭河的信访、投诉就有两三百件;政府因水质污染每年给养殖户的赔偿,高达两千万元,老百姓一度谈染色变。其实纵观世界近现代经济发展史,我们必须承认,工业化确实是一个国家经济发展的必由之路,但到底是一味追求高速度还是转型高质量,这考验着决策者的智慧和担当。2003年,时任浙江省委书记的习近平考察绍兴时给出指示:"发展很快,层次太低,改革势在必行。"

那么绍兴又是怎么做的呢?这就不得不提新型工业化第二条路,"雄关漫道真如铁,而今迈步从头越"的创新之路。污染严重?那就对大批污染型企业进行"减量腾退";附加值低?那就优化升级产业链,赋予传统纺织现代的功能性和艺术美。产业单一?那就不断开辟出新的产业土壤,精心培植集成电路、高端生物医药等新兴产业,使其入选省级"万亩千亿"的新产业平台。大家看,成排的机械臂整齐划一地抓取染料盆、"气流染色"工艺节水近60%、贴上二维码的布匹通过智慧物流进行传输……这是浙江迎丰科技股份有限公司的生产场景,使曾经最让人"扼腕顿足"的纺织业,传递出了浴火重生的深意。那个曾经让老百姓谈之色变的大"染缸",早就在进步的路上跑出了纺城加速度。

新型工业化道路,走的是"苔花亦作牡丹开,一枝一叶总关情"的为民之路。今年是"八八战略"实施二十周年,也是绍兴蝉联"腾笼换鸟"考核优秀的第十个年头。这20年来,我们取得的所有成就都紧紧依靠着"八八战略"这张蓝图,而在历史坐标新方位的如今,中国式现代化仍然需要"八八战略"的指引。

我们现在听到的这首歌曲,改编自清代诗人袁枚的《苔》。一朵小小的苔花,只要足够努力,一样能够开出绚烂如牡丹的花。在座的青年朋友们,我们可能都只是一朵小小的苔花,但只要我们坚定理想信念,把自己的志向同国家民族的前途命运紧密联系起来,不论是在纺织业还是其他领域,都一样能够编织出属于我们的七彩人生。让我们在绍兴、在浙江、在共同富裕重要窗口,刻下写有我们名字的璀璨诗篇! 谢谢!

【宣讲视频】王玉瑶：一布当先 https://www.xuexi.cn/local/normalTemplate.html? itemId=595343414697382954

——绍兴文理学院"越讲越红"大学生宣讲团　王玉瑶

外婆坑村的追梦人

（2020 年绍兴市直教育系统微党课比赛宣讲稿）

2019 年 12 月 7 日，我在绍兴新昌的外婆坑村聆听了外婆坑的故事。经过两个多小时蜿蜒曲折的山路，翠绿的山色映入眼帘。一栋栋整齐古朴的民房里，聚居着 13 个少数民族。每家每户的空地上晒着黄色玉米饼、码着整齐的雪里蕻，热情的村民们还招呼我们品尝特产。这个"缺钱缺粮缺媳妇"的省级贫困村完美蝶变为小康村的背后，有一个人功不可没，他便是带领村民脱贫致富的领路人——外婆坑村党支部书记林金仁。

一、一个人的小康梦

1990 年，放弃万元户身份回归家乡的林书记立下"我一定要带领村民过上好日子"的誓言。追溯 30 多年漫漫时光,林书记为外婆坑做了三件大事:一条开放路、一片致富叶、一家幸福人。

过去,村民们都遭受过走羊肠小道、翻山岗的出行之苦,去趟乡里就要 8 小时。1991 年,林书记第一个提议要修一条环山公路。但这项工程需要 56 万元,于是,林书记一人扛起重担,毅然决然地开始了进城求资的艰辛之路。跑一趟县城,他需要凌晨三点半起来,路上辗转 6 小时。不论刮风下雨,他都准点蹲守在政府办公室门口,只为给外婆坑多争取一点机会。为节省 4 元钱的过夜钱,他又得当天坐夜车,再走三个多小时的山路回家,一到家便累得倒头就睡。就这样他一年跑破三双解放鞋,用 85 次的失败最终换来第 86 次的成功。"一条路",打开了外婆坑通往世界的大门。

农产品卖出去,媳妇儿娶进来,和美生活过起来!

二、一村人的小康梦

如今的"外婆坑"龙井茶已走入人民大会堂,走出国门。当年林书记在这里花费了不少心血,每家每户地做思想工作,组织成立新昌首家有机茶合作社,邀请师傅进行技术培训。而最让林书记欣慰的是绿茶产业给村民带来了丰厚的收入。这几年林书记又凭借民族风情、革命史迹等特点,大力发展乡村旅游,号召村民开农家乐、建民宿、卖玉米饼。一张卖 2 元钱的玉米饼曾经用于充饥,现在却能让一家人脱贫致富。而说到下一目标,林书记笑着说:"那就是让习近平总书记也能尝尝这清香酥脆的玉米饼。"

三、一群人的小康梦

除了外婆坑村,这样的追梦故事还有很多很多。比如,位于我的家乡宁波的滕头村开辟了一条生态旅游之路,成为全国十大名村;绍兴柯桥大山西村探索出"党建+家文化"的党建引领模式,成为全省全面小康示范村。正因为有了像林书记一样与人民群众风雨同舟的扶贫脱贫基层干部,有了像外婆坑村一样勤劳勇敢的人民群众,20 世纪 80 年代,新昌解决了最基本的温饱问题;世纪之交,绍兴实现基本小康的目标。两个百年交汇,我们的美丽浙江更是干在实处,走在前列,率先实现全面小康。

四、一代人的小康梦

一小碗米饭，就着一小碗咸菜。这是我的家人时常提及的一段往事。和林书记、我的祖父辈一样的 50、60、70 后，生于那个物资匮乏、经济落后的年代。在改革开放的浪潮中，这些从苦难中走来的人们，用迎难而上、埋头苦干的韧劲、狠劲、冲劲，翻开了中国解决温饱、奔向小康的崭新一页。

改革开放 40 多年，一代代中国人的共同使命都是为了实现小康梦、中国梦而接续奋斗。接过新时代的接力棒，新青年代表——我们的 2014 届学长宁伟，一个安徽小伙，放弃律师事务所的高薪，扎根川南藏区已整十年。他选择电商助农，积极投身公益事业；尽管荣誉满身，仍坚守在扶贫脱贫的奋斗路上。行进在新世纪征程上的 80、90、00 后，正用中国青年的力量、担当与精神，撑起了一片实现小康，奔向富裕的时代天空。

五、一国人的小康梦

2020 年是决胜小康的关键之年。从温饱到基本小康，再到全面小康，50 后到 00 后这半世纪年龄间隔的中国人所汇聚的中国力量，以惊人的中国速度创造着非凡的中国辉煌。在追梦路上，你我他都是追梦人。小康梦需要我们，强国梦需要我们，复兴梦同样需要我们。

时不我待，只争朝夕。让我们凝心聚力，勇往直前，一起跑赢困难，跑出梦想，跑向未来！

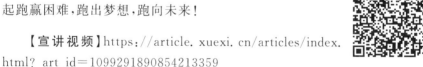

【宣讲视频】https://article. xuexi. cn/articles/index. html? art_id=10992918908542133359

——绍兴文理学院"越讲越红"大学生宣讲团　潘士儿

春满壶中留客醉　共富乡村待君来
（浙江省"巾帼共富追梦人"微宣讲大赛宣讲稿）

这是我的学姐，她是大佛龙井"来共点"茶叶品牌创始人，浙江省巾帼建功标兵，全国先进个体工商户连续两届的唯一获得者。但我知道，她也是通宵达旦赶工发货的"流水线员工"，是对着电脑耐心解答的淘宝客服，是穿岩十九峰上汗流浃背的种茶老手，荣誉加身之下的她其实就是一个初心简单扎根农村的卖茶人,她就是梁如洁。

"误入歧途"卖茶叶

谈及茶叶,梁学姐笑着说自己是"误入歧途",但我却觉得这是一场有"预谋"的冒险。

2007年,法学专业的她在撰写毕业论文时,深入茶区调研,发现家乡的茶农正在生产售卖之中面临困境,于是开始思索着该如何去帮助茶农开辟新的销售之路。

2008年,梁如洁从绍兴文理学院毕业,在面临人生选择关口时,她始终坚持着自己多年来的职业规划路线:"先就业再创业。"凭借着三年的总经理助理和法律顾问的工作经历,她的能力得到了极大的锻炼,但却在事业更上一层楼的时候,不顾老板许以公司上市原始股的大力"诱惑"和热情挽留,毅然决然回到了老家新昌。"因为我来自农村,所以对农村有特殊的感情,而且现在的农村正需要我们这些年轻人的加入,所以说我希望能为他们做点事儿"。

大佛龙井乘"电"飞

凭借着敏锐的前瞻性眼光,她发现了电商的潜能。2010年年初,她以5000元资金在淘宝网上创办了"亲亲子叶"茶叶店,初步搭建了新昌龙井茶电子商务网销平台。

但电商思维在一开始并没有获取茶农的信任,拿不到钱见不到利,茶农们凭什么把茶叶让她卖呢? 为了获取一手的也是更优质的货源,梁如洁跑遍了附近的大小村落,几乎所有茶农家都曾经接待过她。

她说:"茶农们生性比较淳朴,但因为知识面受限,所以他们的销售渠道比较单一。我希望通过我们年轻人的努力,能够缩短中间环节,把更多的利润留给农民,把更多的实惠留给喝茶人。"慢慢地,她鞋跑坏了,路跑熟了,人跑黑了,茶农们的信任也就跑来了。从一开始的"别是个骗子吧"到后来的"卖茶叶就拜托你了",茶农对她、对电商、对生活的态度发生了翻天覆地的改变。而她也从这个时候开始进一步探寻网上电子商务、实体店铺、品牌连锁相结合的新形态、多渠道茶叶批发零售业务。

创业联盟振乡村

2017 年，党的十九大提出乡村振兴战略，梁如洁当机立断，成立了"来共点"团队，将重心改换到农村之中。她通过原生态的茶园合作社生产、产品品牌化运作、电子商务平台销售，从根本上帮助新昌茶农解决茶叶销售和价格问题，让农民的钱包鼓了起来。同时她成立了校内校外大学生创业联盟，利用已经毕业的学生在社会上的资源，对接那些希望在乡村之中大展宏图的在校学生，使更多人发现农村、融入农村、建设农村。

其实创业至今，也不是没有遇到过挫折，但是梁如洁始终脚沾泥土、心有激情，充分发挥女性的生命韧性，一路迎难而上。

截至目前，在新昌镜岭等地，她已经拥有 2000 多亩联合茶场，中高端茶叶一年销量可达数十万吨，是当地乡村振兴、奔向富裕的中坚力量。

刷一刷梁学姐的朋友圈，"让更多年轻人喜欢上茶""让更多人回到乡村"是她不变的信条。

她说："很多人认为女生更适合做公务员、教师、医生等安稳一点的职业，但我认为我们不能自我受限，特别是新时代的女性，在工作中更擅长沟通，富有怜悯心和责任心，只要我们用心，一样可以成就一番事业。我希望我在此方面可以起好表率作用。"

结　语

袁隆平爷爷说他有一个禾下乘凉梦，梁如洁学姐说，她也有一个茶香醉人梦：茶香缭绕里，把青山当作画纸，年轻人们挥毫泼墨，共同谱写这共同富裕的蓝图。

【宣讲视频】王玉瑶《春满壶中留客醉 共富乡村待君来》
https://mp.weixin.qq.com/s/i__GuJIXUOURRCxDZTC09Q

——绍兴文理学院"越讲越红"大学生宣讲团　王玉瑶

浙"里花叶情　乡村"绿富美"

（2022年绍兴市直教育系统微党课比赛宣讲稿）

"爷爷,去年你家挣了多少钱呀?"

"十多万吧"

"那怎么不去城里买套房子住呢?"

"我在村里过得很幸福,我们村有个'刘宝',这个小伙子带领我们村越来越富! 我怎么舍得走呢。"

村民眼中的刘建明是块"致富宝"。今天,就请党员同志们和我一起,走进柯桥棠棣村,听一堂特殊的微党课——"浙"里花叶情,乡村"绿富美"。

一个带头人,用一枝花的力量带来了乡村的巨大变化。20世纪末的棠棣村,还是一个贫穷落后村,而外出做花木生意的刘建明在脱贫攻坚的关键时刻,响应组织号召,成了当时柯桥区最年轻的村支书。"一人富不算富,全村富才是真的富。"刘建明探索"公司＋合作社＋基地＋农户"的花木专业村发展模式,家家种花,户户卖花,2021年,棠棣村人均可支配收入突破11万元,村集体经济收入超过400万元。他推动修建双棠公路,美丽公路助力乡村振兴;他推动数字技术赋能产业升级,打造共同富裕示范村;他带头亮出家风家训,发挥党员先锋模范作用,以党建引领乡村治理。刘建明是村民心里的"刘宝",更是棠棣乡村振兴的"领头雁"。

黄杜村的一片叶子,也同样书写了乡村振兴的传奇故事。黄杜村的"领路人"盛阿伟,一步一个脚印,带领黄杜村从小规模种植安吉白茶到"中国白茶第一村",实现"一片叶子富了一方百姓"。新时代,安吉白茶产业打造大数据管理体系,实现全产业链的监管和追溯。在数字农业背景下,安吉正持续把绿水青山变成金山银山,续写茶叶致富经。"吃水不忘挖井人、致富不忘党的恩。"盛阿伟带着这片"金叶子"不远千里精准扶贫,向西部地区贫困村捐赠1500万株茶苗,带6000多人增收脱贫,生动践行了为党分忧、先富帮后富的精神。

花叶构成的美丽景象,在东阳的花园村得到了全面展现。早在20世纪80年代初,花园村党委书记邵钦祥就开始寻找花园村发展的新途径。从蜡烛小作坊到花园服装厂,邵钦祥带领花园人从传统产业起家,转型科技产业,升级新兴产业,坚持走"以工强村、以商兴村、全面振兴、共同富裕"的花园特色之路，花园村村民的人均年收入从 1978 年的 87 元飙升至 2021 年的 15.6 万元。这是全国第二，浙江第一！在邵钦祥的带领下，花园村带动数以十万计的老百姓走上了共同富裕道路，真正住进了大花园。

作为全国城乡差距最小、农民可支配收入最高的省份，浙江紧紧围绕"三农"问题，走出了一条乡村振兴之路。"八八战略"谋篇布局，开篇破题，犹如一把金钥匙，打开了浙江乡村振兴的大门。"绿水青山就是金山银山"理念走出可持续发展道路，生态与发展互促共进；"千万工程"造福农民群众，人与自然和谐共生；美丽乡村建设，擦亮乡村底色；乡村善治之路，共享美好生活。改革开放四十多年来，浙江人民以"勇立潮头"的精神，与时俱进地推进农村改革，为浙江的农村插上振兴的翅膀。

一花一叶一花园，在"浙"里共同谱写乡村振兴的美丽画卷。刘建明、盛阿伟、邵钦祥……他们是有担当、有作为的"领头雁"，是共同富裕的"带头人"，他们有一个共同的名字——共产党员。今天，共同富裕看浙江，接力棒传到了青年党员手中。共同富裕青年说，我们在宣讲；共同富裕青年试，我们在田野；共同富裕青年干，我们在基层；共同富裕青年拼，我们在创新。

在"浙"里，鲜红的党旗深深扎进了乡村的土地，400 多万名中共党员以"功成不必在我"的精神境界和"功成必定有我"的历史担当，积极作为，无私奉献，一张蓝图绘到底，一任接着一任干。通往奋斗目标的道路，因奋勇拼搏而铭心刻骨；实现共同富裕的征程，因艰苦卓绝而荡气回肠。各位党员同志，让我们以奋斗为浪花，一起奔向共同富裕的大江大河！

真正走进棠棣村，才切身感受到刘建明这个带头人，用一枝花的力量给乡村带来了巨大变化。花开季节，幽兰竞秀、花满棠棣、美不胜收。在刘建明身上，我看到了共产党员的担当与使命。盛阿伟和邵钦祥的故事，也让我们看到了茶叶和花园在"浙"里走向共富的美丽画卷。看到这些党员同志在基层积极作为、无私奉献的样子，我更加明确身为中共党员要以奋斗为浪花，和人民一起奔向共同富裕的大江大河！

——绍兴文理学院"越讲越红"大学生宣讲团　金靓宇

【宣讲课件】https://mp. weixin. qq. com/s/n7ILr0zan _ss8zLzOTwltg

浙东运河的历史功效与文化意蕴

("大手拉小手"思政课一体化现场研学活动)

古老的浙东运河,最早起源于春秋时期的"山阴故水道",在时光中流淌了 2500 多年。她见证了越国的崛起,记录着浙东唐诗之路的繁华,更承载过宋、元、明、清南来北往的商船货船。

如今的浙东运河西起杭州,流经绍兴,东至宁波入海,与海上丝绸之路相连,全长 239 公里。

那么,我们的浙东运河有哪些历史功效呢?

首当其冲的就是起到灌溉和调蓄水量的作用。西晋贺循修建运河,其最初的动因即为灌溉。从宋代至明、清,历代都不断地修缮浙东运河,使得河闸和堤坝更为完善。明代建成三江闸后,蓄水量很大,能够有效灌溉土地 80 多万亩。因此,浙东运河的调蓄和灌溉功能在历史上是功不可没。

第二点是航运和漕运。航运是历史时期浙东运河的核心功能。浙东运河是 400 多位唐代诗人游历浙东的必经之路,也是日本遣唐使通过走海路到明州(今宁波),再从中国内河水路北上长安的必经之路。从南宋直到明清时期,浙东运河是对外贸易的重要通道。漕运就是用船运送粮食的意思。浙东地区稻作文化十分兴盛,漕运的需求大,因此浙东运河承担着漕运的重要任务。

最后一点是水驿和聚落。驿站、驿道,按照现代语言来说,就是邮政。浙东运河也承担着邮政的功能。宋代,沿运河曾设置 12 处驿站,直至新中国建立后一段时间,浙东运河仍然保留着一定的邮政功能。关于聚落,学过地理的都知道,古代聚落的形成有两个很重要的因素,就是水源和交通。浙东运河沿岸完美地满足了这两个区位因素,因此,运河沿岸成为浙东地区最早的聚落中心发源地。明清以降,运河沿岸市镇密集。

浙东运河自"山阴故水道"起源,发展成为一条兼具灌溉、调蓄、航运、漕运、驿道等综合功能的黄金水道。可喜的是,运河的这些功能在当代也焕发出了生命力,如曹娥江大闸、浙东引水工程等。

【宣讲者心声】

在这次活动中,很荣幸能够和大小学生们谈一谈浙东运河的历史功效与独特的运河文化。当站在运河边、把运河的故事娓娓道来之时,我的内心也不自觉地充满自豪之情,万千情感倾泻而出。我深刻感受到了浙东运河在中国历史和文化中的重要地位,以及它在推动地区经济发展和促进文化交流方面的重要作用。我相信,只要我们加强对浙东运河的保护和传承,挖掘其历史功能和文化内涵,同时充分发挥其在现代经济发展和区域合作中的作用,就一定能够为中华民族的伟大复兴做出更大的贡献。古老的浙东运河,亦能够给予人莫大的青春力量。

——绍兴文理学院"越讲越红"大学生宣讲团 冯煊茹

【宣讲新闻】https://mp. weixin. qq. com/s/NLtp6z
11lur4QCiHD5M9Ug

绍兴文理学院"越讲越红"
大学生理论宣讲团品牌简介

为全面推动党的创新理论"飞入寻常百姓家",用青年话语解读习近平新时代中国特色社会主义思想,用专业知识广泛传播马克思主义科学理论。自 2005 年以来,绍兴文理学院马克思主义学院以大学生理论宣讲团为依托,组建发展了"越讲越红"大学生理论宣讲团,通过开设团课宣讲、时政宣讲、道德模范宣讲、思政拓展课程等形式,以"三力"探索创新动因,"四学"明晰运行机制,"六道"助推创建路径。

一、大学生理论宣讲团探索创新动因

(一)理论宣讲品牌的历史推动力

马克思有言:"理论只要说服人,就能掌握群众,而理论只要彻底,就能说服人。"理论创新每前进一步,理论武装就跟进一步。高度重视理论宣讲工作是中国共产党推动事业发展的一条成功经验。基层理论宣讲作为理论传播的重要方法和有效手段,无论在战争年代,还是在和平建设时期,都在唤醒群众、教育群众、引领群众、服务群众的工作中,在听党话、感党恩、跟党走的教育上,发挥了不可替代的先导作用,是中国共产党领导人民不断夺取革命、建设、改革伟大胜利的优良传统和政治优势。党的十八大以来,理论宣讲工作再次被党中央强调,成为传达党和政府"好声音"的重要渠道,是党理论武装工作的重要组成部分。因此结合马克思主义学院特色打造"越讲越红"品牌具有其历史逻辑与动力。

（二）理论宣讲品牌的理论引领力

基层是理论创新与实践创新的源头，基层干部群众是党的理论路线方针政策的实践主体。广泛开展基层理论宣讲，回应群众关切，解答群众疑惑，破解实际难题，是基层理论宣讲工作的出发点和落脚点。对于高校而言，立德树人是高校教育工作的中心环节，肩负着学习宣传马克思主义、培养社会主义建设者和接班人的历史使命。高校利用其特有的专业背景和学科优势，将政治传播、理论武装和铸魂育人协同起来，使得马克思主义主流意识形态更加契合大众的接受心理和生活实际。这也进一步体现了高校理论宣讲的理论逻辑与价值。

（三）理论宣讲品牌的实践影响力

习近平总书记指出："共和国是红色的，不能淡化这个颜色。"①自 2005 年以来，绍兴文理学院马克思主义学院组建发展了大学生理论宣讲团、"越讲越红"大学生理论宣讲团和"越讲越响"教授博士理论宣讲团。19 年来，通过开设团课宣讲、时政宣讲、道德模范宣讲、思政拓展课程等形式，走进大中小学、街道村镇、社区台门等，始终坚持用青年话语解读习近平新时代中国特色社会主义思想，用专业知识广泛传播马克思主义科学理论，为全面推动党的创新理论"飞入寻常百姓家"发挥了马院的担当。长期不懈探索和扎实有效行动为"越讲越红"品牌扩展了影响力，夯实了实践逻辑与意义。

二、大学生理论宣讲团运行机制

（一）学以致用，三团助推完善队伍体系

组织架构上，学院先是依托学科优势，发挥教师引领作用，创设以"锻炼能力、服务成才、报效社会"为宗旨师范生教师技能培训的"大学生理论宣讲团"；随后依靠学生社团力量，从习近平新时代中国特色社会主义思想研究会中选拔"越讲越红"大学生理论宣讲团成员；同时依托市委宣传部共建马院平台的优势，优选中坚力量，组建"越讲越响"教授博士理论宣讲团。改变以往师生宣讲团单兵作战的状况，组建"教授博士宣讲员＋大学生理论宣讲

---

① 习近平在看望参加全国政协十三届二次会议的文化艺术界、社会科学界委员时强调（2019 年 3 月 4 日）http://dangshi.people.com.cn/n1/2019/08/201c85037-31305279.html

员"的新型宣讲团队。截至目前,大学生理论宣讲团有成员百余人,专业的优势及社团的稳定为宣讲团的队伍体系建设提供了有力的支持与保障。

（二）讲学互动,主题研讨创新内容体系

理论宣讲团一直以来紧扣国家重大政策、重大方略、重大理论出台时机和国内外时政形势热点,通过常态化学习深入了解政策,宣讲主旋律,组织召开师生宣讲团集体备课会,集体讨论研磨,助力打造精品。近年来,宣讲团以伟大建党精神为主题,以"四史"为主要内容,学习贯彻纪念五四运动一百周年、建党一百年周、建团一百周年和十九届五中、六中全会精神,传承红色基因,赓续红色血脉;学习习近平总书记系列重要讲话精神,讲好"习近平在浙江"故事,聚力先行示范,增强责任担当;以党的二十大精神为主线,以开展好习近平新时代中国特色社会主义思想主题教育为核心,深入探索坚持和发展好新时代"枫桥经验",厚植家国情怀,奋进新的征程。主题式的研讨、常态化的学习、专业化的引领,是宣讲团内容体系创新、宣讲质量效果提升的有力保障。

（三）以讲促学,"四进"宣讲助推实践机制

宣讲团的价值体现在于能深入高校书院、中小学、社区、企业等开展分众化、对象化、互动化的宣讲。一直以来,宣讲团通过党课推动时政宣讲,通过党建带团建推进团课教育,通过拓展课程专题教学推进传统文化传承,通过榜样引领推动道德模范传播。如前往绍兴市柯桥区西藏民族中学开展党的二十大精神宣讲;在长城中学、建功中学等开设《绍兴历史文化》拓展课程,丰富中学教学资源,提升学生课堂教学技能;开展"学百年党史,做时代新人"大中小学思政课主题教学,"手拉手"赴嘉兴南湖、四明山革命根据地开展"传承红色基因,守护红色根脉"暑期主题实践活动研学,"访秀松故里,学百年团史"绍兴市大中学生同上一堂团课等;在"五四"青年节、"六一"儿童节、"七一"建党节、"十一"国庆节等重大节庆日,指导开展大中小学生主题团队活动等。

（四）讲研双提,服务地方助力人才培育

以讲促研,进一步凝练学科方向。宣讲团利用"思政开学第一课""田野思政""时政讲堂""绍兴文化青年说"等各类品牌,提升宣讲实效性、感染力和获得感。从"枫桥经验"到百年党史,从"三地一窗口"到"共同富裕",从

"两个先行"到"八八战略"……借助理论宣讲,创新立体化教育模式,以社会实践为载体,教育引导青年们坚定对马克思主义的信仰,对中国特色社会主义的信念,守护红色基因、传承红色根脉。红色精神大宣讲,红色基地大实践,红色课程大构建,在校园实现了弘扬精神与创新精神、红色传承与情怀培养的有机融合。

三、大学生理论宣讲团创建路径

1. 引领"悟道·信道",学理强信念——理论武装全覆盖

紧扣"学思践悟"要求,开展赶超比学行动;紧扣国家重大政策、重大方略、重大理论出台时机和国内外时政形势热点,通过开展专题讲学、现场教学、专题促学、研讨比学等形式,及时跟进学,结合实际学,丰富多样学,从"课桌后"走向"讲台前",变"念文件"为"领悟学",变"单向灌输"为"双向互动"。师德师风严要求。按照"政治要强、情怀要深、思维要新、视野要广、自律要严、人格要正"的要求,让有信仰的人讲信仰,让有情怀的人讲情怀,严格"思想铸魂育人,理论滋养生命"的育人要求规范思政课教师,全力培养准思政课教师。

2. 躬身"明道·传道",唱响主旋律——以赛促学建强宣讲队伍

以"卡尔·马克思杯"大学生理论知识竞赛为载体,掀起大学生马克思主义理论学习热潮。全面开展"领航计划",通过思政微课、青马工程、微党课等各类竞赛培育宣讲新人,扩大宣讲名气。技术赋能拓宽宣讲路径。发挥习近平新时代中国特色社会主义思想研究会、大学生吴越文化研究会等引领作用,在"潮新闻"网站开辟"田野思政""时政讲堂""绍兴文化青年说"等专栏,"越牛新闻"客户端开设"越讲越红"专栏,利用"互联网＋"模式创新宣讲路径。党建融合扩展宣讲领域。结合学院的大中小学思政课一体化建设、校地党建融合、虞舜文化传承等活动,实现宣讲对象的范围向中小学、社区台门、传统文化地域延伸。

3. 致力"研道·行道",实践促创新——多平台联动实现理论提升

发挥浙江省习近平新时代中国特色社会主义思想研究中心、协商民主与基层治理研究中心、谱写新时代胆剑篇研究中心、枫桥经验研究中心等平台优势,与枫桥镇、府山街道和 91428 部队等深化开展校地党建共建,实践

调研挖掘资源富矿,总结经验编著出版"越思政·大课堂"理论宣讲专项教材,并探索开设相应课程。多品牌凝聚助推实践育人。依托"绍兴文化青年说""田野思政""时政进校园"等思政品牌,提升学习实效性、感染力和获得感,构建以思想引领为主体,理论研究和社会实践为两翼的"一体两翼"协同育人模式,引导广大青年学生从实例中感悟和理解马克思主义,做到真学、真懂、真信、真用。

四、大学生理论宣讲团的推广价值

1. 增强理论武装的自觉意识

师生宣讲团的组建,切实加强党建理论引领,积极调动各方力量,配齐配强指导教师,广泛发动全校师生参与;悟深悟透习近平总书记关于青年思想政治工作的重要指示精神,从"在青年中播撒信仰种子"的政治高度、"赢得青年、赢得未来"的历史维度、建设"重要窗口"的现实角度,深刻把握青年理论宣讲工作的重大意义,切实增强做好青年理论宣讲工作的思想自觉和行动自觉。

2. 提高师德规范的实践成效

大学生理论宣讲团围绕"思想铸魂育人,理论滋养生命",从理论学习和社会实践两个维度强化践行师德,使理论知识学习和师德规范养成同向而行。宣讲团为高校大学生提供了实际演练的场所,理论学习指导贯彻到实践中。通过线上线下结合的模式,切实提升宣讲员的宣讲能力和水平,持续扩展影响力。全面锻炼教学技能水平,拓展综合素质能力,强化学会育人、学会发展,加强实践磨砺,实现师生联动,养成好学乐学的学习生活方式,提升准思政课教师的责任担当和创新意识。

3. 树牢政治理想的坚定信念

作为用青年话语解读习近平新时代中国特色社会主义思想,用专业知识广泛传播马克思主义科学理论,将理论知识和实践锻炼相结合,立志做党思想理论的播种机,将党的最新理论成果传播到人民群众一线的宣讲队,大学生理论宣讲团通过理论宣讲的渠道,让更多的青年成为"学"的主角、"讲"的主力、"听"的主体,探索"青年讲给青年听"方式,形成青年喜欢讲、愿意听的基层组织。浙江各地更会出现越来越多的"青年理论宣讲团队",红色信仰必将继续前行。

后　记

　　大学生理论宣讲是适应新时代党的基层理论武装工作的需要，是推动思政理论课与日常思政教育同向同行、同频共振的重要载体，是深化"三全育人"综合改革与构建"大思政"工作格局的有力抓手，也是提升大学生综合素养与助推成长成才的有效途径。

　　为全面贯彻落实推动习近平新时代中国特色社会主义思想"三进"工作要求，讲好"两个结合""两个先行""中国式现代化"，讲好绍兴故事、浙江故事、中国故事，用党的创新理论铸魂育人；为把"越讲越红"大学生宣讲团建成"铁打的营盘"，培养一茬又一茬的"流水兵"，从而持续深入学习领会新时代党的重大理论观点、重大方针政策、重大决策部署，并能紧密结合实际，特别是紧密结合当代青年所思所想进行理论宣讲，努力做到了然于胸、运用自如、深入浅出、入脑入心，我们将本书定位为："大学生理论宣讲"课程教学辅导用书，为教师建设校本课程和开发教材提供重要保障，为培养信仰坚定、能力突出、素质优良的大学生理论宣讲骨干提供有力支撑。这本《"越讲越红"大学生理论宣讲》是"越思政大课堂"系列丛书中的一本，是继《大中小学思政课一体化建设协同教学案例研究》出版后的又一探索实践成果的总结提炼。本书聚焦青年大学生的理论宣讲，注重理论与实践的统一，把握时代性、可读性、实用性，介绍了大学生理论宣讲的方法和技巧，融入了诸多理论宣讲案例，特别是总结提炼了绍兴文理学院"越讲越红"大学生理论宣讲的经验做法，是整合优质资源、助推课程开设、培养优秀队伍、拓展教育成果的一次有益尝试。

　　本书由陈红、彭江、刘灵娟、肖海岳合力编著，共计七章。其中，陈红撰写第二章"谁来讲：大学生理论宣讲员的客观认识"的第一节和第二节、第三章"给谁讲:大学生理论宣讲对象的精准把握"、第五章"怎么讲:大学生理论宣讲的技巧与运用",以及前言和后记;彭江撰写第一章"为何讲:大学生理论宣讲的理论阐释"和第二章第三节,并为全书统稿、核教;刘灵娟撰写第四章"讲什么:大学生理论宣讲内容的组织设计";肖海岳撰写第六章"讲得怎么样:大学生理论宣讲的评价与反思",并统整第七章"讲了些什么:大学生理论宣讲案例集萃"。此外,为本书提供宣讲案例稿的成员有陈思成、王玉瑶、仲蕾、潘士儿、孙畅、张佳莹、冯煊茹等同学,冯庆庆、胡玉婷、林佳钺、吴映暄、周思珂等同学参与了整体编排和统稿。

本书的组织编写与出版,得到了绍兴市委宣传部和绍兴文理学院党委的政策支持,得到了绍兴文理学院党委宣传部、绍兴市委宣传部理论处、绍兴市教育局高教处的关心指导,得到了绍兴文理学院党委宣传部原部长梁瑜和马克思主义学院院长杜坤林的倾力帮助。同时,我们在本书的写作过程中,搜集了大量关于大学生理论宣讲的图书资料、论文和报道,参考了一些专家学者的观点,特别是借鉴了《80、90说:新时代青年理论微宣讲辅导》的部分思路和案例资料融入宣讲的理论分析。在此,谨表感谢并致意!

大学生理论宣讲是一项系统工程,需要不断与时俱进、创新发展。由于时间紧促,本书还有诸多不成熟、待完善的地方,诚请广大专家学者和读者批评指正。